KB144881

분단 너머 마음 만들기

분단 너머 마음 만들기

2019년 6월 14일 초판 1쇄 인쇄
2019년 6월 20일 초판 1쇄 발행

지은이 이우영 · 권금상 · 최선경 · 양문수 · 이수정 · 김성경 · 장윤미 · 양계민
펴낸이 윤철호
펴낸곳 (주)사회평론아카데미
책임편집 임현규
편집 고하영 · 고인욱 · 장원정 · 이선희 · 정세민 · 김혜림 · 김다솜
디자인 김진운
마케팅 최민규

등록번호 2013-000247(2013년 8월 23일)
전화 02-2191-1128
팩스 02-326-1626
주소 03978 서울특별시 마포구 월드컵북로 12길 17
이메일 academy@sapyoung.com
홈페이지 www.sapyoung.com
ISBN 979-11-89946-18-0

• 이 저서는 2017년 정부(교육부)의 재원으로 한국연구재단의 지원을 받아
  수행된 연구임(NRF-2017S1A3A2065782).

분단 너머 마음 만들기

이우영 · 권금상 · 최선경 · 양문수 · 이수정 · 김성경 · 장윤미 · 양계민

사회평론

머리글

1894년 프랑스의 쿠베르탱이 근대 올림픽을 창시하였을 당시, 그 목표는 세계인의 우정과 화합이었다. 그러나 역설적으로 올림픽은 국가주의와 민족주의 그리고 국제적 분쟁에 휘둘린 경우가 적지 않았다. 2018년 평창 동계 올림픽은 분쟁과 갈등의 상징적인 공간이었던 한반도에 평화의 계기를 만들어 주었다는 점에서 근대 올림픽이 구현하고자 하였던 가치와 가장 근접한 사례가 되었다. 70년 분단사에 처음으로 남북한이 단일팀으로 올림픽에 참가하였을 뿐 아니라, 북한 예술 공연단의 방남 공연은 남한 공연단의 방북 공연으로 이어졌고, 두 차례의 남북정상회담과 북미정상회담의 기폭제가 되었기 때문이다. 북핵 문제를 포함한 여러 가지 문제가 해결되어 마지막 남은 냉전의 섬인 한반도에 평화가 완성되기까지는 앞으로도 적지 않은 시간이 필요하겠지만 최소한 평화와 공존에 대한 기대를 가질 수 있게 된 것은 분명한 것 같다.

그럼에도 불구하고 낙관적인 전망만을 할 수 없는 것은 갈등으로 점철된 반세기 넘는 남과 북의 분단사 때문이다. 불과 3년간 진행되었던 한국전쟁으로 남북의 군인과 민간인 수백만 명이 죽거나 다쳤을 뿐 아니라 이후에도 크고 작은 충돌로 적지 않은 인명이 죽고 다쳐왔다. 물론 1972년 7·4공동성명이나 1991년 남북기본합의서 채택 등 간헐적인 대화와 결실이 있어왔고, 2000년과 2007년, 남북정상회담과 공동선언문 합의가 이루어졌지만 남북 간의 기본적인 관계는 '적대'였다. 북한의 핵 개발과 남한의 보수적 정권의 등장은 2000년대에 성취하였던 화해의 분위기를 일순간에 뒤엎었고, 다시 이전의 대결적 상황을 초래하였다. 주변의 국가들이 통일은 고사하고 한반도의 평화를 원하는지도 불분명하지만, 분단 역사의 수혜자인 남과 북의 기득권층이 현 상황의 변화를 진정으로 원하는지도 의문이다. 그리고 일상에서 증오와 적대가 익숙해진 남북한의 주민들이 평화와 공존이라는 새로운 상황에 적응하고자 할 것인지도 걱정이다.

남과 북에서 '우리의 소원'이라고 목 놓아 부르는 통일이 수사와 허구에 불과하다는 의심, 하나의 국가 혹은 공동체를 이루려면 최소한 상대가 어떻게 살고 있고 무슨 생각을 하고 있는지는 알아야 하지 않겠느냐는 판단, 교류든 통합이든 통일이든 새로운 갈등의 시작이 아니라 행복한 삶의 출발이 되어야 하리라는 소망, 분단은 국가가 아니라 보통 사람들의 일상에 고통을 반복시키고 있다는 믿음이 남과 북 그리고 그 경계에 존재하는 사람들의 마음에 대해서 연구해야겠다는 깨달음으로 이어진 지도 벌써 7년이 지났다. 관습적이고 추상적인 차원의 북한 혹은 통일 연구를 극복하고, 당장은 아니지만 반드시 필요한 통일 준비를 해보자는 실천적 의지에, 근대 이후 오늘날까지 근원적인 사회통합의 문제 해결에 작지만 의미 있는 기여를 해보자는 학문적 의욕이 더해져 시작한 '남북한 마음 통합' 연구가 당초의 과욕(?)만큼 성과가 있었다고는 감히 이야기하지 못하겠다. 그러나 연구를 시작하였던 때의 문제의식은 지금도 지속하고 있고, 실천적이고 학문적인 고민이 더욱 확대되고 깊어지고 있다고는 분명히 말할 수 있다.

'남북한 마음통합 연구단'은 '남북한 마음통합 연구센터'로 발전했고, 참여 연구진은 국내외를 망라해 더욱 넓어졌다. 이 과정에서 학술적 연구와 더불어 마음통합과 관련된 다양한 실천적 실험도 진행하면서 앞으로 정책 수준이나 사회운동 차원에서 참고가 될 활동 경험도 축적하고 있다. 학문적 차원에서 연구진들이 수행한 성과들을 관련 학술지에 발표하였고, 이를 묶어서 『분단된 마음 잇기』(2016)와 『분단된 마음의 지도』(2017) 두 권의 책으로 발표한 바 있다. 이번에 펴낸 『분단된 너머 마음 만들기』는 앞의 책들의 연장선상에 있다. 『분단된 마음 잇기』가 남북한 사람들의 접촉지대에서 벌어지는 다양한 마음들 간의 상호작용을 중심으로 구성되었다면, 이를 토대로 한 『분단된 마음의 지도』에서는 북한의 마음체계를 구성해보고, 남북한 마음체계를 비교한 내용이 중심이 되었다.

『분단된 너머 마음 만들기』는 마음통합 문제를 시간과 공간 차원에서 보편화하는 다음 단계의 작업을 위한 교량의 역할을 하는 책이다. 북한의 마음에 대한 연구가 중심이 되는 1부(북한적 마음의 단편들), 현 단계 마음의 분단 상태를 드러내 보이는 2부(분단된 마음의 현재), 그리고 체제전환 국가들에서 나타나는 마음 변화를 연구한 3부(체제전환과 마음)로 구성되어 있다. 주제나 방법론의 다양성을 추구하고 있는 수록 논문들은 현 단계 남북한 마음체계와 분단된 마음체계의 이해에도 도움이 될 것이며, 마음통합 문제를 국제적 차원에서 바라보며 새로운 인식을 모색하는 데도 도움이 될 수 있을 것이다.

북한대학원대학교 남북한 마음통합 연구센터에 참여한 연구진들에게 감사의 말을 전하고자 한다. 함께 이 책의 집필진으로 참여한 북한대

학원대학교 양문수·김성경 교수, 덕성여자대학교 이수정 교수, 서강대
학교 장윤미 연구교수, 서울시 건강가족지원센터 권금상 센터장, 청소년
정책연구원 양계민 박사, 본 연구단 전임연구원 최선경 박사, 책의 기획
과 편집과정에 도움을 준 박세진 박사, 김태경 박사, 모두의 노력으로 이
책이 세상에 나올 수 있었다. 또한 책이 나오기까지 연구의 원활한 진행
을 위해 함께 헌신한 연구단의 공동연구원과 전임연구원과 아울러 최종
환, 김형완, 강초롱, 김경렬, 이성희, 김민지, 오세준에게도 감사의 뜻을
전한다. 북한대학원대학교 교직원과 심연북한연구소 연구원의 도움도
적지 않았다. 마지막으로 경제적 이익과는 멀지라도 꾸준히 남북한 마음
통합 연구센터의 단행본 시리즈 출판을 위해 애써주신 사회평론아카데
미 임현규 선생님과 윤철호 대표께도 심심한 감사의 뜻을 표한다.

남북한 마음통합 연구단장
이 우 영

차례

제3부 체제 전환과 마음

제1부 북한적 마음의 단편들

제1장

'총대'서사의 젠더 이데올로기[1]

권금상(북한대학원대학교)

I. 서론

이 연구는 '총대'서사의 내러티브 분석과 의미 체계 분석을 통해 사회적 신화가 형성되는 방식을 살피며, 이를 통해 나타나는 젠더 이데올로기의 함의 파악을 목적으로 한다. 북한의 언론매체가 북한사회를 외부에 드러낼 때 활용하는 일반적인 이미지는 무장한 군사력과 '총대'를 거머쥔 남녀 군인들의 모습이다. 북한은 '총대'를 통해 강력한 힘을 가진 무장국가이자 외부세계와 대적할 무장된 정신력을 가진 국가적 이미지를 확산해 왔다. 주지하다시피 북한 사회에서는 집단성을 강조하며 개인적 신앙이나 미신 담론이 억압되어 왔다. 대신 종교적인 절대자 부재의 간극을 대치하는 것이 바로 김일성 수령의 존재였다. 이러한 집단적 신념을 끊임없이 (재)생산하는 물적, 서사적 토대는 '총대'서사로서, 인민들로 하여

1   이 논문은 2014년도 교육부의 재원으로 한국연구재단 사회과학연구지원을 받아 수행된 연구임(NRF-2014S1A3A2043571).

금 남성중심 권력과 가부장 질서를 자연스럽게 받아들이게 하는 문화적 원형으로 구축되어 왔다.

인간사회의 역사에서 신화는 권력을 기반으로 하며 지배권력을 떠받드는 방식으로 재생산되어 왔다. 신화의 어원은 '말', '이야기', '연설'로서 대부분은 일반대중들도 알기 쉬운 이야기[2]로 구성되는 특성을 갖는다. 현대사회에서 통용되는 '신화'[3]란 한 사회에서 공유되거나 존재하는 메시지를 의미하며 이념이나 비판적 담지하는 어떤 정신들을 다룬다. 구조주의 학자 레비-스트로스(Lévi-Strauss)에 의하면 신화란 언어 중심으로 구축된 어떤 집단의 근원적인 문화체계[4]이다. 즉, 신화는 단순한 이야깃거리가 아니라 한 사회를 드러내는 문화의 표상이라는 것이다. 사회적으로 통용되는 유의미한 신화는 그 메시지의 대상에 의해 규정되는 것이 아니라 '신화가 그 메시지를 말하는 방식에 의해 규정'[5]되는 셈이다. 어떤 이야기가 담론 속에서 신화가 되기 위해서는 의미작용단계를 거친다. "신화는 이데올로기(ideology)의 결과"[6]이므로 모든 기호를 통해 생성되는 권력중심의 사회적 의미로 작동함을 파악할 수 있다. 따라서 신화란 그 내용이 갖는 진실 여부에 관한 판단보다는 언어가 생산하는 사회적 메시지와 화법이 품고 있는 문화적 체계에 주목하여야 할 것이다.

이 연구에서 '총대'서사는 이야기의 구성과 특정한 의미체계를 통해 산출되는 신화적 맥락을 중점적으로 다룬다. '총대'서사는 인민들로 하

---

2   Morford, Lenardon & Sham. *Classical Mythology*. Oxford Univercity Press, p. 5.

3   신화의 본질을 논의하며 위상을 높인 사람은 셸링(Shelling)으로 1856년 신화학의 철학(Philosophie der Mythologie에서 '신화학'이라는 용어를 사용하고 '신들의 이론'이라 했다. 이유경, 『원형과 신화』(파주: 이끌리오, 2004), p. 21.

4   레비 스트로스, 임봉길 역, 『신화학』1권(한길사: 파주, 2005), p. 16.

5   Roland Barthes, *Mythologies*, pp. 217-219.

6   피터페리 클레스 트리포나스, 최정우 역, 『바르트와 기호의 제국』(서울: 이제이북스, 2003), p. 74.

여금 국가에 대한 감정이나 생각, 기억 등을 기억하고 (재)구성하여 권력에 대한 신념체계를 수반한다는 데 중요성을 담지한다. 특히 이 연구는 서사가 생산하는 메시지 방식과 (재)생산을 통해 드러나는 '젠더 이데올로기(gender ideology)'에 주목한다. '총대'서사가 구축하는 젠더 문제는 남성중심의 지배 권력을 강조함으로써 일상에서 여성통치의 규범으로 개입되기 때문에 의미체계를 세심하게 파악할 필요가 있다고 보는 것이다.

본 연구자의 관점은 북한이 강조하는 '총대'란 외부를 향하는 선전 메시지일 뿐 아니라 내부의 결속과 충성을 강제하는 사회적 신화로 작동하는 문화적 도구라는 것이다. '총대'서사는 인민들로 하여금 가부장적인 권력지배를 떠받드는 '신념'체계나 인민들 스스로 무장국가의 일원으로 동의하게 하는 사회적 '마음'의 주요한 요인이기 때문이다.

II. 연구방법

1. 연구대상

본 연구는 북한의 공식 기관지에서 출간한 문헌과 신문기사, 영상자료에서 '총대'를 다룬 내용을 분석대상으로 삼았다. 문헌자료는 '총대' 관련 서적과 김일성, 김정일, 강반석, 김정숙 등 인물중심의 북한 공식 출판물과 로동당출판사에서 출간한 문헌,[7] 교육 과정에서 다룬 교과목,[8] 조선화

7　사회과학출판사, 『'총대'철학』(평양: 사회과학출판사, 2003); 박경애, 『반석으로 빛내이신 한생 조선의 어머니 김정숙 동지』(평양: 사회과학 출판사, 2012).

8　김광수·리정호, 『위대한 령도자 김정일 원수님 어린시절: 소학교 3학년』(평양: 교육도서

보집이다. 신문기사는 『로동신문』에 실린 '총대' 관련 기사내용이다. 영
상자료는 북한의 '대집단 체조와 예술공연'의 대표작인 〈아리랑〉[9]에서
'총대'서사를 다룬 제1장 4경 '우리의 총대'의 주요 장면이다.

2. 분석방법

이 연구는 바르트(Roland Barthes)의 신화분석모델에 의해 '총대'서사
의 이데올로기를 분석한다. 신화를 언어활동에 의해 만들어지는 언어적
현상으로 바라본 바르트는 신화란 '소통의 체계이며 메시지로써 의미작
용의 한 형식'[10]이라고 말한다. 즉, 신화는 '하나의 화법'[11]이기 때문에 담
론에 속하는 모든 언어활동과 언어현상은 신화가 된다는 것이다. 그의
의미작용단계에 의하면 언어와 신화의 구조 속에는 기표, 기의, 기호라
는 3차원의 도식이 형성되어 있다.[12] 기표와 기의는 새로운 기호를 생성
하고 내포 의미를 통해 생성되는 과정에 관여한다. 1차 단계는 외시의미
(denotation)단계로서, 언어로 이루어진 기표가 일정한 명시적 의미를
생성한다. 2차 단계는 기호와 새로운 기표가 의미를 형성하는 내포의미
(connotation) 과정을 거친다. 즉, 기표와 기호로 명시한 것이 다른 함축
적 의미를 생산하는 단계라는 것으로 이때부터 이데올로기와 연계되어

출판사, 2005); 강흥수 · 김명석 · 김영숙, 『항일의 녀성영웅 김정숙 어머님 혁명력사: 중학
교 4학년』(평양: 교육도서출판사, 2003).

9   북한의 '대집단 체조와 예술공연'의 대표작품인 〈아리랑〉은 2002년 4월 29일부터 6월 29
일의 2개월로 공연예정이었으나 8월15일까지 세차례 연장으로 진행되었다. 참여인원이 10
~15만에 이르며 처음부터 국가행사와 구분되는 독자적인 공연으로 기획되었다. 박영정,
『21세기 북한 공연예술 대집단체조와 예술공연〈아리랑〉』(서울: 월인, 2007), p. 46.
10 송효섭, 『탈신화 시대의 신화들』(서울: 기파랑 2005), pp. 24-27.
11 Roland Barthes *Mythologies*, Richard Howard & Annette Lavers. trans., Hill &
Wang, N.Y., 2012. p. 217.
12 Ibid. p. 224.

사회적 신화로서 의미를 나타내기도 한다. 3차 단계는 기호와 기표로 이루어진 의미가 또 다른 기의와 결합하여 사회적으로 통용되는 이데올로기, 즉 신화를 생성하는 것이다.

그림 1. 신화의 의미작용 단계
출처: Roland Barthes, Mythologies, 224쪽.

III. '총대'서사

1. 배경

김일성 사후 김정일은 강성대국으로 나가는 길은 오직 선군정치의 실현으로만 가능하다며 군을 근간으로 하는 통치체제를 강조하였다. 김정일의 선군정치에 있어 토대가 되는 사상은 '총대철학'으로 제시되었다. '총대'사상을 앞세운 선군정치가 공식문헌에 가장 먼저 언급된 것은 1995년 1월 1일 김정일의 다박솔초소 방문[13]에서부터이다. 북한은 1990년대 전부터 지속되어 온 경제난과 1994년 김일성의 사망, 1995년부터 약 5년간 지속된 '고난의 행군'이라 불리는 장기간의 식량난을 겪었다. 김정

13　"1995년 새해의 첫 아침 다박솔 초소에 대한 시찰로부터 시작하신 선군의 위대한 력사적 첫출발, 그것은 또다시 전체 인민을 깨우시고 세계를 각성시키는 세계사적 사변이였다" 『로동신문』, 1998년 5월 26일자.

일은 이러한 사회적 어려움을 극복하고, 김일성 시대로부터 차별화 전략으로써 선군정치를 내세웠다. 김정일이 강조하는 '총대'는 시대의 변화가 요구하는 과학 이론적인 발명이자 새로운 혁명철학으로 규정되었다. '선군'과 '총대'는 고난의 행군의 총체적 어려움을 극복하고 권력을 장악하기 위한 적극적 이데올로기 전략의 일환이었다.

> 우리당의 '총대'철학은 위대한 령도자 김정일 동지께서 최근 년 간 날로 엄혹해진 우리 혁명의 환경과 급변하는 정세추이를 과학적으로 분석한데 기초하여 새롭게 정식화하여 내놓으신 것이다.[14]

'총대'서사는 선군정치 체계뒷받침하며 인민의 결속을 다지는 사상적 근간으로 작동하게 한다. '총대'철학은 북한사회의 혁명을 달성하고 '주체사상 계승'[15]을 위해 중요한 정신적 유산이라는 것이다. 1999년부터 전면적으로 등장한 '선군사상'은 "'총대'로써 '총대'를 틀어쥐고 혁명군대를 주력군으로 하여 혁명과 건설을 밀고 나갈데 대한 사상으로써"[16]를 강조해왔다.

'총대'철학은 혁명의 이론을 제시함과 동시에 실천적인 규범을 제시한다. '총대'강령은 인민들 개개인이 인간'총대'로 될 것을 요구하므로 개인의 정체성을 강제하는 근본적인 개념이기도 하다. 총대 강령은 실천적 규범으로서 수령 결사옹위 정신, 결사관철의 정신, 영웅적 희생정신을 내세운다. 북한은 사회주의 국가의 건국을 가능하게 하였고, 외부세

---

14   최철웅, 『총대철학』(평양: 사회과학출판사, 2003), p. 15.
15   "우리당의 위대한 선군사상과 총대철학은 우리당의 지도사상인 주체사상을 리론적 기초로 하고 있다." 최철웅, 『총대철학』, pp. 6-8.
16   림이철·최금룡, 『선군조선의 오늘』(평양: 평양출판사, 2007), p. 4.

계로부터 보호하는 힘의 원천을 '총대'로 규정한다. 북한권력은 '총대'의 중요성을 구(舊)소련의 교훈을 시금석으로 삼으며 북한이 굳건히 사회주의를 유지할 수 있는 것은 바로 '총대'의 위업임을 강조한다.

> "'총대' 위에 평화가 있고 사회주의가 있다. 군대를 틀어쥐지 않고서는 사회주의를 고수할 수 없다."[17]

> "혁명의 수뇌부에 대한 결사옹위정신, 총폭탄 정신, 자폭정신을 무장한 위의 혁명적 무장력이 자기의 '총대'를 굳건히 틀어쥐고 있는 한 그 어떤 강적도 인민대중 중심의 우리식사회주의를 감히 건드릴 수 없다."[18]

2. 내러티브(narrative) 분석

일반적으로 서사는 인물의 행위와 사건을 이야기의 중심에 놓고 내러티브를 구성한다. 이야기 구성에서 가장 중요한 작업은 등장인물에 대한 정체성 구축이라고 할 수 있을 것이다. '총대'서사는 국가역사를 이루는 주요 사건과 등장인물을 통해 전체 내러티브를 구축한다. 서사에서 다루는 주요 등장인물은 김형직과 강반석, 김일성과 김정숙, 그리고 김정일이라는 김일성 집안의 3대에 관한 이야기로 구성되었다.

"상징적 구조인 '정체성'은 개인과 사회적 환경, 그리고 개인의 자기 관련적 경험들과 역사적 전기적 단계를 통합하는 결과물"[19]이다. '총대'

---

17   『로동신문』, 1997년 7월 3일자.
18   『로동신문』, 1997년 12월 14일자.
19   가브리엘레 루치우스회네 · 아르놀프 데퍼만, 박용익 옮김, 『이야기 분석: 서사적 정체성의 재구성과 서사 인터뷰의 분석을 위한 이론과 방법론』(서울: 역락, 2011), p. 9.

서사는 김일성이라는 특정가문에 전해오는 총을 통해 김일성의 구국 활동과 영웅적 정체성을 구축하는 내러티브로 되어있다.

가. 지원의 '총대'(김일성이 물려받은 총)

북한의 공식담론에 등장하는 '총대'는 1928년 2월초 어느 날, 당시 열여섯 살이던 김일성이 선친의 총을 어머니로부터 전해 받는 이야기에서 시작한다. 이 총은 일제에 맞서 항거하다 사망한 김형직이 그의 아들 김일성에게 물려준 총으로서 역사적인 의미가 부여된다. 김일성에게 전달된 총은 조국광복을 이룰 앞날을 위한 뜻이 담겼다는 의미에서 지원의 총으로 불린다. 강반석은 남편 김형직이 항일투쟁운동에서 활동하던 권총 두 자루를 남들 모르게 남편 묘 앞에 묻어두었다.[20] 강반석은 타도 제국주의 동맹 활동이 환산되었던 즈음인 1927년 추석날 묘 앞에 묻어두었던 권총을 파가지고 돌아와 닦고 기름칠하여 아들에게 선친의 유물을 넘겨줄 준비를 마쳤다. 그리고 그 이듬해인 1928년 두 자루의 총을 물려받은 김일성은 아버지의 '유훈'[21]으로 일제를 물리쳐 조국해방을 이루었다는 내러티브가 골자가 된다.

"《너의 아버님께서는 돌아가실 때 이 권총 두자루를 나에게 맡기시면서 때가되면 너에게 주라고 당부하셨다. 네가 이미 혁명투쟁에 몸 바쳐 나섰으니 아버님께서 남기신 이 총이 필요할 것이라고 생각한다. 이 총을

---

20 박경애, 『반석으로 빛내이신 한생 조선의 어머니 김정숙 동지』, p. 191.
21 "김형직이 아들 수령에게 남긴 고귀한 유산 중에 두 자루의 권총이 있다. 아버님께서 나라와 민족의 운명을 수령님에게 맡기면서 남긴 것은 고귀한 정신적 유산과 함께 돈도 재산도 아닌 단 하나의 물질적 유산, 총이었다." 최철웅, 『'총대'철학』, p. 19.

가지고 아버님께서 못다 하신 조국광복의 위업을 꼭 이룩하도록 하여
라.》"[22]

지원의 총	의미작용 단계
	**외시의미(1차 단계)** 글: "아버님이 돌아가실 때에 남기신 말씀과 권총을 전달받으시는 김일성원수님"[23] 그림: 김일성에게 권총을 건네준 어머니 **내포의미(2차 단계)** '총대'가정의 탄생, 조국해방의 과제 **신화, 이데올로기(3차 단계)** 조국광복을 이룰 영웅 김일성

그림 2. '지원의 총'의 의미작용 단계
출처: 『김일성원수님께서는 혁명가정에서 태여나시여 일찍부터 혁명활동을 하시였다』, 서문.

　'총대'서사에 의하면 당시 만주에서 항일 투쟁 활동을 하던 김일성
은 일본 경찰과 중국반동 토벌군들에 의해 경계망을 좁혀 혁명동지들이
체포당할 위기에 처해 있었다. 어려움에 처한 김일성과 동지들은 쫓겨
무기가 필요했지만 인원이 4~5명뿐이었으며, 김일성이 가진 것은 아버
지로부터 물려받은 두 자루의 권총뿐이었다. 이때 김일성은 어머니에게
무기가 더 필요한 상황을 알리며 운반 방안을 의논하였고, 강반석은 조
국의 해방과 아들동지들의 혁명을 위해 함지박에 숨겨 목숨을 걸고 무기
를 배달하였다.[24] 즉, 어머니 강반석이 가져온 총은 국가를 구하는 데 커

22　박경애, 『반석으로 빛내이신 한생』, p. 190.

23　조선사회주의 로동청년동맹 중앙위원회, 『김일성원수님께서는 혁명가정에서 태여나시여 일찍부터 혁명활동을 하시였다』(동경: 학생소년 출판사, 1968), 서문.

24　박경애, 『반석으로 빛내이신 한생』, p. 195.

다란 역할을 했다는 것이다. 이는 어머니로서의 사적 차원에서 모성애적 실천이 아니라 조국해방 혁명에 동참하는 투지를 그리며 김일성 어머니가 조국해방에 미친 중요한 역사적 의미를 담지한다.

김일성이 유산으로 물려받은 '총대'는 북한의 항일투쟁 혁명역사에서 총과 물적인 자원이 부족하던 어려운 시절을 이겨낼 수 있었던 물적 토대이며 김일성을 건국신화의 영웅이야기로 규정하고 있다. '총대'서사는 아버지 김형직의 유훈에 의해 무장투쟁과 민족독립을 회복하겠다는 혁명적 각오를 담은 이야기로서 선군정치의 시원임을 밝힌다. 김일성의 집을 '총대'가정으로 호명하며 이 총은 바로 국가 독립과 사회주의를 이루는 물적 토대임을 강조한다. 이러한 내용으로 구성된 '총대'서사는 일제로부터 해방과 사회주의국가 건설을 가능하게 한 김일성 일가는 구국의 가정이며, 등장인물들을 신성한 영웅 내러티브로 구조화하고 있다.

나. 계주봉의 '총대'(김정일이 물려받은 총)

선군정치에서 본격적으로 활용하는 '총대'서사는 김일성으로부터 물려받은 두 번째의 총에 관한 이야기이다. 김정일의 선군정치에서 활용되는 '총대'서사는 김일성으로부터 물려받은 총을 통해서 숭고한 가족의 유산을 물려받음과 동시에 권력승인의 정당성을 강조한다.

김일성 가문의 혁명역사를 가르치는 교과과정에서는 김정일의 어린 시절 '총대'와 관련한 일화를 구체적인 대화형식으로 구성하여 소학교 교과과정으로 다룬다. 열 살이던 김정일이 당시 인민군 최고사령관 김일성이 주둔하는 방어선 지휘현장에 가서 두 달 동안 머물렀다고 한다. 1952년 7월 10일 조부(김형직)의 생신날 부친 김일성으로부터 선물 받은 권총 리볼버는 계주봉의 의미를 나타낸다. 계주봉으로써의 총은 김일

성가문으로 이어 내려오는 권력세습을 정당화하고 국가적 운명을 책임
지는 새로운 권력자로 규정한다.

《이 권총을 오늘 너에게 준다. 혁명의 계주봉으로 알고 받는 것이 좋겠
다.》위대한 원수님께서는 아버님으로부터 권총을 정중히 넘겨 받으시였
습니다. (중략)《혁명가는 일생동안 손에서 총을 놓지 말아야한다. 총은
혁명의 승리를 담보해주는 방조자라는 것을 꼭 명심해라.》"[25]

전반적인 구성에서 '총대'서사를 생산하고 유포하는 구술자는 김정
일이다. 이야기를 통해 전달되는 일화는 대화체로써 당사자가 아니면 누
구도 확인하거나 개입할 수 있는 여지가 없는 이야기 구조를 구성한다.
부친이 물려준 총에 관한 이야기를 통해 '정체성'을 구축하는데, 권력자
의 자전적 자기기술은 '사회적 정체성'[26]으로 인정되는 효과를 만든다.

지원의 총이 김일성의 권력을 뒷받침하는 서사임에 반해 두 번째 총
은 김정일로 하여금 구국 '총대'가정의 혈통을 이어가는 계승자로 규정
하는 것이다. 김형직이 항일투쟁운동에서 사용하던 총을 김일성에게 전
달하여 구국의 영웅으로 완성되었다면, 김일성이 간직해 온 총은 김정일
에게 승계된다는 줄거리를 통해 권력이양의 당위성을 담보하는 내러티
브를 구축하는 것이다.

---

25   김광수·리정호, 『위대한 령도자 김정일원수님 어린시절: 제14과』 소학교 3(평양: 교육도
      서출판사, 2005), pp. 27-29.
26   개인적 정체성과 사회적 정체성은 동전의 양면에 불과하며, 다양한 삶과의 관련성 속에서
      반영, 협상의 과정으로 구성된다. 가브리엘레 루치우스회네·아르놀프 데퍼만, 박용익 역,
      『이야기 분석: 서사적 정체성의 재구성과 서사 인터뷰의 분석을 위한 이론과 방법론』, p.
      76.

3. 의미 체계

가. 지배 이데올로기

김일성 가문 중심의 '총대'서사는 특정집단에 의해 이야기 형식을 가진 신화의 형식으로써 지배의 메시지를 전달하고 있다. 북한의 지도자인 김일성 집안에 대한 발화로서, 높은 권위의 이야기를 가지고 인민들에게 알리고 이해시키고 강요하는 물리적인 힘으로 작동되는 영웅서사로 작동한다. '총대'서사의 주요 내용과 배경은 대중들에게 와 닿는 역사 문화적 사실을 근간으로 하는 전략을 취한다. 구성원 자신들의 정체성과 연관되는 소재를 통해 더욱 자연스러운 이야기로 서사의 구속력을 갖는 것이다.

두 자루 권총의 의미는 권력 창출과 권력 승계의 의미를 함축한다. 최초의 '총대'가정을 만든 김일성 일가는 구국영웅 가족으로 자리매김한다. 역사적 사실에 대한 물적 근거로서의 총은 영웅신화로 꽉 짜인 구조를 갖는다. 김일성이 김형직의 총을 어머니를 통해 간접적으로 물려받은 것이 국가건국에 핵심이라면, 김정일이 부친으로부터 직접 받은 총은 국가를 수호하는 역할임을 강조한다. 더구나 김정일이 부친으로부터 물려받은 총은 어머니의 도움 없이 직접 받아 남성중심의 지도자 승계의 정당화를 강조한다. 이러한 메시지를 통해 김일성 가문을 정점으로 하는 지배 이데올로기를 강조하고 인민들을 이해시키며 기억을 강요하여 권력자에 대한 마음을 구축하게 한다.

'대집단체조와 예술공연' 〈아리랑〉의 1장 4경에는 '우리들의 총대'라는 장편의 서사가 구성되어 있다. 우리들의 총대는 국가건국과 관련된 서사와 함께 북한 사람들의 정체성을 재현한다. 장면에서 연출하고 있는 글자 '지원(志遠)'과 '권총' 그림은 김일성 가문에 남성을 중심으로 전해

내려오는 항일투쟁의 정신적 유훈과 역사적 산물을 의미한다. 이를 통해 김일성 집안은 북한의 건국에 몸 바친 '총대'가정이므로 구국 영웅의 후손에게 이어지는 지배권력 승계의 정당성을 확보한다. 특히 공연에서 젠더의 활용은 군복 차림의 여성들을 대거 등장시켜 전사로서의 강인한 모습을 통해 지배 권력을 떠받치는 여성총대의 이미지를 강조하는 방식으로 이뤄진다.

〈아리랑〉 1장 4경 우리의 총대	의미작용 단계
	**외시의미(1차 단계)** 글: 지원(志遠), 그림: 권총 두 자루 ⇩ **내포의미(2차 단계)** 글: '지원', 항일투쟁과 구국의 상징 그림: 김일성 집안으로 계승된 권총 ⇩ **신화, 이데올로기(3차 단계)** 제1호 '총대'가정의 탄생, 권력승계의 정당성 강조

그림 3. '대집단체조와 예술공연' 〈아리랑〉의 '총대'서사의 의미 체계

사진출처: Ruidiger Frank, "The Arirang Mass Games of North Korea," The Asia Pasific Journal, vol. 11, issue 46, No.2, 2013, p. 15.

〈아리랑〉에서 소개되는 총이 갖는 의미를 신화모델에 의해 살펴보면 다음과 같은 과정을 거친다. 첫 번째 외시의미 단계에서는 글과 그림을 통해 '총대'서사를 구성하고 있다. 즉, 명시적인 의미단계로 두 자루의 총과 지원(志願)이라는 글을 통해 기표와 기의를 전달한다. 두 번째 과정인 내포 의미단계에서는 그림 '총'과 글 '지원'이 일제와 맞서는 역사적 산물임을 드러낸다. 이 과정에서 '총대'가 김일성 집안에 내려오는 유물이자, 항일투쟁을 이끌어 국가건설을 이룬 역사적 물적 토대로 규정

된다. 마지막 단계에서는 김일성 가문에 내려오는 권총의 의미는 권력승계 계주봉의 역할이 김정일에게 귀결됨을 의미한다. 3차 단계에서 생성된 신화는 그 사회를 지배하는 권력 이데올로기로 작동하므로 권력승계의 정당성이 확보되는 것이다. 이야기가 신화로 통용되기 위해서는 여러 단계의 의미체계를 거쳐야 하듯 '총대'가 신화로 작동하기 위해 일정한 의미단계를 거쳤음을 파악한다. 이렇듯 '총대'서사는 지배 권력을 떠받치기 위한 특정한 주제와 목적에 의해 구성되어있음을 알 수 있다.

표 1. '대집단 체조와 예술공연' 〈아리랑〉에서 '총대'의 의미

신화(Myth)	Ⅲ. 기호 Sign-의미작용 Signification	
	김일성 가문의 권총은 구국의 표상, 권력승계의 정당성 강조	
내포 의미 (connotation)	Ⅰ. sr(기표)-form(형식)	Ⅱ. sd(기의)-concept(개념)
	글과 그림을 통한 '총대'서사	'총대'가족의 애국혁명성
외시 의미 (denotation)	1. 기표(sr)	2. 기의(sd)
	글과 그림	지원과 권총

선군시대에 등장한 '총대'는 김정일에 의해 만들어졌고, 그 서사는 신화의 특성 그대로의 서사체계를 갖추고 있다. 북한권력은 '총대'서사를 통해 구국영웅의 자손으로 이어지는 권력이양의 정당성을 주장한다. 권력은 총대 이야기를 통해 사람들에게 지배자에 대한 신념체계로 강제하고 사회적 신화로 작동하도록 영웅메시지를 전달한다. 그러한 정당성을 확보하기 위해 김일성과 김정일과 관련한 총은 상징적 차이를 드러낸다. 김일성이 어머니로부터 물려받은 유훈의 총은 지원의 총으로 명명되며 일제를 물리치는 구국의 상징성을 띤다. 김일성의 총은 작고한 선친의 유산으로 물려받아 나라를 구하므로 난세의 영웅으로 서사화되는데

그 총은 지원으로서의 상징성을 갖는다. 그 반면에 김정일이 물려받은 총은 현존하는 권력자, 수령으로부터 직접 총을 물려받아 정권이양의 정당성을 확보하는 총으로 상징된다. 따라서 '총대'서사를 구축하는 두 자루의 총은 북한사람들의 정체성과 권력 지배를 승인하도록 하는 이데올로기적 상징물로 해석된다.

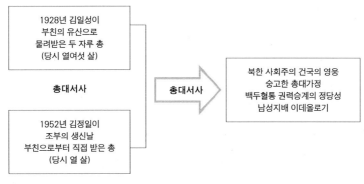

그림 4. '총대'서사의 지배 이데올로기

북한의 '총대'서사의 지배이데올로기는 다음과 같이 정리된다.

첫째, '총대'서사는 김일성가문을 중심으로 구성된 애국 혁명 역사이며 김일성 가족이 주인공으로서 여기에는 다른 조력자나 등장인물은 없다. 이러한 내용은 소수의 백두혈통으로 이어지는 권력승계의 정당성을 뒷받침한다. 둘째, '총대'서사를 통해 김일성 가문을 북한의 1호 '총대가정'으로 규정하고 인민들로 하여금 숭고한 혁명성의 근간이며 애국적 윤리로 제시한다. 셋째, '총대'서사는 건국설화에 그치지 않고 문헌으로 혹은 공연으로 (재)구성되고 공간 경험으로 공유되고 확대되는 광범위한 문화체계를 갖는다. '총대'서사는 인민을 학습자이며 동시에 확산자로 체계화한다. '총대'서사는 체계적인 교육과정과 대규모 공연과 같은 집단적 참여경험을 통해 사람들의 신념체계로 구축하도록 끊임없이 (재)생산되는 문화정치의 원형을 구축한다.

나. 젠더 이데올로기

'총대'서사에 등장하는 두 여성은 강반석과 김정숙이다. 총대서사가 이들의 정체성을 재현하는 방식에서 북한이 그리는 여성상과 젠더 이데올로기를 파악할 수 있을 것이다. 어머니 강반석은 김일성이 항일투쟁운동을 할 수 있도록 아들을 지원하는 애국적이며 희생적인 어머니상으로 그리며 그러한 정체성을 뒷받침하는 일화를 소개한다. 당시 만주에서 항일투쟁 활동을 하던 김일성은 일본 경찰과 중국 반동토벌군들에 의해 경계망이 좁혀 들어가고 있어 혁명동지들이 체포당할 위기에 처해있었다. 어려움에 처한 김일성과 동지들은 인원이 4~5명뿐이었으며 무기도 부족했었다. 그때 김일성이 가진 것은 아버지께 물려받은 두 자루의 권총뿐이었다고 한다. 김일성은 어머니에게 무기가 더 필요한 상황을 알리며 운반 방안을 의논하였다. 강반석은 아들동지들의 해방투쟁활동을 위해 함지박에 총을 숨겨 목숨을 걸고 무기를 배달하였다[27]고 한다. 강반석이 운반해 준 총으로 김일성의 동지들은 일본 군대의 포위망을 뚫고 나갈 수 있었고, 조국해방을 이루는 데 커다란 역할을 했다는 이야기이다. 여기에서 강반석은 어머니와 아들이란 사적 영역 차원에서 모성애적 실천을 넘어 조국해방혁명에 동참한 영웅으로 그려져 조국해방에 미친 영향력과 역사성을 가지고 있음을 의미한다.

한편, 북한의 3대 장군으로 지칭되는 김정숙은 항일 무장투쟁사에

---

27   박경애, 『반석으로 빛내이신 한생』, p. 195.

서 김일성 결사옹위의 정신을 보인 혁명적 여성으로 추앙된다.[28] 김정숙
을 재현하는 방식에서는 혁명적인 여성이자 순종적인 여성이라는 이중
적 여성성이 강조된다. 문헌에 의하면 김정숙은 사격실력이 뛰어난 여전
사로서 항일투쟁 활동 중에 일본군의 총탄에 김일성이 위험에 빠진 순간
자신의 몸으로 엄호하였다는 희생적 일화가 **그림 5-1**로 소개되었다. 또
한 전쟁터에서 김일성의 지시에 의해 김정숙이 단 한 대의 손재봉기로
한 달 안에 군복 600벌을 만들었다는 일화 **그림 5-2**는 순종적 여성상을
강조한다. '총대'서사는 김정숙을 용감한 여전사, 희생적, 순종적 여성으
로 정체성을 규정하여 가부장 질서에 순응하는 여성상을 부여한다.

제목: 〈위대한 김일성동지를 목숨으로 보위하는 김정숙 동지〉[33]	제목: 〈위대한 수령님의 명령을 받들고 군복을 만드시는 김정숙 동지〉

5-1 혁명적, 희생적 여성상 강조	5-2 가부장 질서의 여성상 강조

그림 5. 선군시대의 '총대' 여성상
출처: 『조선의 어머니 김정숙 동지』(평양: 조선화보사, 1997), 좌: 92쪽, 우: 87쪽.

---

28 "주체 29년(1940년) 6월 안도현의 갈밭 속에 숨어있던 적들로부터 김일성에게 총구가 향
하자 김정숙이 〈사령관동지!〉 다급히 외치며 몸을 솟구쳐 온몸으로 김일성을 막아섰고 동
시에 방아쇠를 당겨 적들을 전멸시켰다. 김일성은 그때 일을 회고하며 다음과 같이 교시
하였다. 〈그날 김정숙이 아니었더라면 큰일이 일어 날번 했습니다. 그는 몸으로 나를 막아
서며 달려드는 적들을 모조리 쏴갈기었습니다. 그래서 내가 기적적으로 살아났습니다〉",
강홍수 외, 『항일의 녀성영웅 김정숙어머님 혁명력사: 중학교 4』(평양: 교육도서출판사,
2003), p. 72.

"주체 28년(1939년) 가을 김정숙 동지께서는 위대한 수령님으로부터 가을 겨울철에 벌릴 부대의 새로운 작전을 위하여 600벌의 겨울군복을 한 달 안으로 만들 가업을 받으셨다. 재봉대원은 몇 명 밖에 되지 않았고 손 재봉기와 재봉기바늘도 하나뿐이었다. (중략) 녀사께서는 몸소 재봉기를 맡으시였고 품이 많이 들고 어려운 일을 도맡아 제끼면서 끝내 혁명임무를 수행하시였다."[29]

북한사회에서 덕목화되는 여성상은 혁명성과 순종성을 갖춘 강반석과 김정숙 같은 인물이 대표적인 유형이다. 자애롭고 모성적인 여성성을 띠면서도 국가를 위해 희생하는 두 명의 혁명적 여성상은 북한사회가 요구하는 규범적 모델로 강조된다.

북한권력은 여성들의 충성심을 요구하며 '총대'서사의 여성상을 활용하는 전략을 폈다. 강반석과 김정숙은 북한사회의 첫 번째 '총대'가정을 만든 장본인들이며 국가 건설에 애국적인 역할을 수행한 여성상으로 강조되었다. 두 여성은 북한의 대표적 규범적 여성으로 여타 혁명여성으로 대치할 수 없는 절대적 여성상의 위상으로 자리매김한다. 그러나 김일성 시절에 칭송되던 강반석 담론은 김정일 집권 이후 김정숙 서사를 강조하는 방식으로 전환되었다. 이는 김정일이 자신의 권력을 강화하기 위해 가문의 숭고함을 강화하고 어머니의 혁명적인 일화를 통해 역사를 재구성하는 방식으로 진행되었기 때문이다. 예컨대 김정숙 탄생 80돐 기념 김정숙 군관학교 건립 관련한 기사에서 김정숙과 김일성이 항일 무장투쟁운동을 하던 빨치산 시절 함께 총을 쥔 모습의 동상 사진을 백두의 녀장군이라는 제목으로 기사화하였다.[30]

김일성 사후 김정일 정권이 들어선 1990년대 중반에는 심각한 식량난과 경제난으로 국가가 매우 어려움에 봉착한 시기에 희생적 여성상 담론이 더욱 강조되었다. 고난의 행군기에 기근으로 수많은 아사자가 발생했고 총체적 어려움을 겪는 과정에서 국가는 선군시대 가족의 덕목으로 여성통치 전략을 활용하였다. 국가적 담론은 가정의 혁명화라는 명명하에 원군가족 즉, 군대와 국가를 위해 기능하는 여성의 역할을 요구했다. '8.3 인민소비품' 증산운동이라는 여성의 노동력을 착취하는 정책과 함께 사적 영역에서는 장마당활동 등을 통해 개개인 가족의 식량거리 해결과 가사노동을 모두 책임져야 하는 여성 부담의 간고함이 가중되었다. 선군시대 여성에 대한 국가적 통치전략을 분석한 젠더연구에 의하면 북한권력은 여성들에게 '전사적 여성상'[31]을 부여하며 여성노동을 강제하였고, '젠더 레짐'[32]을 통해 가부장사회의 유지에 여성을 통치의 대상화하였음이 드러난다.

그림 5의 선군시대의 '총대'여성상은 불굴의 투쟁정신과 남성을 보살피는 순종적인 실천을 보인 김정숙을 영웅시하며 동시에 규범적인 여성상으로 (재)생산하는 표상이다.

김정일이 강조한 선군시대 여성의 역할은 수령을 결사옹위하고 군

서 아동들을 가르치고 고아들을 보살핀 자애로운 어머니 이미지가 강조되었고, 2000년 이후에는 김일성, 김정일과 함께 '3대 장군'으로 격상되었다.

31   박영자, "선군시대 북한여성의 섹슈얼리티 연구: 군사주의 국가권력의 성정체성 구성을 중심으로," 『통일정책연구』, 15권 2호, 2006, pp. 153-154.

32   조영주, "북한여성의 실천과 젠더 레짐의 동학," 이화여자대학교 북한협동과정 박사학위논문(2012).

33   김일성 사후 그림 5-1은 주요 내용이 변하였다. 같은 이야기를 주제로 하되 〈백두의 녀장군 김정숙동지처럼 위대한 장군님을 결사옹위하는 성새가 되고 방패가 되자〉는 제목하에 김일성의 손에는 총이 없고 김정숙만 총대를 쥐고 있는 것으로 그렸다. 변화한 도상을 통해 김정숙은 수령을 위한 인간방패의 아이콘으로 만들었다. 박계리, "선군미술의 도상학," 세계북한학 학술대회 자료집, Vol.1(2014), p. 664.

대를 원호하며 남성을 떠받드는 김정숙이 바로 완전한 '총대' 여성상임을 규정하고 있다. 권력은 여성통치 전략으로서 김정숙 생애사를 재구성하고 전형적 규범화의 전략을 폈다.

정리하면 '총대'서사는 그림 6과 같이 강반석과 김정숙의 일화들을 혁명성과 순종성을 가진 여성으로 강조하여 북한사회가 지향해야 할 여성상으로 규정한다. 더 나아가 '총대'서사에 그려진 두 여성들의 조력자적 역할과 이중적 여성상을 활용한 일상의 정치는 남성중심의 권력승계와 가부장질서를 승인하는 젠더 이데올로기를 (재)생산한다.

'총대'서사를 통해 나타나는 강반석과 김정숙은 북한사회에서 김일성을 위해 존재하는 혁명적이고 순종적인 이중적인 여성상으로 귀결된다. 혁명을 위해서는 용감한 여성으로 투쟁하며, 남성을 위해서는 희생하고 순종하는 여성이야말로 선군시대가 지향하는 '혁명적 현모양처'임을 강조한다. 이중적 여성상의 규정은 북한권력에서 여성배제의 사회적 동의 담론을 만들고 가부장질서를 강조하여 계급문제를 심화시키는 기제가 되는 것이다.

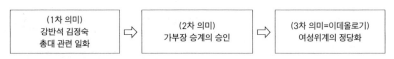

그림 6. '총대'서사에 따른 젠더 이데올로기

북한의 건국신화로 구축된 '총대'서사는 다음과 같은 젠더 이데올로기를 함의한다.

첫째, '총대'서사는 북한의 대표적인 두 여성의 혁명적, 순종적 일화를 통해 북한사회가 추구하는 젠더규범을 규정한다. 어머니와 아내인 두 여성을 그려냄에 있어 오직 김일성을 위해 존재하는 여성 정체성을 부여한다.

둘째, '총대'서사는 남성중심의 지배 이데올로기를 정당화한다. 김일성과 김정일에게 유훈으로 이어지는 '총대'는 1호 '총대가정'이라는 영웅신화를 만들고, 남성중심의 권력지배를 강제한다.

셋째, '총대' 여성상은 북한사회가 여성을 통치하는 젠더정치의 틀로 재(생산)된다. 혁명적 여성상을 주변적 정체성으로 고정하여 여성위계화와 가부장질서를 승인하는 문화체계를 구축한다.

IV. 결론

분석 결과 '총대'서사는 내용구성과 등장인물의 정체성 부여를 통해 신화적 상징체계를 생산한다. 김일성 집안으로 이어 내려오는 '총대'는 외부로부터 침략을 막아 국가의 존립에 가장 영향력 있는 물적, 정신적토대로 강조되었다. '총대'서사는 선군시대부터 만들어졌음에도 불구하고 사회주의 국가 전설의 배경과 역사적 내러티브를 기반으로 구축되었기 때문에 집단적 기억을 고구하는 강력한 건국신화로 작동한다. '총대'서사는 김일성 일가를 항일투쟁사의 구국영웅 가족으로 신성시하는 결과를 만들고 더 나아가 '김일성 민족'이라는 호명 담론을 만들고 있었다. 이렇듯 '총대'에 관한 신념이 가능한 것은 일제의 억압으로부터 해방을 이끈 항일투쟁사에서 비롯된다고 해도 과언이 아닐 것이다. '총대'서사의 역할은 북한사람들로 하여금 권력자에 대한 절대적 믿음체계로 작동하도록 하고 세대를 이어가면서 권력 승계에서의 정당성을 담보하는 정치적 이데올로기의 재생산을 뒷받침한다. 권력은 이러한 내러티브와 의미체계를 통해 인민들로 하여금 김일성 가문으로 이어지는 구국영웅에 대해 충성을 하도록 정치화하여 왔다.

'총대'서사는 지배 권력의 신화로서 큰 특징을 갖는다. 김일성 가문을 중심으로 하는 이야기의 핵심은 영웅적 정체성을 강조하는 내러티브 구성으로 나타났다. '총대'가정의 시원인 김일성의 항일투쟁 활동과 김정일로 이어지는 권력이양의 서사를 통해 인민들을 통치하는 지배 이데올로기로 작동하도록 한다. 서사의 내용이 단순한 옛날이야기 식의 설화가 아니라 김일성이라는 현실적인 인물, 항일투쟁의 역사적 사실, 그리고 모두가 기억하는 건국역사를 통해 일상을 이루는 강력한 정치신화로 구축되었다는 점을 주목해야 한다.

'총대'서사의 현재성은 교양과 선전으로 활용됨과 동시에 집단공연과 같은 문화체계와 규범으로 (재)생산되어 일상을 지배하는 실용적 통치도구로 작동한다는 점이다. 남한의 건국신화가 단군신화로 자리매김하여 박제된 설화 차원에 머문다면, 북한의 건국신화는 역사적인 사실을 기반으로 하며 사람들의 기억과 정서에서 분리되지 않는 이데올로기의 통치기제로 구성되고 인민들에게 체현되는 특징을 나타낸다. '총대'서사로 구성된 북한의 건국설화는 인민들의 경험에 기반하여 기억의 정치로 활용되며 지배집단에 대한 충성을 강제하는 신화로 자리잡게 된다. 권력은 서사의 이데올로기를 정책으로 담론화하면서 동시에 학교와 공연을 통해 확대하는 (재)생산 방식을 활용한다. '총대'서사는 인민들을 지속적으로 기억시키며 권력에 대한 충성의 동의를 구하는 기제이자 두터운 신념체계로 작동한다. 동시에 지배권력으로 지속할 수 있도록 확대 재생산되는 방식을 통해 협상의 과정을 수반하게 한다. 결과적으로 '총대'서사는 텍스트에 머물지 않고 (재)생산되어 일상에 파고드는 현실적인 통치도구로 작동하도록 하는 것이다.

'총대'서사는 북한사람들의 사회집단을 지배하는 정신적 관념과 표상으로 재생산되고 있어 특히 여성들의 계급과 실존적인 관계를 맺는 것으로 추론 할 수 있다. '총대'서사는 지배권력 담론을 강조하기 위해 가부장 질서 하에서 여성에 대한 위계적 호명을 부여하고 자명하게 지배세력에 부응하게 하는 여성통치의 근간을 마련하였다고 볼 수 있다.

'총대'서사는 여성들을 혁명남성의 옹위 역할로 배치하는 서사로서 가부장질서에 의한 젠더불평등 사회를 강조한다. '총대'서사는 내러티브를 통해 통치이데올로기를 개념화하는 방식으로 구성하였고 여기에 여성들의 역할을 통해 위계화된 젠더사회와 가부장문화를 공고히 하고 있었다. '총대'서사의 의미작용을 통해 나타난 북한사회의 젠더 이데올로기는 남성중심의 권력승계를 승인하는 여성의 위계적 위치를 의미하기 때문이다. 따라서 '총대'서사는 단순한 이야기가 아닌 여성의 현실을 지배하고 가부장 질서를 지속하게 하는 신화체계로서 (재)생산의 기제가 된다. '총대'서사는 인민들에게 김일성 가문으로 이어지는 권력승계의 정당성을 담보하며 동시에 가부장적 권력에 대한 믿음을 강제하는 문화적 체계의 젠더 이데올로기로 작동하고 있는 것이다.

제2장

'조선민족' 개념의 형성과 변화

최선경(북한대학원대학교) · 이우영(북한대학원대학교)

I. 들어가며

김정은 정권은 2013년부터 신년사에서 통일의 주체는 "북과 남, 해외 전체의 조선민족"임을 천명해오고 있다.[1] 2017년 1월 북한은 "전체 조선민족에게 보내는 호소문"을 채택하기도 했다.[2] 건국 이래, 북한은 '민족'에 대한 개념을 변화시켜 왔는데, 이것은 단순한 개념상의 문제라기보다는 북한의 과거와 현재에 대한 인식 및 미래에 대한 전망과도 긴밀히 연결되어 있다고 할 수 있다. 또한 모든 민족에 대한 개념 정의에서 발생할 수밖에 없는 경계의 문제는 민족에 대한 '개념 정의' 또는 민족의 '경계 짓기'가 자연에 속하는 일일 수 없다는 것을 보여 준다.

'민족'의 범위를 규정하는 문제는 북한의 민족주의적 열망이 지향

---

1 『로동신문』, 2013년 1월 1일, 2면; 2014년 1월 1일, 1면; 2015년 1월 1일, 1면; 2016년 1월 1일, 1면; 2017년 1월 1일, 1면.
2 『로동신문』, 2017년 1월 19일, 2면.

하는 목표가 무엇인지에 따라, 그리고 민족을 구성하는 개인들의 자각
과 의식에 따라 달라진다고 할 수 있다. 어떤 형태로든지 구성원들 사이
에서 동일 민족이라는 자각과 그에 따르는 규범적 함축이 수반되어야 하
나, 이 글에서는 민족에 대한 '국가적 규정'만을 다루고자 한다.

북한은 '민족주의' 용어를 사용하는 것은 경계하면서도, '민족' 관
련 문제에 대해서는 끊임없이 논의해왔다.[3] 북한이 출판하는 민족 관련
텍스트(text)는 북한의 민족에 대한 개념 (재)구성 과정을 보여주는 주요
자료들이다. 이 글에서는 북한의 사전류, 최고지도자의 저작 및 논문(로
작), 역사서, 『로동신문』 등을 중심으로 북한 문헌 자료 속의 '민족' 범주
를 규정하는 내용들을 통시적으로 고찰하고 분석하고자 한다.

본 연구는 텍스트가 생산된 시점의 컨텍스트(context) 속에서 텍스
트를 읽으며, 북한이 '민족'이라는 용어를 어떻게 개념화하고 그 개념을
어떠한 방식으로 재구성하여 왔는지를 논의하고자 한다. 이 글에서 주목
하는 것은 북한의 '민족 개념이 어떻게 형성되었고, 그에 대한 해석이 어
떻게 변화되었는가'이다. 특별히 북한은 1990년대 말에서 2000년대 초
에 걸쳐 기존의 민족 담론과는 다른 지점에서의 논의가 이루어진 일련의
로작과 역사서를 발행하였다. 이 기간 출간된 북한의 공간 문헌에서는
북한이 정의하는 민족의 징표인 "피줄, 언어, 문화, 지역의 공통성"에 대
한 이론적 논의를 통해 민족의 개념을 구체화하는 모습을 보여준다. 이

---

3   북한은 1970년대까지 '민족주의'라는 용어에 대해 부정적인 태도를 견지해 왔으며, 자주성
    과 민족적인 것의 옹호를 위해 북한이 선택한 개념은 '사회주의적 애국주의'였다. 북한은
    사회주의 이념에 입각하여 민족주의를 '부르조아의 착취 논리'로 비판적으로 보고 있던 입
    장에서 1992년 '민족의 이익을 옹호하는 진보적 사상'으로 격상하기에 이른다. 전미영, "통
    일담론에 나타난 남북한 민족주의 비교연구," 『국제정치논총』, 제43집 1호(2003), p. 194.
    1991년 김일성은 처음으로 '민족주의' 개념을 사용했고, 스스로를 "공산주의자인 동시에
    민족주의자이고 국제주의자"라고 선언했다. 『로동신문』, 1991년 8월 5일, 1면.

글은 북한에서 생산된 문헌 분석을 통해 민족 개념의 형성 과정뿐만이 아니라, 그 범주의 변화와 활용에 대해서도 살펴보고자 한다.

II. '민족'의 기원과 개념

코젤렉(Koselleck)은 "개념이 역사적으로 이해되듯이, 역사는 그 개개 의 개념들을 통해서 해석된다: 개념사는 개념과 역사의 수렴을 테마로 한다"[4]고 설명한 바 있다. 개념은 곧 역사를 인식하는 매개에 그치지 않 고 사회의 재구성 및 역사의 변천과도 연결되는 주된 요소이기도 하다. 따라서 개념에 대한 연구는 명칭이 갖고 있는 고유의 의미론적 역사(의 미사)와 그 대상이 만들어져 실제로 진행된 역사(진행사) 사이를 왕복하 며 통시적 차원과 공시적 차원을 함께 엮어 (재)구성하는 일이 된다.[5] 개 념은 분류를 가능하게 하고, 이미지를 만들어내며, 비교의 표준을 제공 하고, 대상에 대한 특정한 태도를 생산하게 한다.[6] '민족'이라는 개념도 '민족'과 '비민족'인 것으로 나누고, 그에 따라 '민족적'인 것과 '비민족 적'인 것에 대한 이미지를 만들어내며, '민족' 중심으로 '비민족'을 가늠

4 Reinhart Koselleck, "Richtlinien für das Lexikon politisch-sozialer Begriffe der Neuzeit," *Archiv für Begriffsgeschichte*, Vol. 11(1967), p. 85. 이진일, "개념사의 학문 적 구성과 사전적 기획 사이에서:『코젤렉의 개념사 사전』을 중심으로,"『개념과 소통』, 제 7호(2011), p. 136에서 재인용.
5 코젤렉에 따르면 과거에 일어난 사건의 경과나 관계를 규정하는 용어들은 다양한 역사적 움직임이나 변화와 관련되어 사용되었기 때문에, 개념의 형성은 철저히 경험의 변화에 대 한 결과로서 나타나는 것이다. 그 개념들을 매개하는 것은 언어이다. 개념 속에는 한 사회 나 시대의 입장이 녹아 있으며, 시대에 따라 변화해왔다. 이진일, "개념사의 학문적 구성과 사전적 기획 사이에서:『코젤렉의 개념사 사전』을 중심으로," pp. 136-137.
6 스튜어트 홀 편, 전효관 외 역,『현대성과 현대문화』(서울: 현실문화연구, 2001), pp. 407-408.

하게 하고, 결과적으로 '민족'과 '비민족'에 대한 집합적 태도를 만들어
내는 이데올로기적 작용을 한다. 개념의 기능에서 알 수 있는 점은 하나
의 개념이 이항대립적인 개념을 만들어내고, 다른 개념과의 차이를 통해
서만 존재한다는 것이다. 개념이 한번 형성되면, 개념은 개념의 요소들
을 동질하다고 가정하게 되므로 개념은 동질성을 유지하기 위해 내부의
차이를 억누르게 된다.

오늘날 우리가 사용하는 '민족'이라는 개념 자체의 기원이 근대 서
구 네이션(nation)에 있으며 민족 국가들(nation-states)의 세계 체제 출
현 역사와 궤를 같이 해왔고[7] 국내에서는 20세기 초반 '민족'이라는 번역
어로 수용되었다.[8] '민족'의 개념에 있어서 서구의 '네이션'과 한국의 '민
족' 개념 간에는 개념사적 간극이 존재하며,[9] 한국적 맥락에서의 민족 개
념은 네이션, 종족, 인종 개념이 뒤섞여 있다.[10] 또한 한(韓)민족의 개념
속에는 국가적인 것, 종족적인 것, 남북공동체 지향적인 것이라는 세 차
원의 의미망이 상호 연결되어 있기도 하다.[11] 따라서 네이션(nation)을
'민족'으로 번역할 때, 역사적 맥락의 차이로 의미상의 '미끄러짐'이 발

---

7   신기욱, 이진준 역, 『한국 민족주의의 계보와 정치』, p. 24.
8   박찬승, "한국에서의 '민족' 개념의 형성," 『개념과 소통』, 1권 1호(2008).
9   코젤렉은 이에 대해 개념들에 내포되는 긴장과 갈등은 역사 속에서 다양한 주체들에 의해
     각각의 경험 공간(space of experience)와 기대지평(horizon of expectation)이 상이한
     방식으로 결합하게 되기 때문이라고 지적한다. Keith Tribe, "Translator's Introduction,"
     in Koselleck, *Futures Past: On the Semantics of Historical Time*(New York: Colum-
     bia University Press, 2004).
10   Gi-Wook Shin, James Freda, and Gihong Yi, "The Politics of Ethnic Nationalism in
     Divided Korea," *Nations and Nationalism*, Vol. 5, No. 4(1999), p. 469. 한국적 맥락
     에서 인종, 종족, 민족은 융합되어 있는데, 이것은 '민족'이라는 말을 여러 가지로 사용한
     것을 보면 알 수 있다. '민족'은 'nation'이라는 뜻으로 가장 널리 사용되지만 또한 'ethnie'
     나 'race'를 가리키기도 한다. 신기욱, 이진준 옮김, 『한국 민족주의의 계보와 정치』 (서울:
     창비, 2009), p. 20.
11   박명규, "네이션과 민족: 개념사로 본 의미의 간격," 『동방학지』, 147권(2009), pp. 27-65.

생하게 된다. 하지만 이 글에서는 북한의 '민족' 개념을 양자의 개념사적 간극과 북한적 특수성을 고려하면서 전체적인 맥락에서 논의할 수 있다는 것을 전제로 한다.

　네이션의 기원에 대해서는 원초론(primordialism)과 근대론(modernism)의 두 가지 견해가 대립해왔다. 양 캠프 안에서도 다양한 스펙트럼이 존재하지만, 본질적인 차이는 네이션이란 실체를 '에스니(ethnie)'와 같이 변화하지 않는 본질적인 것으로 보느냐 아니면 이데올로기적인 구성물로서 변화 가능한 것으로 보느냐에 있다.[12] 앤서니 스미스(A. D. Smith)는 민족이 근대적인 현상임을 인정하면서도, 근대적 네이션 이전의 '역사적 연속성'을 강조한다. 그는 근대 '민족'이라는 현상이 발생한 기저에는 종족 공동체들이 근대 이전부터 존재했다는 것을 논증했다. 이러한 집단을 '에스니'라고 지칭하며, "공통된 조상에 관한 신화, 공유된 역사적 기억들, 하나 이상의 공통된 문화의 요소들, 하나의 구체적인 '모국'과 함께 한 연합체, 전체 인구의 상당 부분을 관통하는 연대감을 공유하는 사람들의 집단"[13]라고 정의하였다. 다시 말해, 민족이 기본적으로 이데올로기적인 근대적 산물이 되지만 동시에 이데올로기로 환원되지 않는 종족적인 요소가 있다는 것이다.

　반면, 겔너(E. Gellner), 앤더슨(B. Anderson), 홉스봄(E. Hobsbawm) 등[14]은 '상상의 공동체(Imagined Communities)', '발명된 전통

12　강진웅, "대한민국 민족 서사시: 종족적 민족주의의 전개와 다양한 얼굴," 『한국사회학』, 47권 1호(2013), p. 193.

13　Anthony D. Smith, *The Ethnic Origins of Nations* (Oxford: Blackwell, 1986), p. 32; Anthony D. Smith, *National Identity* (NV: University of Nevada Press, 1991), p. 21.

14　Benedict Anderson, *Imagined Community: Reflection on Origins and Spread of Nationalism* (London: Verso, 1983); 베네딕트 앤더슨, 윤형숙 역, 『상상의 공동체』 (서울: 나남, 2002); Ernest Gellner, *Nations and Nationalism* (Ithaca: Cornell University Press, 1983); 어네스트 겔너, 이재석 역, 『민족과 민족주의』 (서울: 예하, 1988); Eric

(The Invention of Tradition)' 등의 표현으로 민족이 '근대의 산물'이며, 민족의 출현이 '근대적 현상'임을 강조하였다. 앤더슨은 '상상된 공동체'로서의 민족은 문화적, 이데올로기적 구축물로서 국가에 의해 주조된 산물로 보았다. 홉스봄에 따르면, "민족이 민족주의를 만드는 것이 아니라 민족주의가 민족을 만든다"[15]는 것인데, 즉 민족은 민족주의의 산물이며 민족주의가 18세기 이전에는 없었던 이데올로기적 운동이기 때문에 그것의 산물인 민족 역시 근대적일 수밖에 없다는 것이다. 그리고 언어, 종족, 집합적 소속감 등으로 특징지어지는 원형적 민족주의(proto-nationalism)의 요소들이 근대적 현상으로 흡수될 수 있다고 보았다.[16]

이 글은 민족이 근대론적 관점으로 민족을 단일하면서도 고정불변한 실체가 아니라 사회적 관계와 힘에 의해 유동적으로 변화하는 구성물로 보고자 한다.[17] 이와 함께 스미스의 '에스니(ethnie)' 논의를 북한적 맥락에서의 민족 개념 형성과 변화에 있어 중요한 요소로 살펴볼 필요가 있다. 다시 말해, 민족을 근대적 구성물로 바라보되, '민족'의 의미망에 종족적 요소를 확장시켜 온 북한의 민족 개념 재구성 과정을 전근대적 연속성 이론에 기대어 분석하고자 한다. 이러한 원초론과 근대론의 스펙

Hobsbawm, *Nations and Nationalism since 1780* (Cambridge: Cambridge University, 1990); 에릭 홉스봄 (1990), 강명세 역, 『1780년 이후의 민족과 민족주의』 (서울: 창작과비평사, 1994).

15 에릭 홉스봄, 강명세 역, 『1780년 이후의 민족과 민족주의』, p. 26.

16 에릭 홉스봄, 강명세 역, 『1780년 이후의 민족과 민족주의』. 던칸(J. Duncan)은 홉스봄의 원형적 민족주의 개념을 고려와 조선의 전근대사회로 투영시킴으로써 근대 민족의 전근대적 연속성이 한국의 근대 민족과 민족국가 형성에 기여했다는 점을 강조하였다. John Duncan, "Proto-Nationalism in Pre-modern Korea," in Sang-Oak Lee and Duk-Soo Park, Perspectives on Korea (Sydney: Wild Peony Press, 1998), pp. 198-221.

17 버더리(Verdery)는 정치적 행위와 담론을 통해 구성되는 '상징(symbol)'으로서의 민족을 구성하는 것이 가능하다고 주장했다. Katherine Verdery, "Whither 'Nation' and 'Nationalism'," p. 230 in Gopal Balakrishnan(eds), *Mapping the Nation* (London·New York: Verso, 1996).

트럼 안에서 이 글은 북한의 민족 개념의 형성과 변화 과정을 탐색하며, 그에 대한 해석이 어떠한 방식으로 동족 의식을 창출하면서 지배 이데올로기로 활용되었는지를 분석하고자 한다.

III. 북한 '민족'의 개념 형성: "피줄, 언어, 문화, 지역의 공통성"

1. 북한 '민족' 개념의 기원

사회주의에서 '민족'에 대한 입장은 프롤레타리아 국제주의로 대변되며, 마르크스는 『공산당 선언』에서 "노동자에게는 조국이 없다"고 주장한 바 있다.[18] 민족은 '만국 노동자의 단결'과 '프롤레타리아 혁명'으로 소멸될 것이라 예견되기도 했다. 이러한 맥락에서 민족은 사회주의 국가에서 극복해야 할 대상으로 인식되며, 초기 북한의 '민족' 개념은 민족문제를 집대성한 스탈린의 이론을 활용한 것을 볼 수 있다. 하지만 북한의 '민족' 개념 변화 과정은 스탈린의 이론에서 벗어나, 점차 종족적 유대를 강조하고 남과 북을 아우르는 통일 지향적 성격을 띠게 된다. 그 변화 과정에서 민족을 초월하고자 했던 사회주의적 가치는 민족주의적 가치와 경합하여 새롭게 구성되어왔으며, 이 과정은 북한적 맥락과 특수성을 담지한다. 북한 체제의 형성 과정에서 스탈린주의가 미친 영향은 지대하며,[19] 민족 개념 또한 "민족은 언어, 영토, 경제생활 및 문화 공동체 내에 구현

---

18 마르크스·엥겔스, "공산당선언," Karl Marx 외, 편집부 편역, 『마르크스-레닌주의의 민족이론: 민족해방이론의 주체적 정립을 위하여』(서울: 나라사랑, 1989).

19 정성장, "김일성체제의 이념적·문화적 기원과 성격," 『고황정치학회보』, 1권(1997), pp. 113-118.

된 심리 구조 등을 지닌 역사적으로 진화한 안정된 공동체"[20]라는 스탈린의 민족 개념 4개 구성 요소를 그대로 차용한데서 그 기원을 찾을 수 있다. 1957년 발행된 『대중정치용어사전』은 '민족'을 다음과 같이 정의하였다.

> 민족이란 사회발전의 일정한 단계에서 **언어, 지역, 경제 생활 및 문화의 공통성**에 의하여 력사적으로 형성된 사람들의 집단이다. 이 **네 개의 공통성 중 어느 하나가 빠져도 그것은 민족으로는 되지 못한다.** 때문에 영국인과 미국인은 공통된 언어 즉 영어를 사용하고 있으나 그들은 한 민족을 이루지 못한다. 이들에게는 언어의 공통성을 제외한 기타의 공통성이 없기 때문이다.[21] (강조는 필자)

위의 인용문에서 볼 수 있듯이, 북한은 '민족'을 이루는 조건으로 스탈린의 4개 요소 가운데 한 가지라도 결여될 경우 민족으로 존재할 수 없다는 것으로 간주하였다. 또한 언어를 제외한 다른 공통 요소의 결여로 인해 동일 민족이 될 수 없는 예로 영국인과 미국인의 사례를 제시하였다. 1961년에 발행된 『조선말사전』에서도 '민족' 표제어에 동일한 개념 정의를 내리고 있다.[22] 1960년대 중반까지도 북한은 민족을 "자본주의의 발생과 함께 발생한 력사적 산물"로 간주하는 등, 민족이 근대적 현상이라는 입장을 견지해왔다.

---

20 Joseph Stalin, *Marxism and the National Colonial Question* (New York: International Publishers, 1935).

21 『대중정치용어사전』 (평양: 조선로동당출판사, 1957), p. 114.

22 "언어, 령토, 경제 생활 및 문화의 공통성에 의하여 표현되는 심리적 상태의 공통성의 토대 우에 발생하여 력사적으로 형성된, 사람들의 공고한 집단" 조선민주주의인민공화국과학원 언어문학연구소 사전연구실 편찬, 『조선말사전』 (평양: 과학원출판사, 1961), p. 736.

언어, 령토, 경제 생활, 심리적 상태(문화의 공통성에 의하여 표현되는)의 공통성에 의하여 오랜 력사를 거쳐서 형성된 사람들의 공고한 집단을 말한다(이 네 개의 공통성 중 어느 하나가 빠져도 그것은 민족으로 되지 못한다). 민족은 **자본주의의 발생과 함께 나타난 력사적 산물**이다. 민족에는 부르죠아 민족과 사회주의 민족이 있다. 민족은 력사적 현상이므로 그 시초를 가질 뿐만 아니라 종말도 가지고 있다. 전 세계에서 공산주의가 실현되고 모든 민족들이 유일한 공산주의적 경제 체계를 가지게 되면 점차 민족들의 합류가 실현될 수 있다.[23]

사전의 해설에서 북한이 전 세계 공산주의의 실현으로 민족이 융합, 즉 소멸될 것으로 보고 있으며, 민족을 인종과 같은 생물학적 개념보다는, 사회·문화·역사적 범주로 간주하고 있다는 것을 알 수 있다. 1960년대까지 북한은 민족의 필수적 구성 요소들뿐만이 아니라, 자본주의의 발전 과정에서 발생한 '부르죠아 민족'을 '사회주의 민족'과 구분하는 등 기본적으로 스탈린 민족 이론의 틀로 민족을 이해하고 있다.

2. 탈스탈린화와 '혈연'의 등장

북한 사전류에서 "피줄"이라는 구성 요소는 1973년 『정치사전』의 민족 표제어 정의에서 처음으로 등장한다. 이에 앞서 1964년 김일성은 '언어학자들과 한 담화'에서[24] "조선인민은 피줄과 언어를 같이하는 하나의 민족"이라는 것을 밝히며, 민족의 구성 요소로 '혈통'을 처음으로 제시하였

---

23   『대중정치용어사전』 (평양: 조선로동당출판사, 1964), p. 173.
24   "조선어를 발전시키기 위한 몇가지 문제(언어학자들과 한 담화 1964년 1월 3일)", 『김일성저작선집 4권』 (평양: 조선로동당출판사, 1968), p. 1.

다(표 1 참조).[25] 1973년 '혈통' 요소의 추가는 1964년 김일성의 '피줄'에 대한 언급을 공식화한 것이라 볼 수 있다. 64년 담화의 내용 중 '언어'의 중요성에 대한 언급[26]은 『철학사전』(1970), 『정치사전』(1973)에서 인용 문구로 반복적으로 등장한다. 지역적 분단과 상이한 경제공동체로 나뉘어진 남북의 현실을 감안한 듯, 다른 요소들과 대등한 요소였던 언어의 공통성을 "민족을 특징짓는 표징에서 가장 중요한 것의 하나"로 차별화시킨 것이다.

표 1. 1970년대 북한의 '민족' 개념

	철학사전(1970년)[27]	정치사전(1973년)[28]
개념정의	언어, 지역, 경제생활, 문화와 심리 등에서 공통성을 가진 력사적으로 형성된 사람들의 공고한 집단	언어, 지역, 경제생활, 혈통과 문화, 심리 등에서 공통성을 가진 력사적으로 형성된 사람들의 공고한 집단
인용문	"언어는 민족을 특징짓는 공통성 가운데서 가장 중요한 것의 하나입니다. 피줄이 같고 한 영토 안에서 살아도 언어가 다르면 하나의 민족이라고 말할 수 없습니다." 〈김일성저작선집〉 4권	"언어는 민족을 특징짓는 공통성 가운데서 가장 중요한 것의 하나입니다. 피줄이 같고 한 영토 안에서 살아도 언어가 다르면 하나의 민족이라고 말할 수 없습니다." 〈김일성저작선집〉 4권

이러한 북한 '민족' 개념의 탈(脫)스탈린화 과정의 배경은 북한 지도부의 남북한 민족의 이질화에 대한 인식과 밀접한 관련이 있는 것으로 볼 수 있다.[29] 1960년대 이후 남북한의 경제 격차가 커지기 시작

25   『정치사전』(평양: 사회과학출판사, 1973), p. 423.
26   "언어는 민족을 특징짓는 공통성가운데서 가장 중요한것의 하나입니다. 피줄이 같고 한령토안에서 살아도 언어가 다르면 하나의 민족이라고 말할수 없습니다." 『김일성저작선집 4권』, p. 1.
27   『철학사전』(평양: 사회과학출판사, 1970), p. 256.
28   『정치사전』(평양: 사회과학출판사, 1973), p. 423.
29   김태우, "북한의 스탈린 민족이론 수용과 이탈과정," 『역사와 현실』, 제44권(2002), pp. 268-269.

하면서, 경제생활의 공통성을 강조하는 스탈린의 민족 이론은 더 이상 북한의 '하나의 조선' 정책을 뒷받침할 기반을 제공하지 못했던 것이다. 남과 북은 이미 사회·문화·경제 측면에서 차이가 뚜렷해져 있었기 때문에, 북한은 남북한 사람들의 공통점 중 언어와 혈연의 공통성을 강조함으로써 민족문제 인식과 통일정책에 정당성을 부여하게 되었다.

뿐만 아니라 1970년대 주체사상의 체계화와 중소의 대립은 북한의 '민족' 개념에 독자적인 성격을 부여하는 배경이 되었다고 할 수 있다. 당시 김일성에 의해 제시된 주체사상은 반사대주의와 중국과 소련의 간섭 배제를 주요 내용으로 하는 북한 사회주의의 독자적 발전 전략이라는 성격을 띠었다.[30] 이러한 주체사상의 체계화는 1970년대 들어와 북한의 공식 이데올로기였던 마르크스-레닌주의를 대체하는 새로운 지도이념으로 전개되었다.[31] 당시 북한의 대내외적 변화는 '민족' 개념 수정과 궤를 같이 했으며, 사전에 "민족이 자기 운명의 주인으로 되기 위하여서는 자주적인 정권을 가져야 하며 정치에서 자주성을 확고히 보장하여야 합니다"는 문구를 추가하는 등 민족 자주성[32]이 강조되는 내용을 볼 수 있다. 1973년 '혈통' 요소의 등장은 1972년도 '7·4 남북공동성명'[33] 발표와 1972년 12월 '사회주의 헌법'이 공포된 직후의 시점이기도 하다. 수령 중심의 유일 체제가 확립되는 과정과 남북

---

30 정성장, "김일성체제의 이념적·문화적 기원과 성격," p. 124.

31 1970년 제5차 당대회에서 개정된 조선로동당 규약은 "맑스-레닌주의와 우리나라의 현실에 그를 창조적으로 적용한 김일성동지의 위대한 주체사상을 자기활동의 지도적 지침으로 삼는다"고 규정했다. 김일성, "조선로동당 제5차대회에서 한 중앙위원회 사업총화보고," 『김일성저작집 25권』(평양: 조선로동당출판사, 1983), pp. 232-256.

32 『정치사전』(평양: 사회과학출판사, 1973), p. 423.

33 7.4 남북공동성명은 "자주, 평화통일, 민족대단결"을 3대 원칙으로 내세웠는데 여기서 말하는 민족대단결은 남북한 주민의 단결이 통일의 주요한 근거라는 것이다.

관계의 전환점이 맞물리는 시기에 북한의 '민족' 개념 또한 새롭게 규
정된 것이다. 이러한 변화는 대내외적 영향하에서 '민족'이라는 의미망
에 종족적 유대와 국가성(statehood)이 결합되어 작동되기 시작된 것
이라 볼 수 있다.

　　1985년 발행된 철학사전과 정치사전에서는 "피줄"이 민족의 첫 번
째 요건으로 등장하였고, '경제생활'과 '심리상태'의 요소는 삭제되는
것을 볼 수 있다(표 2 참조). 스탈린이 민족을 근대의 산물로 간주하면
서 '경제생활'을 민족 구성의 가장 중요한 요소로 보았던 반면, 김일성은
'핏줄'과 '언어'를 민족을 구성하는 가장 핵심적인 요소로 위치시켰던 것
이다.

표 2. 1980년대 북한의 '민족' 개념

	철학사전(1985년)[34]	정치사전(1985년)[35]
개념정의	피줄과 언어, 령토와 문화의 공통성에 기초하여 력사적으로 형성된 사회생활 단위이며 사람들의 공고한 집단	오랜 력사적 기간 자주성을 위한 투쟁과 정에 피줄과 언어, 지역의 공통성으로 하여 결합된 사람들의 공고한 집단
인용문	"조선민족은 한 피줄을 이어받으면서 하나의 문화와 하나의 언어를 가지고 몇 천년 동안 한강토우에서 살아온 단일민족입니다."(주체사상을 구현하기 위한 조선인민의 투쟁에 대하여)[36]	"민족을 피줄과 언어, 지역의 공통성으로 하여 결합된 사람들의 공고한 집단이라고 말할 수 있습니다."

34　『철학사전』(평양: 사회과학출판사, 1985), p. 246.
35　『정치사전』(평양: 과학백과출판사, 1985), p. 330.
36　"주체사상을 구현하기 위한 조선 인민의 투쟁에 대하여: 뻬루아메리카인민혁명동맹대표단
　　과 한 담화(1983년 6월 30일, 7월 1일, 5일)," 『김일성저작선집 38권』 (평양: 조선로동당
　　출판사 1992), p. 47.

이 시기 혈통의 생물학적 범주에 대해서는 "씨족, 종족의 인종적 특징을 계승하면서도 세대를 걸쳐 내려오는 계보적 유대관계"[37]로 보고 있으며, 그 혈연적 유대를 통해 "씨족, 종족 내부의 정치·경제·문화적 련계가 맺어지는 과정"[38]에서 민족이 형성된다고 설명했다. 이는 스미스가 족류—상징주의(ethno-symbolism)라는 개념을 통해 전근대의 에스니와 근대의 네이션을 연결 짓고자 했던 점에 있어서 유사하다. 그러나 네이션의 전근대적 현상 가운데 북한은 '하나의 혈통'을 강조하고 있다고 할 수 있을 것이다. 이와 같이 북한이 혈통 요소를 전면에 내세운 변화는 수령론에서 논의되어 왔던 수령과 인민 간의 '혈연적 관계', '주체의 혈통', '당의 혈통', '혈통의 계승성' 등의 연설들을 규범화할 수 있는 논리적 명분이 되었던 것으로 보인다.[39] 이러한 혈연적 관점은 후계 체제 정당화를 위한 권력 세습의 논리를 담지하고 있기도 하다.

또한 이러한 변화는 아직 하나의 국가를 이루고 있지는 않지만 남북한을 하나의 공동체로 상정하고 독자적 민족국가를 형성하고자 하는 북한의 정치적 의지를 드러낸다. 1985년 『정치사전』의 '민족' 표제어 해설에서는 "조선민족은 원래 수천년의 오랜 력사를 통하여 하나의 피줄로 이어지고 하나의 강토, 하나의 언어를 가지고 살아 온 단일민족"[40]이라고 설명하고 있다. '우리'와 '타자'를 구분하는 '자기정의'의 과정[41]에서 북한이 '핏줄'을 강조한 배경에는 '민족'의 범주에 남한을

---

37 『철학사전』(평양: 사회과학출판사, 1985), pp. 246-247.
38 『정치사전』(평양: 과학백과출판사, 1985), p. 330.
39 전미영, "북한의 지배담론의 형성과 전개에 관한 연구," 『한국정치학회보』, 35권 1호 (2001), p. 246.
40 『정치사전』(평양: 과학백과출판사, 1985), p. 330.
41 스미스는 민족의 형성에서 필수적인 과정들로 자기-정의(self-definition)의 과정, 신화와

포함시키고자 했던 의도가 있었다고 할 수 있다. 이러한 맥락에서 민족 개념을 통일문제, 한반도 문제로 확장시킨 것으로 이는 1민족 1국가를 주장하는 1980년 고려민주 연방공화국 창립 방안과 깊은 연관성을 지닌다.[42] 또한 "사람들의 자주성을 옹호하고 자주적인 생활을 마련해 나가는 사회생활의 기본 단위이며 혁명과 건설의 투쟁단위"[43]라는 표현으로 '자주성'을 강조함으로써 주체사상의 자주성 원칙을 민족 단위로까지 확장하였다. 북한이 민족 개념에서 '혈통' 요소를 전면적으로 내세운 시점은 1984년 북한이 남한으로 수해 이재민을 위해 구호물자를 보내고, 1985년 남북 적십자 회담에서 고향 방문단 상호 교환을 결정한 시기와도 맞아 떨어진다.

1990년대와 2000년대의 『조선말대사전』, 『조선대백과사전』, 『조선말사전』 등의 '민족' 표제어 정의는 1980년대 형성된 개념 정의와 동일하다. "피줄, 언어, 문화, 지역의 공통성에 기초하여 력사적으로 형성된 사회생활단위이며 사람들의 공고한 운명 공동체"[44]라는 80년대 정립된 개념이 현재까지 이어져 온 것이라 볼 수 있다.

기억 만들기(myth and memory making), 영토화(territorialisation), 공중 문화(public culture), 법률의 표준화(legal standarisation)가 있다고 보았다. Anthony D. Smith, "Ethno-symbolism," Introduction, in Atsuko Ichijo and Gordana Uzelac eds. *When is the Nation? Towards an Understanding of Theories of Nationalism* (London · New York: Routledge, 2005), p. 97.

42   1민족, 1국가를 주장하기 위해서는 경제생활보다 혈통을 강조할 수밖에 없었다. 김갑식, "북한 민족주의의 전개와 발전," 『통일문제연구』, 제45호(2006), p. 152.
43   『철학사전』(평양: 사회과학출판사, 1985), p. 247.
44   『조선말대사전』(평양: 사회과학출판사, 1992) p. 1229; 『조선대백과사전 제10권』(평양: 백과사전출판사, 1999), p.68; 『조선말대사전(증보판)』(평양: 사회과학출판사, 2006), p. 1804; 『조선말사전』(평양: 과학백과사전출판사, 2004), p. 561; 『조선말사전』(평양: 과학백과사전출판사, 2010), p. 561.

IV. 북한의 '민족' 재창조: 1990년대~2000년대 초

1990년대 북한의 민족 개념은 기본적으로 1980년대의 연장선상에 있다고 볼 수 있다. 그러나 북한은 1990년대 말, 새롭게 민족이라는 범주를 재조명하기 시작했으며, 민족 문제를 다룬 다수의 논문(로작)[45]과 역사서를 발간하였다. 이러한 텍스트들이 생산된 시점의 배경에는 북한의 위기 상황이 존재했으며, 90년대 북한의 '국가적 위기'는 탈냉전을 배경으로 발생했다. 90년대 중반 김일성 사망과 김정일의 공식승계 과정에서 내부적으로 잇단 수해와 식량난으로 대량의 아사자가 발생하였고, 사회주의 계획경제의 토대인 배급체제마저 마비되었다. 북한은 1996년부터 '고난의 행군'[46]을 선포하였고, 1999년부터 경제난 타개를 위해 '제2의 천리마 대진군'을 전개해 나갔다.

또 다른 한 축으로, 90년대 말에서 2000년대 초는 남북 관계가 호전된 시기이기도 하다. 1990년대 말 북한은 남한의 적극적인 대북 포용정책으로 대북 비료지원을 논의하기 위한 차관급회담을 수용하고 금강산 관광사업을 시작하는 등의 태도 변화가 있었다. 2000년 남북정상회담에서 발표된 6.15 공동선언에서는 "통일문제를 나라의 주인인 우리민족끼리 자주적으로 해결"해야 한다고 천명하였으며, 이후 북한 문건에서 '민

---

45 북한의 '로작'은 북한 최고지도자의 사상적·이론적 지침을 담은 모든 출판물을 가리키는 포괄적인 명칭이다. '로작'은 "현시대와 공산주의 미래의 전역사적 시대를 대표하는 주체의 사상, 이론, 방법이 집대성되어 있으며 민족해방과 계급해방을 위한 투쟁, 공산주의 건설 및 세계혁명 등 혁명과 건설에서 제기되는 모든 리론 실천적 문제들과 그것들을 해결하기 위한 방도들이 밝혀져 있다"고 정의된다. 송승섭, 『북한자료의 수집과 활용』 (파주: 한국학술정보, 2011), pp. 48-49.

46 공식적으로 북한에서는 1996년 신년공동사설에서 고난의 행군을 천명하였고, 2000년에 종료되었다고 하나, 구체적인 시기에 대해서는 다소 논란이 있다. 김갑식, "1990년대 '고난의 행군'과 선군정치: 북한의 인식과 대응," 『현대북한연구』, 8권 1호(2005), p. 9.

족'이라는 용어가 빈번하게 사용되고 있는 것을 볼 수 있다.[47] 이 시기 발간된 북한의 공식 문헌은 다음과 같다.

표 3. '민족' 관련 공간 문헌(1990년대~2000년대 초)

저자	제목	인용연도	발행연도	출판사
김일성	온 민족이 단결하여 조국통일을 앞당기자(범민족대회에 참가한 대표들 앞에서 한 연설)		1990	조선로동당 출판사
김정일	조선민족제일주의정신을 높이 발양시키자(조선로동당 중앙위원회 책임일군들 앞에서 한 연설)	1989. 12.28	1992. 4.10	조선로동당 출판사
김정일	혁명과 건설에서 주체성과 민족성을 고수할데 대하여 동경: 재일본조선인총련합회 중앙상임위원회	–	1997. 6.19	조선로동당 출판사
김정일	온 민족이 대단결하여 조국의 자주적 평화통일을 이룩하자(력사적인 남북조선 정당, 사회단체 대표자련석회의 50돐기념 중앙연구토론회에 보낸 서한)	1998. 4.18	1998. 4.19	조선로동당 출판사
김정일	민족문제에 대한 옳바른 리해를 가질데 대하여 (김일성종합대학 학생들과 한 담화)	1960. 10.4	1999. 1.10	조선로동당 출판사
김정일	언어와 민족문제(김일성종합대학 학생들과 한 담화)	1964. 2.20	1999. 1.9	조선로동당 출판사
조성박	『김정일 민족관』	–	1999	평양출판사
김일성	우리 민족자체의 힘으로 조국을 통일하여야한다 (국제태권도련맹 총재와 한 담화)	1979. 5.12	2000. 1.25	조선로동당 출판사
김일성	민족의 대단결로 조국통일을 이룩하자(세계평화련합 총재와 한 담화)	1991. 12.6	2000. 1.25	조선로동당 출판사
김일성	온 민족의 단합된 힘으로 조국통일을 자주적으로 실현하자: 제3차 범민족대회에 참가한 해외동포들과 한 담화	1992. 8.19	2002. 3.25	조선로동당 출판사
–	『조선민족의 력사적 뿌리』	–	2002.4	사회과학출판사
김정일	위대한 령도자 김정일장군님께서 주체성을 견지하고 민족성을 살릴 데 대하여 하신 말씀	–	2002	평양출판사

---

47 박명규, "네이션과 민족: 개념사로 본 의미의 간격," p. 48.

앞의 목록 가운데, 1999년에 출간된 김정일의 논문 2편과 『김정일
민족관』 및 2002년에 발행된 『조선민족의 력사적 뿌리』는 '민족의 범위'
를 규정하는 이론적인 부분을 다루고 있으며, 그 범주를 새롭게 변형시
키고 있다는 점에서 기존의 통일지향적인 구호로서의 활용과는 차별성
을 지닌다.

1. 민족 범주의 확대: 해외동포 포섭

이 시기 민족 범주는 스탈린의 규정에서 완전히 이탈하여 북한적 '민족'
개념을 보다 구체화하였다.[48] 동시에 "나라와 민족은 사회력사적으로 형
성된 사람들의 공고한 결합체이며 운명의 공동체"[49]로 설명하며 민족을
국가와 등가치로 놓고 있다. 또한 사회가 발전하여 공산주의 사회에 이
르면 민족 자체가 소멸될 것이라는 스탈린의 주장과는 달리 "계급과 계
층은 사회에서 차지하는 지위와 역할에 따라 변할 수 있어도 사람들의
운명공동체인 민족은 영원한 것"[50]으로 인식하고 있다. 민족과 계급은
모두 사회적 집단이지만 민족은 계급보다 포괄적인 사회적 집단이므로,
계급과 계층은 사회에서 차지하는 지위와 역할에 따라 변할 수 있어도
사람들의 운명 공동체인 민족은 영원하다는 것이다.

　　1990년대 말에 들어서 해외 동포를 '조선민족'으로 호명한 것[51]은

48　스탈린의 민족 정의가 민족의 본질을 이해하는 데 도움을 주었지만, 민족이 지닌 개별적 특
　　성을 열거하는 데 머물고 있다고 비판하기도 하였다.

49　조성박, 『김정일민족관』 (평양: 평양출판사, 1999), p. 17.

50　조성박, 『김정일민족관』, p. 17, 233.

51　김정일, 『민족문제에 대한 옳바른 리해를 가질데 대하여(김일성종합대학 학생들과 한 담
　　화, 1960년 10월 4일)』 (평양: 조선로동당출판사, 1999), p. 1; 김정일, 『언어와 민족문제
　　(김일성종합대학 학생들과 한 담화 1964년 2월 20일)』 (평양: 조선로동당출판사, 1999),
　　p. 1.

주목할 만한 지점이다. 김정일의 담화에서 해외 동포는 "같은 피줄을 타고 났"지만, "몇대를 내려오면서 사회제도가 다른 이국땅에서 살고 있기" 때문에 "지역과 경제생활에서도 차이가" 많은데 스탈린의 이론은 이런 부분을 간과하였다고 주장하였다.[52] 다시 말해, 지역과 경제생활의 공통성보다 핏줄이 우선한다는 논리이다. 재일 동포들이 "비록 일본땅에 살지만 조선민족으로 되는것도 다름아닌 피줄과 언어가 같기 때문"이라고 밝히고 있다.[53] 또한 김정일은 해외 동포들을 '조선민족'의 범주로 포섭하기 위해 지역의 공통성을 절대화할 수 없음을 주장하였다.[54]

> 김정일장군께서는 해외에서 **살고있는 우리 동포들도 다 조선민족**이다, 일본에서 살고있는 조선동포들은 지난날 일제의 식민지통치와 지주, 자본가들의 가혹한 착취와 압박에 못이겨 정든 고향을 버리고 살길을 찾아 현해탄을 건너간 사람들이다, 그런것만큼 재일동포들이 지금은 비록 **일본땅에서 살고있지만 그들도 조선민족**이라고 하시었다. (중략) 그러시면서 지난날 살길을 찾아 해외로 떠나갔거나 징용과 징병으로 다른나라에 끌려간 조선사람들은 우리와 한피줄을 이어받고 고유한 우리 말을 쓰며 조선의 미풍량속을 존중하고 우리 조선사람의 넋을 간직하고 있는 **조선민족**이라고 **강조**하시었다.[55]

52   김정일, 『민족문제에 대한 옳바른 리해를 가질데 대하여(김일성종합대학 학생들과 한 담화, 1960년 10월 4일)』, p. 1

53   김정일, 『언어와 민족문제(김일성종합대학 학생들과 한 담화 1964년 2월 20일)』, p. 1.

54   김정일, 『민족문제에 대한 옳바른 리해를 가질데 대하여(김일성종합대학 학생들과 한 담화, 1960년 10월 4일)』, p. 1

55   조성박, 『김정일민족관』, p. 21.

1990년대 말 이러한 변화는 과거 김일성이 재일 동포와 재중 동포를 각각 "재일 조선공민", "중국에서 사는 조선사람"[56], 김정일이 "재일 조선공민", "재일조선동포", "재일동포"[57] 등 비교적 공식적인 용어로 지칭한 것과는 차이가 있다. 이 시기 북한은 '조선민족'의 구성 요소 중 핏줄과 언어를 강조하며 해외 동포, 특히 재일동포 집단을 포용하는 태도를 보인다. 이는 민족 범주의 재정의를 통해 식민시기 이주자들을 '조선민족'으로 포용하는 탈식민주의적인 '초국적 근대 국가' 건설 과정으로 해석할 수 있다. 다시 말해, '고국'으로서의 조선과 '조선민족'으로서의 해외동포를 재구성하고, '조선민족'이라는 '상상된 공동체'를 확장해 나가는 것이다. 해외 동포를 '조선민족'으로 호명하여 외부 식민 세력에 의해 흩어진 그룹을 원초적인 범주로 묶고, 이미 존재하던 '민족' 개념에 모든 해외 동포를 아우르는 새로운 의미를 부여하였다. 이는 1999년 남한이 혈통주의를 바탕으로 한 재외동포법을 제정하여 '조국'과 해외의 '형제들', 그 가운데 미국, 일본 동포를 선별적으로 수용한 시기와도 맞물린다.

김정일은 "현시대에 해명을 요구하는 모든 문제들에 대한 처방을 맑스-레닌주의고전에서 찾으려고 하면 안"[58] 될 것을 주장하며, 민족 문제에 대한 '자주성'을 강조하고 있다. 또한 민족의 구성 요소로 '혈연'을 불러내고, '자주성'을 강조하는 방식으로 "반민족세력"과 이항대

---

56 "일본 《아사히신문》 편집국장 및 교도통신사 기자와 한 담화(1971년 9월 25일, 10월 8일),"
『김일성저작집 26권』 (평양: 조선로동당출판사, 1984), pp. 153-154.

57 "재일동포들의 민주주의적민족권리는 철저히 보장되여야 한다(조선로동당 중앙위원회 일군들과 한 담화, 1966년 1월 26일)," 『김정일선집 제2권(증보판)』 (평양: 조선로동당출판사, 1993), pp. 131-140.

58 김정일, 『민족문제에 대한 옳바른 리해를 가질데 대하여(1960년 10월 4일 김일성종합대학 학생들과 한 담화)』, pp. 2-3.

립적 개념을 구성하고 있음을 볼 수 있다. 여기서 '민족성' 또는 '주체 성'의 대척점에 있는 개념은 '제국주의'와 '지배주의',[59] 그리고 '세계주 의'[60]이며, 구체적으로는 "친미친일매국배족세력"을 의미한다.[61] 이때 제국주의 투쟁 대상을 '미제국주의'로 설정하고 남과 북, 해외동포까지 '민족'의 범주로 포섭하여 '조선민족 대 미국'의 대결 구도를 만들고 있 다.[62] 이러한 '민족' 개념의 변화 과정에서 '비민족'의 개념으로 묶어져 '민족'과 대립하는 적은 바로 미국이 된다. 이는 북한이 '조선민족' 개 념의 확장 과정에서 90년대 체제 위기 원인의 일정 부분을 미국에 돌 리고 남한과 북한을 하나로 아우르는 범주로 (재)구성하고자 한 것으 로 해석할 수 있다.[63] 이와 같이 '민족' 개념은 남북한을 통합하고 한반 도 범주를 넘어 종족적 의미의 한(韓)민족을 포괄하는 탈영토적 민족 관념으로 변화되었다.

---

59 "주체성과 민족성을 고수하기 위한 투쟁은 곧 제국주의, 지배주의를 반대하는 투쟁이다." 조성박, 『김정일민족관』, p. 241.
60 "세계주의는 매개 민족인들이 자기의 민족성을 버리고 〈세계적공민〉으로 되기 위하여 〈세 계국가〉와 〈세계정부〉를 세우기 위해 투쟁해야 하며 그것이 인간으로서의 〈가장 고상한 행 동〉으로 된다고 주장한다. 그러나 이러한 주장은 민족의 독자적발전을 제동하는 유해로운 것이다." 조성박, 『김정일민족관』, p. 56. "력대 당국자들이 벌이는 〈국제화〉, 〈세계화〉소 동은 민족적인 모든것을 말살하고 외세에 나라와 민족을 통째로 넘겨준 대가로 권력과 안 락을 유지하려는 전대미문의 매국배족행위이다." p. 249.
61 조성박, 『김정일민족관』, pp. 240-250.
62 "이루부터 현단계에서 〈한국〉에서 제기되는 민족문제의 과제는 외세인 미국을 몰아내고 빼앗긴 민족의 자주성을 되찾는 문제로 된다. 〈한국〉에서의 민족문제는 민족해방혁명을 통 하여 해결될 수 있다" 조성박, 『김정일민족관』, p. 46.
63 "우리 공화국을 고립 압살하려는 제국주의자들과 반동의 책동이 전례없이 강화되었고" 『로동신문』, 1995년 1월 1일(신년 공동사설), "제국주의자들과 반동들은 사회주의 보루인 우리 공화국을 고립시키고 사회주의 위업을 말살하려고 계속 악랄하게 책동하였다" 『로동 신문』, 1996년 1월 1일(신년 공동사설).

2. 인종적 동일성의 강조: '단일 민족'

이 시기 북한 민족 개념 (재)구성 과정에서 드러나는 또 하나의 특징은 인종중심적인 민족 개념의 출현이다. 북한은 민족의 혈통에 대해 "가족, 친척의 범위에서 혈연적인 관계에 의해 이루어진 씨족, 종족의 핏줄과는 구별되는 것"으로 민족으로서의 핏줄의 공통성은 "일정한 지역적범위에서 사회력사적으로 이루어진것"[64]이라고 설명하고 있다. 또한 민족 가운데는 유목민족과 같이 "새로운 이질적인 주민집단들이 동화되고 융합되"는 민족도 있지만, "우리 민족"은 "하나의 피줄을 이어받은 동일 혈통에 기초"[65]한 민족이며, "조선민족은 혼혈민족이 아니라 하나의 혈통과 독특한 체질을 가진 단일민족"[66]임을 표명하였다.

　　핏줄의 공통성에 대한 논의는 2002년 발행된 『조선민족의 력사적뿌리』[67]에서 주로 이루어졌다. 이 역사서는 역사를 강조하는 혈통 중심의 전근대 민족 이론을 바탕으로 하는데, 이는 "피줄, 언어, 지역의 공통성" 중 핏줄과 지역의 공통성의 연원에 대한 이론적 정당성을 확보하기 위함이기도 하다. 혈통 중심의 민족이 성립하기 위해서는 "피줄을 같이 하는 우리 민족의 선조가 누구인가 하는 문제"에 대한 논의가 뒷받침되어야 했고, 이를 위해서 "사람의 유골에 반영"된 "유전학적계승관계"에 대한 내용이 필요했던 것이다. 조선민족의 인종적 동일성에 대해서는 다음과 같이 덧붙이고 있다.

64　조성박, 『김정일민족관』.
65　『조선대백과사전 제10권』, p.68.
66　『조선대백과사전 제17권』(평양: 백과사전출판사, 2000), p. 666.
67　이 책은 "피줄, 언어, 지역의 공통성" 중 핏줄과 지역의 공통성의 연원에 대해 이론적으로 뒷받침하고 있다.

조선민족은 하나의 겨레, 하나의 족에 기초하여 형성된 전형적인 단일민
족이다. 따라서 조선민족은 조선사람계통에 속하는 하나의 족으로 이루
어졌으므로 **인종적으로 통일**되어 있다. 조선민족은 세계적으로 희귀할 정
도로 특징적인 단일민족인것으로 하여 **그 형성력사가 오래고 민족의 선조가**
명백하고 피줄갈래가 뚜렷하다.[68]

　위 인용문에서 조선민족은 전형적인 단일민족으로 '조선사람계통'
에 속하는 하나의 '족(族)'으로 이루어져 있다는 것을 전제하고 있다. 조
선민족의 단일성을 논증하기 위해 구석기 시대부터의 유적과 유물을 다
룸으로써 한 지역 안에서 구석기 전 기간에 걸쳐 문화발전의 '연속성'
과 진화의 '계승성'을 주장하고 있다. 이어 신석기 시대와 청동기 시대가
"같은 겨레의 종족, 동족"에 의하여 형성되었다는 것을 고고학적 증거를
통해 뒷받침하였다. 여기서 "조선옛류형사람"이 고대 국가(고조선)가 건
립되기 이전, 신석기 시대 원시문화를 창조한 조상이라는 것을 주장하
며, 머리뼈 계측치 측정하는 등의 논거로 주변 주민들과는 다른 유형의
인종임을 증명하고 있다. 즉, 남한학계의 퉁구스계 기원설과 차별성을
둠으로써, 인종적으로 '단일한 동족'임을 역설한 것이다. 뿐만 아니라,
피부빛, 머리카락, 얼굴너비와 높이, 코의 크기, 눈코주름, 입너비, 입술
두께, 입천장길이, 사람 뼈의 키, 머리뼈 형태 등 세밀한 생물학적 고찰
을 통해 '조선사람' 고유의 인종적인 특징을 유형화하였다.[69]
　이러한 인종적 특성에 대한 고고학적 고찰은 '인종주의적 민족의 부
활'[70]의 극단적인 예이자 '단일 인종의 발명'으로 해석할 수 있을 것이다.

68　『조선민족의 력사적뿌리』(평양: 사회과학출판사, 2002), pp. 134-135.
69　『조선민족의 력사적뿌리』.
70　A. 스미스(1995), 『세계화 시대의 민족과 민족주의』(서울: 남지, 1997), pp. 78-122.

다시 말해, '혈연'이라는 전근대적 성격을 주조함으로써 근대적 민족이 '재창조'된 것인데, 이는 스미스의 '에스니(ethnie)' 개념에 기댄 홉스봄적 '발명'이라고도 할 수 있을 것이다. 2000년대 초 남북 관계의 호전이라는 새로운 국면에서 북한의 '단일 민족'에 대한 강박은 극단화되었다고 볼 수 있다.

3. 단군 신화의 재창조: 문화적 계승성

북한은 경제난이 심각했던 90년대 중반, 단군릉, 동명왕릉, 왕건릉을 일제히 재건하였다. 단군릉을 복원함으로써 '역사적 허구'라고 비판하던 단군의 존재를 인정하고 대동강 유역의 유적을 전격 발굴하여 '대동강문화'를 주장하기에 이르렀다. 이 시기 북한은 조선민족이 단군을 원시조로 하여 "단군조선의 성립과 더불어 형성되기 시작"하였고, "단군이래 한강토에서 오래동안 살면서 하나의 피줄을 이어 민족의 존엄과 영예를 떨쳐온 단일민족"임을 주장하였다. 이때 지역의 공통성은 '핏줄, 언어, 문화생활의 공통성'을 이룩할 수 있는 자연적 환경이 된다고 보았다.[71]

이러한 고조선, 고구려, 고려의 시조묘에 대한 재건 작업은 민족사에서 역사적 정통성과 계승성을 주장할 수 있는 근거가 되었다. '민족'이 전근대로 이어져 온 것이라는 '믿음'을 만들기 위한 토대는 '단일민족'의 신화를 재창조하는 것이었다. 다시 말해, 이러한 '새로운 역사쓰기' 과정을 통해 최소한의 내부적 연대를 확보하고, 독특한 정체성을 제시해줄 수 있는 과거를 재구성할 필요가 있었던 것이다.[72] 뿐만 아니라, 북한은

71 조성박, 『김정일민족관』, pp. 19-20.
72 Anthony D. Smith, *The Ethnic Origins of Nations*, p. 209.

위기 상황에서 민족 신화를 국가적 위기 극복 기제로의 활용하고, 여기에 지배 이데올로기로서의 역할을 부여하였다고도 볼 수 있다.

북한의 '단군신화' 만들기 작업은 철저한 과학적 고증 작업을 통해 이루어졌다. 또한 이 시기 '단군문학'이라는 문학작품의 형태로도 나타났다. 북한은 이러한 작업을 통해 단군이 고증으로 확인된 "현실적으로 존재한 인물"이며, 이때부터 우리 민족이 "단군의 후예로서 대대로 내려"왔다는 것을 밝히고 있다.[73] 또한 국가가 전 영토에 주권을 행사함으로써 민족 형성에 있어 공통성 형성의 과정을 추동한다고 설명하며, 민족 형성의 문제에 있어 국가 성립의 중요성을 강조하고 있다.[74] 북한은 그러한 중앙집권적인 통치체계로 세워진 통일국가가 바로 '단군조선'임을 천명하였다.[75] 반만년 전 건설된 고대국가 고조선은 "오랜 기간 한 주권 밑에서 살아보면서 유구한 력사와 빛나는 문화전통을 창조"하였고, 이 과정에서 "선조들사이의 피줄과 언어, 문화적공통성"이 확립되어 '조선민족'이라는 "하나의 사회정치적공통체를 이루게" 된 것이다.[76] 이 과정에서 "민족 려명기(구석기 시대)"로부터 고조선까지 단일 인종이 변함없이 이어져온 조선민족의 '신화'가 탄생하였다. 이어 대동강이 민족의 발원지[77]로서 "평양을 중심으로 하는 대동강문화를 창조"하였으며, 고조선을 잇는 고구려, 고려로 이어지는 문화의 계승성에 대해 설명하고 있다.[78] 이러한 단군 전통에 대한 내용은 2000년『조선대백과사전』과 2007년『조선말대사전(증보판)』의 '조선민족' 표제어에서 공식화되었다.

---

73   조성박,『김정일민족관』, p. 181-185

74   『조선민족의 력사적뿌리』, p. 135.

75   『조선민족의 력사적뿌리』, p. 136.

76   『광명백과사전 제1권』(평양: 백과사전출판사, 2007), p. 36.

77   조성박,『김정일민족관』, pp. 181-185;『조선민족의 력사적뿌리』, pp. 106-112.

78   조성박,『김정일민족관』, p. 191.

조선민족: 하나의 피줄과 언어, 문화를 가지고 평양을 중심으로 한 조선
반도에서 형성된 단일민족...(중략)...조선민족의 원시조는 단군이다.[79]
조선민족: 하나의 피줄과 언어, 문화를 가지고 평양을 중심으로 한 조선
반도에서 형성된 단일민족. 조선민족은 단군을 원시조로 하고 유구한 력사
와 찬란한 문화를 가진 슬기로운 민족이다.[80]

북한은 단군 신화를 통해 '조선민족' 개념을 설명함으로써, 평양을
중심으로 하는 북한이 '조선민족'의 계승자이자 적자임을 주장하고 있
다. 동시에 조선민족의 종족성이 전근대와 근대로부터 이어져 온 것이라
는 '믿음'을 뒷받침하는 근거를 제공하였다.

홉스봄은 서구의 근대 민족국가 건설 과정에서 두드러진 '전통의 창
조(invention of tradition)' 현상에 주목했다. 민족 국가(nation-state)를
형성하는 과정에서 민족 또는 민족국가를 상징하는 정치적 기제가 필수
적이었고 이를 위해 과거의 '상상 속의' 역사를 국가의 지배 담론으로 흡
수하고 상기시키는 장치가 필요했던 것이다. 이러한 맥락에서 '민족'의
범주를 재구성하는 작업 과정을 통해 '창조된 전통'이 역사와의 연속성
을 만들어내는 형태로 민족의 단일성에 대한 '상상'이 이루어졌다고 할
수 있다. 이는 '근대 국가 건설'이라는 필요에 의한 '원초론의 발명'으로
볼 수 있을 것이다. 동시에 북한의 '민족' 개념의 재구성은 일련의 '초국
적 민족(transnational nation)' 만들기의 과정으로 보아도 무방할 것이
다.

79   『조선대백과사전 제17권』, p. 666.
80   『조선말대사전(증보판)』 (평양: 사회과학출판사, 2007), p. 1406.

V. 나가며

민족주의는 지배 권력의 도구로서 '반역의 이데올로기'로 평가되기도 한다.[81] 북한의 민족 개념은 근대적 산물이자 대내외 환경의 변화에 따라 만들어진 사회적 구성물이며, 권력과 함수 관계를 유지하며 상황에 따라 유동적으로 주조되어왔다. 북한의 민족 개념은 스탈린 이론을 계승하여 근대적인 현상으로 자리매김할 수 있음에도 불구하고, 전근대로부터 이어져 온 것으로 '상상'된 민족관이 정치적 도구로 활용되어왔다. 민족의 범주를 확대하고, 단일한 인종을 발명하고, 신화를 재창조하는 과정의 배경에는 동족 의식을 창출하고 지배 담론을 주조하는 최고 지도층의 필요가 있었다고 할 수 있다. 1970년대 이후 사회주의의 위기 속에 발현된 민족의 전근대적 연속성에 대한 강조는 1990년대의 경제난 속에서 더욱 극단화되어 왔다.

앤더슨이 강조했듯, 권력의 작동에서 민족은 상상되고 재구성될 수 있다. 1990년대 말에서 2000년대 초에 나타나는 조선민족 개념의 변화는 근대 국가 건설 과정에서 '에스니(ethnie)'의 (재)창조를 통한 '민족 만들기'의 과정이었다고 할 수 있을 것이다. 이러한 '민족 만들기' 과정에 있어서 북한을 '민족주의 국가'[82]로 보는 시각 또한 존재한다. 이러한 '민족 만들기'는 전통 내에서 (재)구성될 수 있었는데 이는 새롭게 창조되는 것이 아니라 과거 세대의 신화체계로부터 이어져 내려오는 것이었다. 따라서 북한의 '민족' 만들기는 '족류사(ethno-history)'를 활용한 '신화의 발명'이라고 할 수 있을 것이다. 또한 민족적 징표가 하나의 역사·사회적 신화가 되는 것 그 자체, 그리고 이것이 끊임없이 (재)구성되

---

81   임지현, 『민족주의는 반역이다』 (서울: 소나무, 1999).

82   신기욱, 이진준 역, 『한국 민족주의의 계보와 정치』, pp. 131-156.

는 생명력을 갖고 있다는 사실은 북한적 특수성이라고 볼 수 있다. 이러한 맥락에서, '조선민족' 개념의 변화 과정은 '순수한 에스니'에 기반을 둔 '민족(국가)'을 옹호하고 '비아(非我)'와 '아(我)'의 이항대립[83]을 통해 '비아(非我)'에 의한 '아(我)'의 식민화를 극복하기 위함이었다고 할 수 있을 것이다. 다만 북한의 단일민족론을 바탕으로 하는 극단적인 혈통 강조는 향후 차이의 인정에 기초한 남북의 다문화적 통합에 저해 요소가 될 수 있으며, '상상된' 민족적 단일성이 '실재하는' 비민족적 다양성을 억압할 가능성 또한 배제할 수 없다.

90년대 중반부터 '김일성민족', '태양민족'이라는 표현이 새롭게 등장하였고, 김정은 시대에 들어서 북한은 '조선민족'과 '김일성민족' 담론을 함께 구사하고 있다. 이는 체제 안정성 지향과 통일 지향 간의 경합, 즉 분단 체제를 둘러싼 긴장 관계를 반영한다. 김정은 체제 북한의 '민족' 개념의 변화는 '자주적 국가 건설'과 '통일 한반도'의 두 지향점 사이에서 또 다른 변화를 보여줄 가능성이 있다.

83　신채호, 『조선상고사』 (서울: 비봉출판사, 2006).

제3장

북한주민과 중국주민의 마음에 대한 비교: 물질주의와 집단-개인주의에 관한 정량적 분석[1]

양문수·이우영(북한대학원대학교)

I. 머리말

한반도 통일과정에서 남북한 주민의 '마음의 통합'[2]은 사회통합의 기초이자 핵심 요소이다. 동·서독은 비록 제도적 통일은 이루었지만 마음의 통합 및 사회 통합은 사실상 실패했다. 그 사실로부터도 우리는 통일이 단순한 정치적 이벤트가 아니라 지난한 과정이라는 사실, 특히 마음의 통합이 체제 통합의 안정성과 지속성을 담보하는 필수적 조건이라는 귀중한 교훈을 얻는다.

　　남북한 주민의 마음 통합을 준비하는 단계에서 분단 이후 남북한이 오랜 분단의 시공간을 거치면서 형성해 온 마음에 대한 심층적 이해 노

1　　이 글은 양문수·이우영, "북한주민과 중국주민의 마음에 대한 비교연구: 물질주의와 집단-개인주의," 『정치·정보 연구』, 제20권 2호(2017)를 토대로 한 것이다.
2　　일상생활에서 빈번하게 사용하는 '마음'이라는 용어는 학문의 영역으로 편입했을 때 여러 가지 개념적 논란이 발생한다. 이 글의 문제의식의 토대를 이루고 있는 남북한 주민의 '마음' 및 '마음의 통합'에 대해서는 이우영 외(2016), 제1부 제1장을 참조.

력은 아무리 강조해도 지나치지 않다. 특히 북한주민의 마음에 대해서는 그동안 축적된 연구 성과가 그다지 많지 않기 때문에 더욱 그러하다. 다만 북한주민의 마음 전체를 다루는 것은 너무나 방대한 작업이기 때문에 이 글에서는 북한주민의 가치관, 그 중에서도 물질주의와 집단-개인주의에 초점을 맞추고자 한다.

1990년대 초 북한의 경제난이 발생한 이후 북한주민들의 가치관이 크게 변화하고 있음은 주지의 사실이다. 그리고 대표적인 변화의 하나가 △물질주의의 확산, △집단주의의 약화 및 개인주의의 확산인 것으로 인식되고 있다. 오늘날 북한의 사회경제적 변화를 견인하고 있는 핵심동력이 시장화이기 때문에 어찌 보면 매우 당연한 현상이라고 할 수도 있다.

그동안 북한주민의 마음에 대해서는 북한이탈주민들의 인터뷰 등을 통한 정성적 연구가 주종을 이루었다. 하지만 연구의 실증성을 높이기 위해서는 정량적 연구가 필수적이다. 그동안 북한이탈주민들에 대한 설문조사를 통한 정량적 연구는 어느 정도 이루어졌지만 이는 양적으로 부족할 뿐 아니라 이러한 정량적 연구는 북한에 현재 거주하고 있는 사람들의 마음이 아니라 북한에서 이탈한 사람들의 마음, 즉 북한에서 나와 지금 남한에서 거주하고 있는 시점에서의 마음을 대상으로 한 것이 대부분으로서 연구의 실증성이 취약한 것은 부인하기 어렵다. 이 글에서는 북한을 이탈한 주민이 아니라 북한에 거주하고 있는 주민에 대한 설문조사 작업을 통해 북한주민의 마음에 대해 정량적인 분석을 시도한다.

아울러 북한주민의 마음을 보다 입체적으로 파악하기 위해서는 다른 나라 주민과의 비교가 필요하다. 이 경우 북한과 지리적으로뿐만 아니라 정치경제적으로도 가장 가까운, 그리고 북한과 마찬가지로 공식적으로는 사회주의를 표방하고 있는, 다만 북한보다 먼저 체제전환을 경험하고 있는 중국이 우선적으로 고려되는 것은 매우 자연스러울 것이다.

따라서 이 글에서는 북한 주민의 마음과 중국 주민의 마음을 비교하기로
한다. 구체적으로는 앞에서도 밝혔듯이 물질주의 및 집단-개인주의에 초
점을 맞추어 북한주민과 중국주민의 가치관에 대한 정량적 비교분석을
시도하는 것이다. 이러한 작업을 통해 북한주민의 가치관 및 마음에 대
한 한국 사회의 논의의 실증성을 제고하고 논의의 지평을 확대하기 위한
토론의 재료를 제공하는 것이 이 연구의 목적이다.

II. 연구의 설계

1. 설문조사 개요

이 글에서는 북한주민과 중국주민의 물질주의 및 집단-개인주의 성향
을 비교하기 위해 설문조사를 실시했다. 북한주민에 대한 설문조사는 중
국 랴오닝성(遼寧省)에 일시 체류 중인 100명을 대상으로 지난 2015년
3월부터 6월까지 실시했다. 다만 현행법상으로는 필자들이 북한주민들
과의 직접적인 접촉을 통해 설문조사를 실시할 수 없기 때문에 중국 현
지 관계자에게 설문조사를 의뢰했다. 아울러 중국주민에 대해서는 전문
조사기관에 의뢰해 중국의 랴오닝성에 거주하는 113명을 대상으로 지난
2017년 2월부터 3월까지 설문조사를 실시[3]했다.

　　조사대상 북중 주민의 인구사회학적 특성은 아래의 **표 1**에 제시되
어 있다. 북한주민의 특성을 보면 성별로는 남성(9%)보다 여성(91%)
이 압도적으로 많고, 연령별로는 20대 및 30대가 전체의 86%를 차지하

3　　북한주민과 중국주민에 대한 설문조사는 필자들이 소속되어 있는 북한대학원대학교 SSK
　　남북한 마음의 통합 연구단 차원에서 실시되었다.

고 있다는 점이 눈에 띈다. 중국주민도 유사하다. 성별로는 여성(85%)이 남성(15%)보다 훨씬 많고, 연령별로는 20대 및 30대가 전체의 67.2%를 점하고 있다. 또한 북한주민은 북한내 거주지역으로는 평양시가 67%를 차지하고 있으며, 모두 다 중국 랴오닝성에 일시 체류중인 사람들이다. 아울러 중국주민은 모두 다 현재 중국 랴오닝성에 거주하고 있는 사람들이다.[4]

이처럼 조사대상 북중 주민이 다소 편중된 구성을 나타내고 있다는 점, 따라서 샘플의 대표성에 다소 한계성이 있다는 점은 사전적으로 충분히 인식될 필요가 있다. 이와 관련, 이 연구는 북한주민 및 중국주민 전체를 대표한다기보다는 20~30대 여성이라는 특정 범주의 주민들을 대상으로 한 연구라는 점을 사전에 분명히 밝혀두고자 한다.

표 1. 설문조사 대상자의 인구사회학적 특성(단위: 명, %)

변인	내용	북한주민 빈도*	중국주민
	남자	9	17(15.0)
성별	여자	91	96(85.0)
	합계	100	113(100.0)

---

4 2015년에 중국 현지 관계자에게 의뢰해 중국 랴오닝성에 일시 체류중인 북한주민들을 대상으로 설문조사를 실시했는데 제반 여건상 불가피하게 20~30대 여성을 중심으로 한 조사가 이루어져 조사대상의 대표성 문제 해결이 과제로 남겨졌다. 이에 따라 2017년에 북중 주민 비교를 위해 중국주민에 대한 조사뿐 아니라 북한주민을 대상으로 새로운 조사를 실시할 계획이었으나 사드 문제 여파로 중국내 분위기가 급격히 악화되면서 중국에 체류중인 북한주민 대상 설문조사가 성사되지 못했고, 결국 중국주민에 대해서만 설문조사를 실시할 수밖에 없었다. 다만 중국주민들을 대상으로 설문조사를 실시할 때 어차피 조사의 목적이 북한주민과의 비교에 있었기 때문에 가급적이면 인구사회학적 조건을 북한주민들과 최대한 유사하게 설정할 필요가 있었고, 따라서 중국주민의 경우, 거주 지역은 랴오닝성으로, 연령대와 성별은 20~30대 여성을 주된 조사대상으로 설정했다.

연령대	20대	72	39(34.5)
	30대	14	37(32.7)
	40대	14	19(16.8)
	50대	–	18(15.9)
	합계	100	113(100.0)
학력	중학교 졸업 이하	–	–
	고등학교 졸업	59	7(6.2)
	전문대 및 대학교 졸업 이상	41	106(93.8)
	합계	100	113(100.0)
경제적 계층	상층	4	10(8.8)
	중간층	57	82(72.6)
	하층	39	21(18.5)
	합계	100	113(100.0)
중국 체류기간 (북한주민)	1년 미만	21	
	1년 이상 2년 미만	54	
	2년 이상	20	
	무응답	5	
	합계	100	
직업 (중국주민)	자영업/개인사업		11(9.8)
	생산직 근로자		8(7.1)
	판매/서비스직 근로자		10(8.8)
	사무직 근로자		43(38.1)
	관리직, 전문직		26(22.8)
	가정주부		2(1.8)
	대학생, 대학원생		1(0.9)
	무직, 퇴직, 기타		12(10.6)
	합계		113(100.0)

직업 (북한주민)	유급당·정 간부	4	
	노동자	42	
	사무원	6	
	해외파견 노동자	45	
	해외파견 간부	3	
	합계	100	
부업 경험 유무 (북한주민)	부업 경험 있음	15	
	부업 경험 없음	84	
	무응답	1	
	합계	100	
결혼 여부	결혼	25	84(74.3)
	미혼	75	26(23.0)
	기타	–	3(2.7)
	합계	100	113(100.0)
당원 여부	당원	13	38(33.6)
	비당원	85	75(66.4)
	무응답	2	
	합계	100	113(100.0)

* 조사대상자의 특성을 제시할 때 통상적으로 빈도와 함께 비율(%)을 표기하지만, 북한 주민의 경우 조사
대상자가 100명으로서 빈도와 비율(%)이 일치하기 때문에 비율을 생략했음.

2. 설문의 척도 및 하위범주 구성, 조사 방법

이 글에서는 북중 주민에 대한 설문조사를 실시하기 위해 물질주의의 측
정에 관한 두 개의 선행연구를 활용했다. 물질주의의 측정을 위한 설문
지를 설계할 때 국내외에서 폭넓게 활용되는 Richins와 Dawson(1992)
의 방법론은 별다른 수정·보완 없이 거의 그대로 사용했고, 물질주의의

측정에 대해 매우 포괄적인 접근방식을 취한 전귀연(1998)의 방법론은 약간의 수정·보완을 거쳐 사용했다.

이 글에서는 Richins와 Dawson(1992)의 방법론을 원용한 물질주의를 물질주의 1이라고 명명했는데 이는 다음의 3가지 하위범주로 구성된다. 첫째, 성공(success)으로서 이는 축적된 소유물의 양과 질을 가지고 자신과 다른 사람의 성공 여부를 판단하려는 성향을 말한다. 둘째, 중심성(centrality)으로서 이는 물질의 소유 및 획득을 생활의 중심에 두려는 성향을 가리킨다. 셋째, 행복(happiness)으로서 이는 물질을 행복의 필수적 요소로 간주하는 성향을 나타낸다.

아울러 이 연구에서는 전귀연(1998)의 방법론을 원용한 물질주의를 물질주의 2라고 명명했는데 이는 다음의 4가지 하위범주로 이루어진다. 첫째, 만족으로서 이는 물질에 대한 소유를 만족의 원천으로 생각하면서 물질을 많이 소유할수록 만족을 느끼는 성향을 나타낸다. 둘째, 질투로서 이는 타인의 성공, 행복, 소유에 대해 가지는 비유쾌함의 감정을 가리킨다. 셋째, 소유로서 이는 자신이 소유하고 있는 물질에 대한 통제권이나 소유권을 유지하려는 경향이나 의향을 나타낸다. 넷째, 인색으로서 이는 자신이 소유하고 있는 물질을 다른 사람에게 주거나 공유하는 것을 꺼리는 성향을 가리킨다.

이 글에서는 물질주의 1에 대해서는 성공, 중심성, 행복 등 3가지 하위 범주에 대해 각각 5개의 문항을 만들어 총 15개의 문항을 구성했다. 물질주의 2에 대해서는 만족의 경우 9개, 질투의 경우 5개, 소유의 경우 4개, 인색의 경우 5개와 같이 총 23개의 문항을 만들었다. 또한 모든 문항에 대해서 전혀 그렇지 않다(1점)부터 매우 그렇다(5점)까지 응답하도록 리커트(Likert)식 5점 척도를 설정했다.

또한 이 글에서는 집단-개인주의의 측정을 위한 설문지를 구성하기 위해 Triandis(1995)가 개발해 독고순(1999), 이정우(2006)를 비롯한 많은 연구자들이 빈번하게 사용하고 있는 하위범주와 설문문항을 그대로 사용했다.

　트리안디스(Triandis)는 기존의 집단주의-개인주의 성향 구분이 갖는 단순성을 극복하기 위해 수평-수직이라는 새로운 차원을 추가했다. 그는 대인관계에서 위계질서를 강조하든지 혹은 평등성을 강조하든지에 따라 수평-수직 성향의 구분이 가능하다고 하면서 4가지의 상이한 특성의 조합을 만들었다. 즉 수평적 집단주의 성향이 강한 사람들은 공동체적 목표를 강조하고, 대인관계를 중시하지만 사회적 권위와 위계성에는 그다지 관심을 기울이지 않는다. 수직적 집단주의 성향이 강한 사람들은 집단의 일체감을 강조하고, 집단 내 위계질서가 확고하고 이를 존중하며, 집단을 위한 개인의 희생을 당연시하는 경향이 강하다. 수평적 개인주의 성향이 강한 사람들은 자신을 집단의 성원보다는 자율적인 개인으로 생각하는 경향이 강하며, 타인들과 대등한 관계에서 자율적으로 활동하기를 좋아한다. 반면 이들은 개인간 지위의 격차나 위계성을 받아들이지 않으며 사회적으로 높은 지위를 지향하지도 않는다. 수직적 개인주의 성향이 강한 사람들은 개인을 중시한다는 점에서 수평적 개인주의 성향이 강한 사람들과 유사하지만 이들은 사회적 지위에 격차가 있다고 생각하며, 더욱이 자신은 남들에 비해 우월하다는 것을 인정받고 싶어 한다. 따라서 타인과의 관계를 본질적으로 경쟁적인 관계로 여기며, 경쟁을 통한 사회적 지위의 획득에 주된 관심을 가지고 있다.

　이 연구에서는 집단-개인주의의 4가지 범주에 대해 각각 8문항씩 모두 32개 문항을 만들었다. 이와 함께 모든 문항에 대해서 전혀 그렇지 않다(1점)부터 매우 그렇다(5점)까지 응답하도록 리커트식 5점 척도를 설정했다.

3. 척도의 신뢰도 분석

우선 본격적인 통계분석을 실시하기 전에 각 척도의 신뢰도 분석을 실시할 필요가 있다. 물질주의 1에서는 북한주민의 성공, 중심성, 행복 등 3개 범주의 신뢰도 계수(Cronbach의 알파)가 각각 0.60, 0.12, 0.63으로, 중국주민의 그것들은 각각 0.79, 0.51, 0.75로 나타났다. 또한 물질주의 2에서는 북한주민의 만족, 질투, 소유, 인색 등 4개 범주의 신뢰도 계수가 각각 0.81, 0.76, 0.15, 0.47로, 중국주민의 그것들은 각각 0.85, 0.85, 0.68, 0.71로 나타났다. 통상적으로 이러한 조사연구에서 수용할 수 있는 신뢰도 수준이 0.6 이상이라는 점을 고려하고, 북중 주민의 비교분석을 위해서는 북중 주민의 분석차원을 동일한 것으로 맞추어 주어야 하기 때문에 북중 주민 공히 물질주의 1에서는 분석대상에서 중심성을 제외하고, 물질주의 2에서는 소유와 인색을 제외했다. 이에 따라 이 글에서는 분석대상을 △물질주의 1의 성공, 행복, △물질주의 2의 만족, 질투로 새롭게 설정했다. 이런 조정과정을 거쳐서 산출한 척도별 신뢰도 계수를 표 2에 제시했다.

표 2. 물질주의 척도의 신뢰도 계수(Cronbach의 알파)

구분	척도	문항수	북한주민		중국주민	
물질주의 1	성공	5	0.60	0.71	0.79	0.86
	행복	5	0.63		0.75	
물질주의 2	만족	9	0.81	0.82	0.85	0.89
	질투	5	0.76		0.85	

집단-개인주의에 대해서도 척도별로 신뢰도 분석을 하기 위해 물질주의와 마찬가지로 신뢰도 계수(Cronbach의 알파)를 산출했다. 개인주의에서는 수평적 개인주의와 수직적 개인주의 공히, 당초의 8개 문항을 가지고 산출한 신뢰도 계수가 북한주민 대상 설문조사에서도, 중국주민 대상 설문조사에서도 모두 0.60 이상이었다(표 3 참조). 그러나 집단주의의 경우, 수평적 집단주의 및 수직적 집단주의에서 애초의 8개 문항을 가지고 구한 신뢰도 계수가 북한주민 대상 설문조사에서는 0.43, 0.41로, 중국주민 대상 설문조사에서는 0.84, 0.63으로 각각 나타났다. 이에 따라 신뢰도 계수를 0.60 이상으로 높이기 위해 북한주민 설문조사에서 일부 항목을 제거해야 했고, 또한 북한주민 설문조사와 중국주민 설문조사를 동일한 항목들로 맞추어 주기 위해서는 중국주민 설문조사에서도 동일한 설문항목을 제거해야 했다. 이에 따라 북중 주민 모두 수평적 집단주의에서 4개 설문항목을, 수직적 집단주의에서 3개 설문항목을 제거했다. 이러한 조정과정을 거쳐 산출한 척도별 신뢰도 계수는 표 3에 제시되어 있다.

표 3. 집단-개인주의 척도의 신뢰도 계수(Cronbach의 알파)

구분		문항수	북한주민		중국주민	
집단주의	수평적 집단주의	4	0.60	0.69	0.64	0.73
	수직적 집단주의	5	0.62		0.62	
개인주의	수평적 개인주의	8	0.65	0.77	0.76	0.87
	수직적 개인주의	8	0.69		0.81	

III. 연구의 결과 1: 물질주의

1. 북중 주민의 범주별 물질주의 성향 비교

북중 주민들은 물질주의의 각 하위 범주에 대해 어떠한 성향을 보이고 있는지 간단히 살펴보기로 하자. 우선 북한주민들의 각 하위범주별 평균점수를 살펴보면, 물질주의 1의 경우, 행복의 평균점수(3.54)가 성공의 평균점수(2.87)보다 훨씬 높았다. 또한 물질주의 2의 경우, 만족의 평균점수(3.41)가 질투의 평균점수(3.03)보다 다소 높았다. 중국주민의 경우, 물질주의 1에서는 행복의 평균점수(3.47)가 성공의 평균점수(3.13)보다 다소 높았다. 또한 물질주의 2에서는 만족의 평균점수(2.99)가 질투의 평균점수(2.84)보다 약간 높았다.

북한주민과 중국주민은 물질주의 행복의 성향이 성공의 성향보다 강하고, 또한 물질주의 만족의 성향이 질투의 성향보다 강하다는 점에서 공통점을 나타냈다. 다만 북한주민은 물질주의 행복과 성공의 평균점수 차이(즉 정도 차이), 그리고 물질주의 만족과 질투의 정도 차이가 상대적으로 컸고, 중국주민은 각각의 정도 차이가 상대적으로 작았다는 점도 관찰되었다.

이보다 더 눈에 띄는 점은 개별 범주에 대해 북중 주민의 평균 점수를 비교해 본 결과이다. 물질주의 성공, 행복, 만족, 질투 등 4개 범주만 놓고 보면 물질주의 성공이라는 1개 범주만 중국주민의 평균점수가 북한주민의 평균점수보다 높은 것으로 조사되었을 뿐, 행복, 만족, 질투 등 3개 범주 모두 북한주민의 평균점수가 중국주민의 평균점수보다 높은 것으로 나타났다. 나아가 상기의 4개 범주에 성공행복, 만족질투 등 2개 범주를 더해 총 6개의 범주에 대해 북중 주민의 평균 점수를 비교해 보면 성공, 성공행복 등 2개 범주에서만 중국주민의 평균점수가 북한주민의 평균점수보다 높았고, 행복, 만족, 질투, 만족질투 등 4개 범주에서는 거꾸로 북한주민의 평균점수가 중국주민의 평균점수보다 높은 것으로 나타났다.

표 4. 북중 주민의 범주별 물질주의 성향 비교

구분		북한주민 평균점수	중국주민 평균점수	비고
물질주의 1	성공	2.87	3.13	북 〈 중 (0.26)
	행복	3.54	3.47	북 〉 중 (0.07)
	성공행복	3.21	3.30	북 〈 중 (0.09)
물질주의 2	만족	3.41	2.99	북 〉 중 (0.42)
	질투	3.03	2.84	북 〉 중 (0.19)
	만족질투	3.28	2.94	북 〉 중 (0.34)

2. 북중 주민 간 물질주의 성향의 변인별 차이 비교

북중 주민의 물질주의 성향이 인구사회학적 변인별로 차이가 발생하는지 여부를 알아보기 위해 간단한 통계적 분석을 실시했다. 인구사회학적 변인은 앞의 표 1에 나와 있듯이 북한주민의 경우 9개이고, 중국주민의 경우 7개이며, 북한주민과 중국주민에 공통적인 변인은 성별, 연령대 등 6개이다. 북한주민과 중국주민이 물질주의 성공, 물질주의 행복, 물질주의 성공행복, 물질주의 만족, 물질주의 질투, 물질주의 만족질투 등 6가지 범주에 대해 각 변인 내 개별집단별로 차이가 있는지 없는지를 파악하기 위해 T 검정 및 일원배치 분산분석(ANOVA)을 실시하고, 북한주민과 중국주민에 대한 분석의 결과를 비교한 것이 다음

의 표 5에 제시되어 있다.

가장 먼저 눈에 띄는 것은, 북중 주민 간에 물질주의의 각 하위범주에서 변인 내 개별집단 별로 차이를 발생시키는 공통적인 인구사회학적 변인이 단 한 개도 없다는 점이다. 즉 물질주의의 하위범주에서 차이가 나타나는 변인이 북중 주민 간에 전혀 다르다는 것이다.

물질주의 성공의 경우, 북한주민은 연령대에 따른 차이(30대〉20대〉40대)가 통계적으로 유의미한 것으로 나타난 반면, 중국주민은 결혼여부에 따른 차이(결혼〉미혼)가 통계적으로 의미가 있는 것으로 조사되

표 5. 북중 주민 물질주의의 변인별 차이: T검정 및 ANOVA 결과

범주	북한주민		중국주민	
	변인(집단)	변인별 차이 내역	변인(집단)	변인별 차이 내역
물질주의 성공	연령대	30대〉20대〉40대	결혼여부	결혼〉미혼
물질주의 행복		–	결혼여부	결혼〉미혼
물질주의 만족	경제적 계층	하층〉중간층〉상층	결혼여부	결혼〉미혼
	학력	대졸〉고졸		
물질주의 질투	직업	당정간부〉해외파견노동자〉노동자〉해외파견간부〉사무원	–	
	부업경험 유무	부업경험있음〉부업경험없음		
	학력	대졸〉고졸		
물질주의 성공행복			결혼여부	결혼〉미혼
물질주의 만족질투	경제적 계층	하층〉중간층〉상층	–	
	연령대	30대〉20대〉40대		

었다.[5] 물질주의 행복의 경우, 북한주민은 어떠한 변인에서도 통계적으로 의미가 있는 차이가 발견되지 않았고, 중국주민은 결혼 여부에 따른 차이 (결혼〉미혼)가 통계적으로 유의미한 것으로 나타났다. 또한 물질주의 성공행복도 북중 주민에 대해 물질주의 행복과 동일한 경향을 나타냈다.

물질주의 만족의 경우, 북한주민은 경제적 계층(하층〉중간층〉상층) 과 학력(대졸〉고졸)에 따라 통계적으로 유의미한 차이가 발견된 반면 중국주민은 결혼 여부(결혼〉미혼)에 따라 통계적으로 유의미한 차이가 발견되었다. 물질주의 질투의 경우, 북한주민은 직업(당정간부〉해외파견노동자〉노동자〉해외파견간부〉사무원), 부업경험 유무(부업경험 있음〉부업경험 없음), 학력(대졸〉고졸)에 따라 통계적으로 유의미한 차이가 나타난 반면 중국주민은 어떠한 변인에서도 통계적으로 의미가 있는 차이가 발견되지 않았다. 물질주의 만족질투의 경우, 북한주민은 경제적 계층(하층〉중간층〉상층)과 연령대(30대〉20대〉40대)에 따라 통계적으로 유의미한 차이가 나타난 반면, 중국주민은 어떤 변인에서도 통계적으로 유의미한 차이가 발견되지 않았다.

이처럼 북한주민은 물질주의의 각 하위범주에 있어서 어떤 경우는 연령대, 어떤 경우는 경제적 계층, 어떤 경우는 학력 등과 같이 다양한 변인별로 유의미한 차이가 발생한 반면, 중국주민은 오직 결혼 여부에 따라서만 유의미한 차이가 발견되었다는 점이 흥미롭다.

---

5   물론 상기의 통계분석결과는 연령대에 따라 통계적으로 유의미한 차이가 있다고 나타났지만 설문조사대상 북한주민의 72%가 20대라는 점, 요컨대 조사대상자의 연령적 편중성으로 인해 해석에 어려움이 있는 것은 사실이다. 즉 연령대에 따라 통계적으로 유의미한 차이가 있다고 해석하기는 어렵다는 것이다.

3. 북중 주민의 물질주의 성향에 영향을 미치는 요인 비교:
회귀분석결과

북중 주민의 물질주의 성향에 영향을 미치는 요인에는 어떤 것들이 있는
지 알아보기 위해 물질주의를 구성하는 6개의 하위범주들을 종속변수로
하고, 북한주민에 대해서는 9개, 중국주민에 대해서는 7개의 인구사회학
적 변인들을 독립변수로 해서 단계적 다중회귀분석을 실시해 북한과 중
국을 비교한 결과가 표6에 제시되어 있다. 우선 다중공선성 문제의 검
토를 위해 독립변인들간의 상관계수, 공차한계, 상승분산(VIF)을 구했
더니 북한주민의 경우, 연령대와 결혼 여부, 성별과 당원여부에서 각각
다중공선성이 우려되어 연령대와 성별을 독립변수에서 제외했다. 나머
지 7개 변인은 공차한계가 모두 0.5 이상이고, VIF는 1.0~1.5 수준으로
서 다중공선성 문제가 없는 것으로 나타났다. 반면 중국주민의 경우, 7
개 변인 모두 다중공선성 문제는 발견되지 않았다.

그리고 회귀분석을 위해 북한주민의 경우, 분석에 사용한 7개 변수
중에서 학력, 직업, 거주지역은 더미변수로 처리했으며, 중국주민의 경
우, 7개 변수 중에서 성별, 학력, 직업은 더미변수로 처리했다.

표6에 나타난 바와 같이, 북한주민은 물질주의 성공행복, 물질주의
만족, 물질주의 질투, 물질주의 만족질투 등 4개 범주에서, 중국주민은
물질주의 성공, 물질주의 행복, 물질주의 성공행복, 물질주의 만족, 물질
주의 만족질투 등 5개 범주에서 통계적으로 의미가 있는 회귀식을 도출
할 수 있었다.

그런데 북중 주민에 대한 회귀분석 결과는 매우 대조적이다. 즉 북
한주민은 다수의 변인들이 소수의 물질주의 하위범주에 영향을 미치는
반면, 중국주민들은 소수의 변인(정확하게는 단 하나의 변인)이 다수의

물질주의 하위범주에 영향을 미치는 것으로 나타났다는 것이다.

북한주민의 경우, 경제적 계층이 물질주의 만족과 물질주의 만족질투 등 2개의 범주에 영향을 미친 것으로, 또한 직업(사무직 여부)이 물질주의 만족과 물질주의 질투 등 2개의 범주에 영향을 미친 것으로 나타났다. 아울러 결혼 여부는 물질주의 만족이라는 1개 범주에만, 당원 여부는 물질주의 성공행복에만, 학력(전문학교 이상 여부)는 물질주의 만족에만, 부업경험 유무는 물질주의 질투에만 각각 영향을 미친 것으로 조사되었다.

반면 중국주민의 경우, 오직 결혼여부만 각 범주들에게 영향을 미쳤

표 6. 북중 주민의 물질주의에 영향을 미치는 요인 비교: 회귀분석결과

변인	물질주의 성공(β)		물질주의 행복(β)		물질주의 만족(β)		물질주의 질투(β)		물질주의 성공행복(β)		물질주의 만족질투(β)	
	북한	중국	북한	중국	북한	중국	북한	중국	북한	중국	북한	중국
결혼여부		0.24*		0.19*	-0.34**	0.21*				0.23*		0.19*
당원여부									0.22*			
학력 (전문학교 및 대학 졸업=1)					0.22*							
경제적 계층					0.35**						0.32**	
직업 (사무직=1)					-0.23*		-0.28**					
부업경험 유무(북한)							-0.26*					
수정된 R^2		0.05		0.03	0.22	0.04	0.10		0.04	0.05	0.09	0.03
F		6.60*		3.99*	7.34***	5.19*	6.07**		4.45*	6.25*	9.68**	4.08*

* $p < 0.05$, ** $p < 0.01$, *** $p < 0.001$

다. 결혼 여부는 물질주의 질투를 제외한 모든(5개) 물질주의 하위 범주에 영향을 미친 것으로 조사되었다.

한편 북한주민과 중국주민의 물질주의에 영향을 미치는 유일한 공통적 요인은 결혼 여부였다. 다만 앞에서 보았듯이 결혼 여부는 중국주민의 경우 5개 물질주의 하위범주에 영향을 미쳤고, 북한주민의 경우 단 1개의 물질주의 하위범주에 영향을 미쳤다는 점이 눈길을 끈다. 더욱이 결혼 여부가 북중 주민의 물질주의에 영향을 미치는 방향은 정반대라는 점 또한 이채롭다. 즉 북한주민은 기혼자의 물질주의 성향이 미혼자의 물질주의 성향보다 약한 반면, 중국 주민은 기혼자의 물질주의 성향이 미혼자의 물질주의 성향보다 강한 것으로 나타났다.

4. 북중 주민 간 물질주의 성향의 차이 여부

북한주민과 중국주민의 물질주의 성향에 차이가 있는지 없는지 파악하기 위해, 구체적으로는 북중 주민 두 집단 간의 평균에 통계적으로 유의

표 7. 북중 주민 간 물질주의의 차이 여부: T검정 결과

구분	집단	평균	표준편차	t	p
물질주의 성공	북한주민	2.87	0.62	-2.823	0.005**
	중국주민	3.13	0.70		
물질주의 만족	북한주민	3.41	0.75	3.774	0.000***
	중국주민	2.99	0.67		
물질주의 만족질투	북한주민	3.28	0.66	4.330	0.000***
	중국주민	2.94	0.64		

* $p < 0.05$, ** $p < 0.01$, *** $p < 0.001$

미한 차이가 나타나는지 알아보기 위해 T 검정을 실시했다. 표 7을 보면 잘 알 수 있듯이 6개의 물질주의 하위범주 중 물질주의 성공, 물질주의 만족, 물질주의 만족질투 등 3개의 범주에서 두 집단 간에 통계적으로 의미가 있는 차이가 발견되었다. 그리고 물질주의 행복, 물질주의 성공 행복, 물질주의 질투 등 3개의 범주에서는 두 집단 간에 통계적으로 유의미한 차이를 발견할 수 없었다.

그리고 이들 3개 범주 중 물질주의 성공 1개 범주는 북한주민의 평균이 중국주민의 평균보다 낮았지만 물질주의 만족, 물질주의 만족질투 등 2개 범주는 북한주민의 평균이 중국주민의 평균보다 높았다는 흥미로운 점을 발견했다.

그런데 상기의 3개 범주에서 발견된 북중 주민 간 차이는 과연 통계적으로 유의미한 것인지, 혹시 다른 변인들의 영향은 없었는지 조사할 필요가 있다. 따라서 북중 주민에 대해 성별, 연령대, 학력, 경제적 계층, 결혼여부, 당원여부 등 6개의 인구사회학적 변인[6] 모두를 통제한 후에 북한주민과 중국주민을 비교하는 공분산분석(ANCOVA)을 실시했다.

표 8에도 나타나 있듯이 여기서는 앞의 3개 범주 모두에 대해 통계적으로 의미가 있는 결과를 얻을 수 있었다. 그리고 3개 범주 모두 북중 여부, 즉 북한주민이냐 중국주민이냐 하는 요인이 각 범주에 대해 영향을 미치고 있는 것으로 나타났다. 물질주의 성공의 경우, 결혼여부와 북중여부가 영향을 미쳤으며, 물질주의 만족은 학력, 경제적 계층, 북중여부가 영향을 미쳤고, 물질주의 만족질투는 경제적 계층과 북중여부가 미친 것으로 조사되었다. 요컨대 인구사회학적 변인을 모두 통제한 이후에도 북중 주민 간에는 물질주의 성공, 물질주의 만족, 물질주의 만족질투

---

6   북중 주민 간 직접 비교를 위해서는 북중 주민들에 공통적으로 적용되는 6개 변인만 사용해야 했다. 앞의 표 1 참조.

등 3개 범주에서 통계적으로 유의미한 차이가 있었다. 또한 3개 범주 중 1개 범주(물질주의 성공)에 대해서는 북한 주민의 물질주의 성향이 중국 주민보다 약했고, 반면 2개 범주(물질주의 만족, 물질주의 만족질투)에 대해서는 북한 주민의 물질주의 성향이 중국 주민보다 강한 것으로 나타났다.

표 8. 북중 주민 간 물질주의의 차이 여부: ANCOVA 분석 결과

구분	결혼여부		학력		경제적 계층		북중여부		수정된 R2
	북한	중국	북한	중국	북한	중국	북한	중국	
물질주의 성공	3.934	0.049*					3.934	0.049*	0.042
물질주의 만족			5.023	0.026*	9.004	0.003**	23.821	0.000***	0.132
물질주의 만족질투					7.203	0.008**	11.313	0.001**	0.089

* $p < 0.05$, ** $p < 0.01$, *** $p < 0.001$

IV. 연구의 결과 2: 집단-개인주의

1. 북중 주민의 범주별 집단-개인주의 성향 비교

북중 주민들은 집단-개인주의를 구성하는 개별 하위범주에 대해 어떤 성향을 나타내고 있는지 살펴보기로 하자.

우선 북한주민들의 각 하위범주별 평균점수를 살펴보면, 수평적 집단주의(4.19)가 가장 높았고, 그 다음으로는 수직적 집단주의(4.12)였고, 그 다음이 수직적 개인주의(3.94), 수평적 개인주의(3.75)의 순으로 나타났다. 다만 수평적 집단주의와 수직적 집단주의의 평균점수 차이는

0.07에 불과해 뚜렷한 차이가 있다고 보기는 어렵다. 또한 북한주민은 집단주의(평균 4.15)가 개인주의(평균 3.84)보다 상당히 강한 경향을 보이고 있으며, 수직적 성향(평균 4.03)이 수평적 성향(평균 3.97)보다 약간 강한 것으로 나타났다.

이어 중국주민들의 각 하위범주별 평균점수를 살펴보면, 수평적 집단주의(3.94)가 가장 높았고, 그 다음으로는 수직적 집단주의(3.83)와 수평적 개인주의(3.82)로 거의 비슷했고, 마지막이 수직적 개인주의(3.60)인 것으로 나타났다. 각 하위범주별 평균점수가 가장 높은 것, 즉 성향이 가장 강한 것은 북한과 중국 모두 수평적 집단주의였지만 평균점수가 가장 낮은 것, 즉 성향이 가장 약한 것은 북한은 수평적 개인주의, 중국은 수직적 개인주의인 것으로 조사되었다.

또한 중국주민은 집단주의(평균 3.88)가 개인주의(평균 3.71)보다 다소 강한 경향을 보이고 있다. 즉 북한주민과 중국주민은 집단주의가 개인주의보다 강하다는 점에서는 공통성을 가지고 있지만 집단주의와 개인주의의 평균 차이는 북한주민(0.31)이 중국주민(0.16)보다 더 큰 것으로 조사되었다. 아울러 중국주민은 북한주민과는 반대로 수평적 성향(평균 3.88)이 수직적 성향(평균 3.72)보다 다소 강한 것으로 나타났다.

한편 개별범주별로 북중 주민의 평균 점수를 비교해 보면 흥미로운 사실을 발견할 수 있다. 표9를 보면 알 수 있듯이 수평적 집단주의, 수직적 집단주의, 수평적 개인주의, 수직적 개인주의 등 4개의 범주 중 1개 범주(수평적 개인주의)를 제외하고 나머지 3개 범주에서 북한주민의 평균점수가 중국주민의 평균점수보다 높은 것으로 조사되었다. 즉 북한주민이 중국주민보다 수평적 집단주의, 수직적 집단주의, 수직적 개인주의 성향이 강한 것으로 나타났다. 그런데 중국주민이 북한주민보다 유일하게 강한 성향을 나타낸 수평적 개인주의는 북중 주민 간 평균점수 차이가 0.07로서 그다지 크지 않은 반면, 북한주민이 중국주민보다 강한 성향을 나타낸 수평적 집단주의, 수직적 집단주의, 수직적 개인주의는 북중 주민 간 평균점수 차이가 각각 0.25, 0.29, 0.35로서 상당히 큰 것으로 나타났다. 이에 따라 집단주의 전체와 개인주의 전체 모두 북한주민이 중국주민보다 성향이 강한 것으로 조사되었다. 이는 일반의 예상과 다소 거리가 있는 것이다.

표 9. 북중 주민의 범주별 집단-개인주의 성향 비교

구분		북한주민 평균점수	중국주민 평균점수	비고
집단주의	수평적 집단주의	4.19	3.94	북 〉 중 (0.25)
	수직적 집단주의	4.12	3.83	북 〉 중 (0.29)
	집단주의 전체	4.15	3.88	북 〉 중 (0.27)
개인주의	수평적 개인주의	3.75	3.82	북 〈 중 (0.07)
	수직적 개인주의	3.94	3.60	북 〉 중 (0.34)
	개인주의 전체	3.84	3.71	북 〉 중 (0.13)

2. 북중 주민 간 집단-개인주의 성향의 변인별 차이 비교

북중 주민의 집단-개인주의 성향이 인구사회학적 변인별[7]로 차이가 있는지 아닌지에 대한 통계적 분석을 실시했다. 북중 주민 각각에 대해 수평적 집단주의, 수직적 집단주의, 집단주의(전체), 수평적 개인주의, 수직적 개인주의, 개인주의(전체) 등 6개 범주에 대해 각 변인내 집단별로 차이가 있는지 아닌지를 파악하기 위해 T 검정 및 일원배치 분산분석

---

7   앞에서의 물질주의와 마찬가지로 북한주민에 대해서는 9개의 인구사회학적 변인을, 중국 주민에 대해서는 7개의 인구사회학적 변인을 분석대상으로 한다.

(ANOVA)을 실시하고, 북중 주민에 대한 통계분석결과를 비교한 것이 다음의 **표 10**에 요약되어 있다.

앞에서 보았던 물질주의 성향에서와는 달리, 집단-개인주의 성향에 서는 북중 주민 간에 각 범주별로 차이를 발생시키는 공통적인 인구사회 학적 변인이 2개 발견되었다. 수평적 개인주의에서는 경제적 계층이, 수

표 10. 북중 주민 간 집단-개인주의 성향의 변인별 차이 비교: T검정 및 ANOVA 결과

범주	북한주민		중국주민	
	변인(집단)	변인별 차이 내역	변인(집단)	변인별 차이 내역
수평적 집단주의	연령대	40대〉20대〉30대	–	
	부업경험 유무	부업경험 있음〉부업경험 없음		
	거주지역	평양시〉평안도〉함경도, 양강도〉강원도〉남포시		
수직적 집단주의	–		결혼여부	결혼〉미혼
			당원여부	당원〉비당원
수평적 개인주의	연령대	30대〉20대〉40대	결혼여부	결혼〉미혼
	직업	당정간부〉해외파견간부〉노동자〉해외파견노동자〉사무원	경제적 계층	상층〉중간층〉하층
	경제적 계층	하층〉중간층〉상층	결혼여부	결혼〉미혼
수직적 개인주의	연령대	20대〉40대〉30대	당원여부	당원〉비당원
	결혼여부	미혼〉결혼	경제적 계층	상층〉중간층〉하층
			결혼여부	결혼〉미혼
집단주의	부업경험 유무	부업경험 있음〉부업경험 없음	결혼여부	결혼〉미혼
개인주의	연령대	20대〉30대〉40대	당원여부	당원〉비당원
	결혼여부	미혼〉결혼	경제적 계층	상층〉중간층〉하층

직적 개인주의에서는 결혼 여부가, 개인주의(전체)에서는 결혼여부가 여기에 해당된다. 다만 북중 주민간에는 각 변인의 영향력 크기 및 방향이 상이하다는 점이 눈에 띈다. 경제적 계층은 북중 주민 모두에게 수평적 개인주의에 대해 영향을 미쳤는데 북한주민은 하층〉중간층〉상층의 순으로 영향력이 컸다. 즉 경제적 계층이 낮을수록 수평적 개인주의 성향이 컸다. 이와는 대조적으로 중국주민은 상층〉중간층〉하층의 순이었는데 이는 경제적 계층이 높을수록 수평적 개인주의 성향이 컸다는 것이다. 또한 결혼 여부는 북중 주민 모두에게 수직적 개인주의와 개인주의(전체)에 대해 영향을 미쳤는데 북한주민은 미혼자가 기혼자보다 수직적 개인주의 및 개인주의 성향이 컸고, 거꾸로 중국주민은 기혼자가 미혼자보다 수직적 개인주의 및 개인주의 성향이 컸다.

전체적으로 보아서도 집단-개인주의의 개별 범주별로 차이가 나타나는 변인이 북중 주민 간에 매우 다르게 나타났다. 우선 수평적 집단주의의 경우, 북한주민은 연령대(40대〉20대〉30대), 거주지역(평양시〉평안도〉함경도, 양강도 등), 부업경험 유무(경험 있음〉없음)에서 통계적으로 유의미한 차이가 발견되었지만, 중국주민은 어떠한 변인에서도 유의미한 차이가 발견되지 않았다. 이와는 달리 수직적 집단주의의 경우, 북한주민은 어떤 변인에서도 통계적으로 의미가 있는 차이가 발견되지 않았지만 중국주민은 결혼 여부(결혼〉미혼), 당원 여부(당원〉비당원)에서 유의미한 차이가 나타났다.

수평적 개인주의의 경우, 앞에서 밝혔듯이 북중 주민 모두 경제적 계층에 따른 차이가 발견되었고, 이 외에 북한주민은 연령대(30대〉20대〉40대), 직업(당정간부〉해외파견간부〉노동자 등)에 따른 차이도, 중국주민은 결혼여부(결혼〉미혼)에 따른 차이도 각각 발견되었다. 수직적 개인주의의 경우, 북중 주민 모두 결혼 여부에 따른 차이가 발견되었고, 이 밖에 북한주민은 연령대(20대)40대)30대)에 따른 차이가, 중국주민은 당원 여부(당원)비당원), 경제적 계층(상층)중간층)하층)에 따른 차이도 각각 나타났다.

한편 집단주의의 경우, 북한주민은 부업경험유무(경험 있음)없음)에 따른 차이만이, 중국주민은 결혼여부(결혼)미혼)에 따른 차이만 나타났다. 개인주의의 경우, 북중 주민 모두 결혼 여부에 따라 차이가 발생했지만 북한주민은 이 밖에도 연령대(20대)30대)40대)에 따른 차이도, 중국주민은 당원 여부(당원)비당원), 경제적 계층(상층)중간층)하층)에 따른 차이도 각각 존재했다.

3. 북중 주민의 집단-개인주의 성향에 영향을 미치는 요인 비교: 회귀분석결과

북중 주민의 집단-개인주의 성향에 영향을 미치는 요인은 무엇인지 알아보기 위해 집단-개인주의의 6가지 하위범주들을 종속변수로 하고, 북한주민에 대해서는 9개, 중국주민에 대해서는 7개의 인구사회학적 변인들을 독립변수로 설정하고 단계적 다중회귀분석을 실시해서 북중 주민을 비교한 결과가 표 11에 제시되어 있다.

앞에서 물질주의 성향을 분석할 때와 마찬가지로, 북한주민에 대해서는 다중공선성의 우려가 있어 연령대와 성별을 독립변수에서 제외하고 나머지 7개의 독립변수를 대상으로 분석을 실시했다. 중국주민의 경우, 다중공선성의 문제가 없어서 애초의 7개 독립변수를 그대로 사용했다. 아울러 더미변수는 앞에서 물질주의 성향을 분석할 때와 동일한 방식으로 처리했다.

표 11에 나타난 바와 같이, 북중 주민 공히 수직적 집단주의를 비롯

해 집단-개인주의의 5개 하위범주에서 통계적으로 의미가 있는 회귀식을 도출할 수 있었다. 반면 북한주민은 개인주의에서, 중국주민은 수평적 집단주의에서 유의미한 회귀식을 도출할 수 없었다.

우선 북한주민의 경우, 가장 많은 집단-개인주의 성향의 하위범주(3개)에 영향을 미치는 요인은 부업경험 유무인 것으로 나타났다. 부업경험 유무는 수평적 집단주의, 수직적 집단주의, 집단주의 등 오직 집단주의 성향에만 영향을 미쳤는데 부업경험이 없는 주민이 집단주의 성향이 약한 것으로 나타났다. 그 다음으로 많은 집단-개인주의 하위범주(2개)

표 11. 북중 주민의 집단-개인주의에 영향을 미치는 요인: 회귀분석결과

변인	수평적 집단주의(β)		수직적 집단주의(β)		수평적 개인주의(β)		수직적 개인주의(β)		집단주의 (β)		개인주의 (β)	
	북한	중국	북한	중국	북한	중국	북한	중국	북한	중국	북한	중국
결혼여부				0.21 *		0.35 ***	0.34 **	0.31 ***		0.21 *		0.38 ***
당원여부								0.22 *				
경제적 계층				-0.20 *	0.30 **	-0.18 *		-0.18 *				-0.18 *
직업 (사무직=1)					-0.29 **							
부업경험 유무(북한, 있음=0)	-0.26 *		-0.21 *							-0.30 **		
거주지역(북한, 평양=1)	0.27 **											
제3국 체류 기간(북한)					0.27 **		0.31 **					
수정된 R² F	0.14 8.18 **		0.03 4.13 *	0.07 5.01 **	0.20 8.28 ***	0.14 10.06 ***	0.16 9.49 ***	0.19 9.73 ***	0.08 8.41 **	0.03 4.92 *	0.16 9.57 ***	0.18 13.48 ***

* $p\langle0.05,$ ** $p\langle0.01,$ *** $p\langle0.001$

에 영향을 미치는 요인은 제3국(중국) 체류기간이었다. 중국 체류기간은 수평적 개인주의, 수직적 개인주의, 개인주의 등 오직 개인주의 성향에만 영향을 미쳤는데 중국 체류기간이 길수록 개인주의 성향이 강한 것으로 나타났다. 그 다음으로는 경제적 계층, 직업, 거주지역은 단 1개의 범주에만 영향을 미친 것으로 조사되었다. 경제적 계층이 높을수록 수평적 개인주의 성향은 강했고, 직업은 사무직이 아닌 사람들이 수평적 개인주의 성향이 약했고, 거주지역에서 평양 출신들은 수평적 집단주의 성향이 강한 것으로 드러났다.

중국주민의 경우, 가장 많은 집단-개인주의 하위범주들에 영향을 미친 요인은 결혼 여부와 경제적 계층인 것으로 나타났다. 결혼 여부는 수평적 집단주의를 제외한 5개 범주에, 경제적 계층은 수평적 집단주의와 집단주의를 제외한 4개 범주에 영향을 주었다. 이 경우 기혼자는 미혼자보다 수직적 집단주의, 집단주의, 수평적 개인주의, 수직적 개인주의, 개인주의 성향이 강한 것으로 나타났다. 또한 경제적 계층이 높을수록 수직적 집단주의, 수평적 개인주의, 수직적 개인주의, 개인주의 성향이 약한 것으로 나타났다. 아울러 결혼 여부와 경제적 계층 이외에는 당원 여부가 유일하게 수직적 개인주의에 영향을 주었는데 당원은 비당원에 비해 수직적 개인주의 성향이 강한 것으로 조사되었다.

북한주민의 경우, 가장 많은 물질주의 하위범주(2개)에 영향을 미치는 요인은 경제적 계층과 직업이었지만 첫 번째와 두 번째로 많은, 집단-개인주의 하위범주(3개 및 2개)에 영향을 미치는 요인은 부업경험 유무와 중국 체류기간이었다. 그런 면에서 북한주민과 중국주민의 성향은 사뭇 상이한 모습을 보인다. 중국주민의 경우, 가장 많은 물질주의 하위범주(5개)에 영향을 미치는 요인은 결혼 여부였고, 첫 번째와 두 번째로 많은 집단-개인주의 하위범주(5개 및 4개)에 영향을 미치는 요인은 각각 결혼 여부와 경제적 계층인 것으로 조사되었다. 요컨대 북한주민의 경우 물질주의 성향에 영향을 미치는 변수와 집단-개인주의 성향에 영향을 미치는 변수가 크게 다르지만, 중국주민의 경우 어느 정도는 겹친다는 점이 눈에 띈다.

4. 북중 주민 간 집단-개인주의 성향의 차이 여부

북한주민과 중국주민의 집단-개인주의 성향에 차이가 있는지 없는지 알아보기 위해, 구체적으로는 북중 두 집단 간의 평균점수에 통계적으로 유의미한 차이가 나타나는지 파악하기 위해 T 검정을 실시했다. 표 12에도 나타나 있듯이 수평적 개인주의를 제외한 5개 범주 모두에 대해 통계적으로 의미가 있는 차이가 발견되었다. 그리고 5개 범주 모두에 대해 북한주민이 중국주민보다 평균치가 높은 것으로 나타났다는 점이 흥미롭다. 즉 대체로 보아 북한주민이 중국주민보다 집단주의 및 개인주의 성향이 높다는 것인데 이는 일반의 예상과 다소 거리가 있다는 점에서 주목할 만하다.

그런데 상기의 5개 범주에서 발견된 북중 주민 간 차이는 과연 통계적으로 유의미한 것인지, 혹시 다른 변인들의 영향은 없는지 살펴볼 필요가 있다. 따라서 북중 주민에 대해 앞에서 물질주의를 분석할 때와 마찬가지로 성별, 연령대, 학력, 경제적 계층, 결혼여부, 당원여부 등 5개의 인구사회학적 변인 모두를 통제한 후에 북한주민과 중국주민을 비교하는 공분산분석(ANCOVA)을 실시했다.

표 13에도 나타나 있듯이 여기서는 수평적 개인주의와 개인주의를 제외한 4개 범주에 대해 통계적으로 의미가 있는 결과를 얻을 수 있었다. 즉 수평적 집단주의, 수직적 집단주의, 집단주의, 수직적 개인주의

표 12. 북중 주민 간 집단-개인주의의 차이 여부: T 검정 결과

구분	집단	평균	표준편차	t	p
수평적 집단주의	북한주민	4.19	0.45	3.873	0.000***
	중국주민	3.94	0.48		
수직적 집단주의	북한주민	4.12	0.55	4.258	0.000***
	중국주민	3.83	0.43		
수직적 개인주의	북한주민	3.94	0.49	4.687	0.000***
	중국주민	3.60	0.56		
집단주의	북한주민	4.15	0.42	4.739	0.000***
	중국주민	3.88	0.40		
개인주의	북한주민	3.84	0.45	2.073	0.039*
	중국주민	3.71	0.48		

* $p < 0.05$, *** $p < 0.001$

표 13. 북중 주민 간 집단-개인주의의 차이 여부: ANCOVA 분석 결과

구분	결혼여부		연령대		경제적 계층		북중여부		수정된 R^2
	F	p	F	p	F	p	F	p	
수평적 집단주의							12.711	0.000 ***	0.069
수직적 집단주의					4.587	0.033 *	11.970	0.001 **	0.084
수직적 개인주의	5.306	0.022 *	4.558	0.034 *			7.889	0.005 **	0.116
집단주의					5.377	0.021 *	16.570	0.000 ***	0.105
개인주의	5.082	0.025 *					0.587	0.444	0.023

* $p < 0.05$, ** $p < 0.01$, *** $p < 0.001$

등 4개 범주는 바로 앞의 T검정 때와 마찬가지로 ANCOVA분석에서도 유의미한 결과를 얻을 수 있었다. 하지만 개인주의(전체)는 T검정 때와는 달리 ANCOVA분석에서 유의미한 결과를 얻을 수 없었다. 즉 개인주의에서는 북중 여부보다는 결혼 여부가 영향을 미친 것으로 드러났다.

수평적 집단주의, 수직적 집단주의, 집단주의, 수직적 개인주의 등 4개 범주에서는 북중 여부가 영향을 미치는 것으로 나타났다. 수평적 집단주의의 경우, 오로지 북중 여부만 영향을 미쳤으며, 수직적 집단주의와 집단주의에서는 경제적 계층과 북중 여부가 영향을 미친 것으로 나타났다. 그리고 수직적 개인주의에서는 결혼 여부, 연령대, 북중 여부가 영향을 미친 것으로 조사되었다. 결국 배경변인을 모두 통제한 이후에도 북중 주민 간에는 수평적 집단주의, 수직적 집단주의, 집단주의, 수직적 개인주의 등 4개 범주에서 통계적으로 유의미한 차이가 발견되었다. 특히 이들 4개 범주 모두 북한주민의 성향이 중국주민의 성향보다 강한 것으로 나타났다. 즉 수평적 집단주의, 수직적 집단주의, 집단주의(전체)의 경우, 북한주민이 중국주민보다 강한 것으로 나타났다. 그런데 개인주의에서도 수직적 개인주의 성향이 북한주민이 중국주민보다 강한 것으로 나타났다는 점은 눈길을 끈다.

V. 맺음말

북한주민과 중국주민은 물질주의 성향의 경우, 물질주의 행복이 성공보다 강하고, 또한 물질주의 만족이 질투보다 강하다는 점에서 공통점을 보였다. 다만 북한주민은 물질주의 행복과 성공의 정도 차이, 그리고 물질주의 만족과 질투의 정도 차이가 상대적으로 컸고, 중국주민은 각각의 정도 차이가 상대적으로 작았다는 점도 관찰되었다.

집단-개인주의에서는 북한주민의 경우, 수평적 집단주의>수직적 집단주의>수직적 개인주의>수평적 개인주의의 순으로 나타났다. 다만 수평적 집단주의와 수직적 집단주의는 차이가 있다고 하기 어려울 정도로 평균점수 차이가 별로 크지 않았다. 중국주민의 경우, 수평적 집단주의>수직적 집단주의>수평적 개인주의>수직적 개인주의의 순으로 나타났다. 다만 수직적 집단주의와 수평적 개인주의의 점수차는 미미했다.

이처럼 북중 주민 간 집단-개인주의 성향은 공통점과 상이점을 동시에 가진다. 각 하위범주별 평균점수가 가장 높은 것, 즉 성향이 가장 강한 것은 북한과 중국 모두 수평적 집단주의였다는 점에서 공통점이 발견된다. 하지만 평균점수가 가장 낮은 것, 즉 성향이 가장 약한 것은 북한은 수평적 개인주의이고, 중국은 수직적 개인주의라는 점에서 상이점도 발견된다.

또한 북한주민과 중국주민은 집단주의가 개인주의보다 강하다는 점에서는 공통성을 가지고 있지만 집단주의와 개인주의의 평균 차이는 북한주민(0.31)이 중국주민(0.16)보다 더 큰 것으로 나타났다. 아울러 북한주민은 수직적 성향이 수평적 성향보다 다소 강하지만 중국주민은 반대로 수평적 성향이 수직적 성향보다 약간 강한 것으로 나타났다.

이보다 더 눈에 띄는 점은 개별 범주에 대해 북중 주민의 평균 점수를 비교해 본 결과이다. 앞에서 보았듯이 인구사회학적 변인을 모두 통제한 상태에서 물질주의 및 집단-개인주의에 대해 각각 북한주민과 중국주민을 비교하는 공분산분석(ANCOVA)을 실시한 결과, 다음과 같은 점들을 발견했다.

우선 물질주의의 경우, 6개의 하위범주 중 물질주의 성공, 물질주의 만족, 물질주의 만족질투 등 3개의 범주에서 북중 주민 간에 통계적으로 유의미한 차이가 발견되었다. 그리고 이들 3개 범주 중 물질주의 성공 1개 범주는 북한주민의 평균이 중국주민의 평균보다 낮았지만 물질주의 만족, 물질주의 만족질투 등 2개 범주는 북한주민의 평균이 중국주민의 평균보다 높았다. 즉 물질주의 성공은 북한주민이 중국주민보다 약하지만 물질주의 만족, 물질주의 만족질투는 북한주민이 중국주민보다 강한 것으로 나타났다. 또한 물질주의 행복, 물질주의 성공행복, 물질주의 질투 등 3개의 범주에서는 북중 주민 간에 통계적으로 유의미한 차이를 발견할 수 없었다. 요컨대 물질주의 성향 전체를 놓고 보면 북한주민이 중국주민과 거의 유사하거나 오히려 약간 강하다고 볼 수 있다. 이는 일반적인 예상에서 꽤 벗어난 조사결과이다.

이어 집단-개인주의의 경우, 6개 하위범주 중 수평적 집단주의, 수직적 집단주의, 집단주의, 수직적 개인주의 등 4개 범주에서 북중 주민 간에 통계적으로 유의미한 차이가 발견되었다. 특히 이들 4개 범주 모두 북한주민의 성향이 중국주민의 성향보다 강한 것으로 나타났다. 집단주의의 3개 하위범주 모두 북한주민의 성향이 중국주민의 성향보다 강한 것은 충분히 납득할 만한 것이다. 사회주의 체제의 영향이 아직은 북한이 중국보다 강하기 때문이다. 그런데 개인주의 2개 범주(수평적 개인주의, 개인주의)에서는 북중 간 차이가 발견되지 않았다. 더욱이 수직적 개인주의에서는 북한주민의 성향이 중국주민의 성향보다 강한 것으로 나타났다. 요컨대 개인주의 성향 전체를 놓고 보면 북한주민이 중국주민과 차이를 발견할 수 없거나 오히려 일부에서는 다소 강하다고 볼 수 있다. 이 또한 일반의 예상과 상당히 거리가 있다는 점에서 눈길을 끈다.

이런 조사결과에 대해서는 추가적인 해석이 필요하다. 즉 북한주민이 중국주민보다 모든 집단주의와 일부 개인주의(즉 수직적 개인주의)가

강한 것으로 나타났는데 이를 어떻게 받아들여야 할 것인가 하는 점이다.[8]

물론 가장 큰 가능성의 하나로 측정오차의 문제를 생각할 수 있다. 앞에서도 밝혔듯이 이번 조사에서 샘플의 대표성이 다소 취약하기 때문에 더욱 그러하다. 다만 측정오차의 가능성과는 별개로 아래의 사항을 고려할 필요는 있다.

우선 지적해야 할 것은 집단주의와 개인주의가 서로 부(-)의 관계에 있는, 즉 단일선상의 양극적(bipolar) 현상이 아니라 각각 다른 차원에서 논의되는 현상이라는 점이다. 즉 집단주의와 개인주의는 독립적인 개념·범주로 보아야 한다는 것이다. 요컨대 상대적으로 집단주의적 성향이 강하면 개인주의적 성향이 약하고, 개인주의적 성향이 강하면 집단주의적 성향이 약할 수도 있지만 둘 다 모두 강하거나 둘 다 모두 약할 수도 있다는 것이다(한규석 1997; 이정우 2006; 남희은 외 2014).

따라서 북한주민이 중국주민보다 집단주의 성향과 개인주의 성향 모두 다 강한 것이 현실적으로 불가능하지 않다는 시사점을 얻을 수 있다. 그 원인을 파악하기 위해서는 추가적인 논의가 필요하다.

8　집단-개인주의를 대상으로 북한주민과 중국주민을 직접 비교한 선행연구는 없기 때문에 이 연구에서와 동일한 설문문항으로, 특히 인구사회학적 변인을 모두 통제한 이후에 ANCOVA 분석을 통해 통계적으로 유의미한 결과를 얻은 것만 가지고 남북한 주민을 비교분석한 선행연구결과를 간단히 소개하기로 한다. 중국에 일시 체류중인 북한주민과 일반 남한주민을 비교한 양문수·이우영(2016)에서는 수평적 집단주의를 제외한 모든 5개 범주, 즉 수직적 집단주의, 수평적 개인주의, 수직적 개인주의, 집단주의, 개인주의 등 5개 범주에서 북한주민의 성향이 남한주민의 성향보다 강한 것으로 나타났다. 1999년에 탈북성인 108명, 남한주민 111명을 대상으로 설문조사를 실시한 독고순(1999)의 경우, 개인주의에서만 남북한 간 차이가 통계적으로 유의미한 것으로 나타났는데 수평적 개인주의는 남한주민이 탈북주민보다 강한 것으로, 그리고 수직적 개인주의는 거꾸로 탈북주민이 남한주민보다 강한 것으로 나타났다. 2005년에 탈북청소년 93명, 남한청소년 119명을 대상으로 설문조사를 실시한 이정우(2006)의 경우, 수평적 집단주의, 수직적 집단주의, 수직적 개인주의에서 탈북주민이 남한주민보다 각각의 성향이 강한 것으로 나타났다.

많은 선행연구들이 지적하고 있듯이 북한에서는 1990년대 초 경제난 발생 이후 시장화의 급속한 진전으로 물질주의와 개인주의가 크게 확대되고 있음을 이번 조사를 통해 다시 한번 확인할 수 있었다. 북한주민에게 있어서 물질주의의 경우, 중국과 통계적으로 유의미한 차이를 발견하기 어렵거나 일부에서는 약간 강할 수도 있음을, 나아가 일부 개인주의(수직적 개인주의)는 오히려 중국주민보다 강할 수도 있다는 것을 이번 조사는 시사하고 있다.

그런데 북한에서 경제난 발생 이후 집단주의 성향은 약화되고 있지만 중국주민에 비해서는 아직도 강한 편이다. 물론 이것은 북한주민의 집단주의 성향이 아직도 높은 수준에 있기 때문인지, 아니면 중국주민의 집단주의 성향이 낮기 때문인지, 아니면 전자의 원인과 후자의 원인 모두 다 작용했기 때문인지 명확하지는 않다.

김갑식·오유석(2004), 이무철(2006) 등 상당수 선행연구들은 북한에서 개인주의의 확대는 집단주의의 위축과 동전의 양면 관계에 있는 것으로, 따라서 북한에서는 시장화의 진척으로 집단주의가 약화되면서 동시에 개인주의가 확산되고 있다고 보고 있다. 하지만 이번 조사결과는 북한에서 집단주의의 약화와 개인주의의 확산이 반드시 동전의 양면 관계에 있지 않을 수도 있음을 시사하고 있다. 혹은 집단주의가 약화되고 있다고 하더라도 그 내부구조는 결코 단순하지 않을 수 있음을 시사하고 있다.

우선 북한의 집단주의가 '약화'되고 있다고 하지만 '와해'되는 수준까지는 도달하지 않고 있다는 해석이 있을 수 있다. 또한 북한주민을 둘러싸고 있는 다양한 층위·범주의 집단주의들이 약화의 수준에 편차가 있을 수 있다는 해석도 가능하다. 집단주의란 아주 광범위하고 매우 포괄적인 개념·범주인 만큼 집단주의가 어떻게 얼마만큼 변하고 있는지를 논하기 위해서는 집단주의를 구성하고 있는 하위의 개별 범주들의 변화에 대해 보다 구체적으로 관찰해야 할 필요가 있다는 것을 강하게 시사받는다.

그리고 개인주의에서는 수평적 개인주의가 아니라 수직적 개인주의에서 북한주민이 중국주민보다 강한 성향을 나타내고 있는 점에 주목해야 한다. 앞에서 설명했듯이 수평적 개인주의 성향의 사람들은 타인과 대등한 관계에서 자율적으로 활동하기를 좋아하며, 사회적 권위나 위계성을 받아들이지 않으며 사회적으로 높은 지위를 지향하는 것은 아니다. 반면 수직적 개인주의 성향의 사람들은 사회적 지위 격차를 받아들이며, 타인과의 관계를 본질적으로 경쟁적인 것으로 간주하며, 경쟁을 통한 사회적 지위의 획득을 목적의식적으로 적극 추구한다.

북한에서 수직적 개인주의 성향의 발달은 경제난 이후 사회의 변화상을 반영한다. 일반 주민을 위한 국가의 식량 및 생필품 배급·공급 체계가 사실상 붕괴함에 따라 주민들은 국가나 소속 직장에 의존하지 않고 오로지 자신의 힘으로 생존의 문제를 해결하게 하는 상황에 내몰리게 되고, 특히 시장화의 확산으로 여러 차원에서 사회적 경쟁이 격화되는 상황에 맞닥뜨리게 된 데 따른 것으로 해석할 수 있다.

한편 앞에서도 밝혔듯이 이번 조사결과에 대한 해석은 잠정적, 제한적인 것이다. 무엇보다도 이번의 북중 주민에 대한 조사는 대표성의 면에서 다소 한계성이 있다. 북한주민의 경우, 중국에 일시 체류중인 사람들이라는 특성이 있다. 또한 이 연구는 북한주민 및 중국주민 전체를 대표한다기보다는 20~30대 여성이라는 특정 범주의 주민들을 대상으로 한 연구라는 특성이 있다. 따라서 샘플의 대표성을 높여 연구의 객관성을 제고하기 위해서는 향후 추가적인 조사연구가 필요한데 이는 추후의 과제로 넘긴다.

제2부 분단된 마음의 현재

제4장

'탈북자 심리'의 문화정치: 분단정치와 신자유주의적 통치의 절합

이수정(덕성여자대학교)

I. 들어가며

남북출신주민들의 접촉지대(contact zone)에서 현장연구를 수행하는 동안, 필자는 다양한 사람들에게서 북한이탈주민들의 심리적 특성에 대한 묘사를 매우 자주 들을 수 있었다. "감정적이고 직설적이다", "다른 사람을 칭찬하기보다는 비방하는 데 익숙하다", "책임감이 없고 의존적이다" 등의 성격·태도적 특성에 대한 기술에서부터 "심리적으로 문제가 있다"는 진단에 이르기까지 주로 부정적 톤의 이야기였다. 이러한 이야기들은 종종 북한이탈주민의 "부적응"에 대한 담론("성격·심리적으로 문제가 있어서") 및 치유·교정담론("치유·도움이 필요하다")으로 이어지기도 했다. 이러한 언설들이 흥미로웠던 것은 꽤 오랫동안 북한이탈주민을 만나온 필자의 경험에는 딱히 부합하지 않음에도 불구하고 현장에서 매우 자주 전형적인 방식으로 회자되고 있었기 때문이다. 이는 또한 필자가 접한, 그리고 문제의식을 가져왔던, 많은 학문적·실천적 장에서의 탈북자 심리 관련 담론의 성격 및 구조와 친화성이 있었기 때문이기도 했다. 실제 필자가 만나온 북한이탈주민들은 성격과 태도 등에 있어서 상당한 내적 다양성을 가졌다. 이는 모든 인간집단에 해당되며, 남한출신주민들도 다르지 않다. 그런데 왜 북한이탈주민들의 특성은 주로 집합적으로 재현되는 것일까? 그리고 왜 이러한 '집합적 특성'은 부정적으로 평가되며 교정·치유의 대상이 되는 것일까? 무엇보다 왜 북한이탈주민들의 "심리적 문제"에 대한 다양한 담론이 특정 시점에서 두드러지는 것일까?

이 논문은 이러한 의문들에 답을 얻기 위한 탐색적 과정이다. 이를 위해 북한이탈주민들의 성격, 감정, 태도, 심리상태, 정신건강 등 심리적 요소에 주목하는 언설들을 통칭하여 '탈북자 심리 담론'으로 칭하고, 이러한 담론을 단순히 이들의 개인적·문화적 특성에 대한 중립적 재현이 아닌, 특정 주제와 주체를 구성하는 실질적 영향력을 갖는 사회적 실천으로 분석한다.[1] 그리고 이러한 담론이 구성되어온 배경과 담론의 효과를 살핀다. 특히 이 글은 탈북자 심리 담론이 분단정치와 접합된 신자유주의적 통치(neoliberal governmentality)와 주체 형성 과정에서 발생한 문화정치의 결과물이자 그 자체로 통치의 기술임을 드러낼 것이다. 즉 탈냉전신자유주의 시대, 북한이탈주민에 대한 한국사회의 통치는 더이상 이들에 대한 국가기구 중심의 냉전적 타자화에 제한되지 않고 다양한 민관 참여자들의 협력을 통해 이들을 '돌봄으로써 통제하는' 생정치(biopolitics)의 양상을 보이고 있으며, 이 새로운 통치의 과정에서 북한이탈주민들의 심리가 문제화됨을 살펴보고자 한다. 이를 통해 이 논문은 냉전적 분단체제가 고정된 정치적 공간이 아닌, 항상 자신을 재구성하

---

1   효과를 발생시키는 언표의 집합이자 대상을 체계적으로 형성하는 실천으로서의 담론에 대해서는 다음을 참고하라. Michel Foucault, *The Archaeology of Knowledge*(New York: Pantheon Books, 1972).

는 자본주의와 연동하면서 만들어 내는 마음의 시스템이기도 함을 주장하며, 남북 통합과 북한이탈주민 관련 연구에서 삭제된 한국 자본주의의 현재적 특징과 주소에 대한 논의를 복원하여 북한이탈주민의 경험과 관련된 보다 맥락화된 해석을 제공하고자 한다.

II. 이론적 자원과 연구방법

이 논문에서 활용되는 주요한 이론적 자원은 분단체제(division system), 분단정치(division politics), 신자유주의(neoliberalism), 통치(governmentality), 생정치(biopolitics), 심리화(psychologization) 등이다. 분단체제는 백낙청이 주창한 개념으로 남북한 상황을 단순히 냉전시대의 산물로 볼 것이 아니라 유동적이면서도 세계체제와 긴밀히 연계되어 있는 하나의 '체제'로 보아야 한다는 입장에 기반을 둔다.[2] 이러한 정의는 분단을, 적대와 경쟁의 냉전 효과에서 자유로울 수 없지만 고정된 것은 아닌, 세계자본주의 체제의 변화와 연동하여 새롭게 구성될 가능성이 있는 유동적 체제로 상상할 수 있게 한다. 이 논문에서는 이러한 정의를 중심으로 북한이탈주민의 심리 관련 한국사회의 담론을 분석하면서, 2000년대 들어 활성화된 이 담론이 분단냉전체제에 영향을 받는 동시에 이 시대 한국 자본주의의 새로운 통치 시스템인 신자유주의와 관련됨을 논의한다.

신자유주의는 시장에 대한 국가권력의 개입을 비판하고 시장의 순기능과 개인의 자유를 중시하는 이론으로서, 수정자본주의의 실패를 지

---

2   백낙청, 『분단체제 변혁의 공부길』(서울: 창작과 비평사, 1994).

적하고 경제적 자유방임주의를 주장하면서 1970년대부터 대두하였다. 즉, 근대의 보편개념인 '자유'를 전면에 내세우며 정부 역할 축소, 규제 철폐, 사유화 촉진, 복지정책 축소 등의 정책을 통해 당시 서구 자본주의가 당면한 자본 축적의 위기 극복을 시도한 것이다. 이는 미국 닉슨행정부의 경제 정책, 레이거노믹스의 근간이 되었고, 1980년대부터 영미의 헤게모니적 정책 속에 전 세계적으로 확대되기 시작했다. 1990년대 말 사회주의권의 후퇴로 전 세계는 신자유주의에 기반을 둔 글로벌 자본주의 시장으로 통합되고 있으며 한국사회도 예외가 아니다.[3]

한편, 경제적 위기에 대한 대응으로 시작된 신자유주의는 더 이상 정치·경제 철학이나 정책에 제한되지 않으며, '사회적 에토스'로서 작동한다. "인간의 자유의지와 자기 충족적 자아를 촉진함으로써 효율성과 생산성을 달성한다는 이상을 품고 있는" 신자유주의는 시장주의 가치를 사회 전반에 스며들게 하고, 자유롭고 진취적이며 스스로를 책임지는, 경제적으로 합리적인 인간이라는 신자유주의적 주체를 형성하는 사회통치양식이기도 한 것이다.[4] 이러한 신자유주의적 통치는 억압적이고 부정적인 군주의 권력이 아닌, 삶과 그 메커니즘에 대한 세심한 계산을 중심으로 한 근대적 의미의 규율권력, 즉 생명권력(biopower)에 기반을 둔다. 그리고 이러한 생명권력은 주체를 특정한 (생물학적) 특성을 가진 개인인 동시에 특정 집단의 익명의 구성원으로 생산하는 생정치(biopolitics)에 의해 현실화된다.[5] 이러한 의미에서 신자유주의적 통치는 자유주

3   서동진, 『자유의 의지 자기계발의 의지: 신자유주의 한국사회에서 자기계발 하는 주체의 탄생』(파주: 돌베개, 2008); 권수현, "신자유주의 경제 이론과 문화 논리," 김현미 외, 『친밀한 적: 신자유주의는 어떻게 일상이 되었나』(서울: 이후, 2010).

4   송제숙, 『복지의 배신』(서울: 이후, 2016), p. 29.

5   푸코에 따르면 전자의 권력이 "죽이거나 혹은 살게 내버려두거나" 하는 주권권력이라면 후자는 "살리거나 혹은 죽게 내버려두는" 생명권력이다. Michel Foucault, *The History*

의적 전통 위에 있다. 즉 자유주의의 변형으로서의 신자유주의적 통치는
다양한 기제를 통해 개인들이 자신의 상품성을 최대한 계발하고 스스로
를 책임지는 자유로운 주체로 형성되도록 하며, 이는 곧 "개인의 자유를
통해, 개인이 자신의 삶을 어떻게 인식하고 대할 것인가를 규정함으로써
권력에 종속시키는 새로운 주체/예속화의 권력"[6]에 의한 통치이다.

　　이러한 주체형성의 과정은 위에서 누르고 억압하는 권력에 의해서
가 아닌 다양한 제도, 담론, 지식, 기술 등의 작동과 "사회 통치 행위자"
들의 협력을 중심으로 사회를 관리하는 것이기도 하다.[7] 이러한 의미에
서 Nikolas Rose는 푸코의 통치성 개념을 논의하면서 "국가는 정치권력
의 유일한 장소가 아니"며 오히려 "한 사회를 구성하는 여러 가지 권력
의 효과"임을 주장하기도 했다.[8]

　　신자유주의 시대, 한국사회의 권력도 다양한 민관협력, 사회적 통치
를 통해 주체를 형성하는 신자유주의적 통치 구조를 보여 주고 있으며,
이는 북한이탈주민에 대한 관리와 통치에서도 마찬가지로 나타난다. 이

of Sexuality, Volume 1: An Introduction(New York: Vintage Books, 1990); The
Foucault Effects: Studies in Governmentality, eds. Graham Burchell, Colin Gordon,
and Peter Miller(Chicago: The University of Chicago 1991), pp. 87-104.

6　서동진, "자기계발하는 주체의 해부학 혹은 그로부터 무엇을 배울 것인가," 『문화과학』, 제
　　61권 (2010), pp. 49-50.

7　"사회 통치 행위자"는 송제숙의 표현이다. 그는 저서 『복지의 배신』에서 신자유주의적 통
　　치의 한 사례로서 어떻게 IMF "위기 상황"에서 (그가 "사회공학 실행자", "지식 매개자"
　　로 부르는) 한국사회의 다양한 사회적 행위자들이 "다양한 사회문제에 대한 사회정책을 설
　　계, 규정하고 매개, 실행"함으로써 "사회적 통치"에 참여했는지 분석하면서 이들을 통틀어
　　"사회 통치 행위자"라 지칭한다. 『복지의 배신』, pp. 33-34.

8　니콜라스 로즈, 김환석, "니콜라스 로즈와의 만남," 김환석 외, 『생명정치의 사회과학: 경
　　계넘기의 사회과학을 위한 탐색과 제언』(서울: 알렙, 2014), p. 98. Randy Lippert 또
　　한 푸코의 통치성 개념이 국가를 어떤 행위자로 보기보다는 특정한 통치적 실천의 역사
　　적 효과, 결과 또는 잔여로 다룬다고 논의한다. Randy Lippert, "Governing Refugees:
　　The Relevance of Governmentality to Understanding the International Refugee Re-
　　gime," Alternatives, 24(1999), pp. 295-328.

논문은 북한이탈주민에 대한 '사회적 통치'에 참여하는 다양한 주체들이 형성하는 관계 및 담론을 살펴봄으로써 북한이탈주민에 대한 새로운 통치의 양상을 분석할 것이다.

한편, 생정치의 대상은 신체적 차원뿐만 아니라 정신적인 차원도 포함한다. 인간 자아를 특정한 가치와 방식을 중심으로 설명하는 근대과학인 심리학은, 인간 내면을 측정·진단하고 이에 근거하여 정상과 비정상을 구분하며, 비정상성에 대한 특정한 방식의 교정과 치유를 시도한다는 점에서 생정치의 주요한 기술이 될 수 있다.[9] Nikolas Rose는 20세기를 심리학의 시대라고 단언한다. 이는 단지 20세기에 심리학이 근대학문으로 수립되었기 때문만이 아니라, 이 시기에 적합한 개별적 인간과 집단, 그리고 사회에 대한 '진리'를 구성하고 조율하는 데 결정적인 영향을 끼쳤기 때문이다.[10] 심리학은 또한 개인의 특성과 잠재성을 파악하여 최적화된 일에 투입하거나 교정과 치유를 통해 노동력을 유지·확보하는 데 기여한다는 점에서 자본주의 친화적이기도 하다.[11] Sapountzis와 Vikka는 이처럼 훈육적이고 행정적인 목적을 위해 이용되던 심리학적 프레임이 근대사회의 진전과 더불어 상식이 되고 심리학적 언어와 개념이 일상적으로 사회적 행위자들의 해석적 자원을 구성하게 되는 과정을 심리화(psychologization)라는 개념으로 설명한다. 즉, 우리 시대 사람들은 개

---

9   Nikolas Rose, "Psychology as a Social Science," *Subjectivity*, 25(1)(2008), pp. 446-462.

10 Rose는 20세기 심리학의 발전이 "고통에 대한 이해와 치유, 정상성과 비정상성에 대한 개념, 규율, 정상화, 개선과 교정의 기술, 아동 양육과 교육, 광고, 마케팅과 소비 기술, 그리고 공장에서부터 군대에 이르기까지 인간 행동에 대한 조율에 이르기까지 주요한 사회적 영향을 끼쳤"음을 예로 든다. Ibid., p. 447.

11 Antonis Sapountzis and Kalliopi Vikka, "Psychologization in talk and the perpetuation of racism in the context of the Greek school," *Social Psychology of Education : An International Journal*, 18(2)(2015), pp. 373-391.

인이나 집단의 행위나 특성을 내적인 심리적 요소로 환원해서 사고하고, 이러한 믿음에 근거하여 자신과 타자를 평가하고 또 행동하는 경향이 있다는 것이다.[12]

이러한 특성을 가진 심리학과 심리화 현상은 신자유주의와도 친화성을 가진다. 개인이나 집단의 내면적 특성에 집중하고 또 개입하며 이를 '과학적 진실'로 구성하는 심리학적 언어와 실천이, 자유롭고 독립적인 개인, 자기계발하는 기업가적 인간이라는 신자유주의 주체를 구성하는 데 기여할 수 있기 때문이다. 예를 들어 Jeff Sugarman은 신자유주의와 심리학적 윤리의 관계를 다룬 글에서 심리학이 '사회불안장애,' '긍정심리학,' '교육심리학' 등의 개념과 치유를 통해 신자유주의적 통치성에 적절한 주체성을 구성하는 데 기여함을 논의한다.[13] 이러한 개념의 공통점은 자유롭고 독립적이며 끊임없이 경쟁하고 선택하여 그 결과를 스스로 책임지는 개인이 인간본성에 부합하고, 정상이며, 바람직하다는 전제하에, 행위자의 특정 성향이나 행위의 근간 혹은 개선의 지점을 바로 그 개인의 내부에서 찾는다는 것이다. 이러한 심리학적 설명방식의 일상화, 즉 '심리화'는 자신을 돌보고 향상시키려는 의지, 즉 자기계발의 의지를 통해 작동하는 권력인 신자유주의 통치의 핵심적 기제라고 할 수 있다.[14]

---

12 Nikolas Rose, "Psychology as a Social Science."

13 Jeff Sugarman, "Neoliberalism and Psychological Ethics," *Journal of Theoretical and Philosophical Psychology*, 35(2)(2015), pp. 103-116. 예를 들어 그는 자신감, 충만함, 적극성 등을 더 가치롭게 여기는 신자유주의적 기업가 문화가 이전에는 수줍음으로 간주되었던 증상들을 '사회적 불안'으로 구성했고, 그 과정에서 심리학이 과학의 이름으로 수줍음을 병리화하고 문제의 근원을 개인 내부화하는 방식으로 연루되었음을 논의한다. 또한 그는 긍정심리학은 행복을 개인 성취의 도구이자 목표, 즉 기업가적 프로젝트로 삼는다는 점에서, 교육심리학의 경우 자존감, 자기 규율, 자기 효능성 등의 증진을 통한 기업가적인 평생학습자로서의 심리적 역량 획득에 초점을 맞춘다는 점에서 신자유주의적이라고 평가한다.

14 서동진, "자기계발하는 주체의 해부학 혹은 그로부터 무엇을 배울 것인가."

북한이탈주민을 신자유주의적 자본주의에 적절한 주체로 구성하려는 '사회적 통치' 과정에서도 이러한 '심리화' 현상이 자주 발생하는데, 이러한 현상의 양상과 효과가 이 논문의 주요한 연구대상이다. 즉, 북한이탈주민을 신자유주의에 적합한 독립적이고 책임 있는 주체로 구성하는 과정에 다양한 방식의 심리화가 개입함을 드러내려 한다.

이 논문은 이상과 같은 이론적 자원에 기대어 분단이 만들어낸 타자로서의 북한이탈주민들을 한국의 신자유주의 체제의 주체로 형성하려는 생정치의 과정에서, 다양한 사회적 행위자들에 의해 구성되는 이들의 심리에 대한 담론이 어떻게 이들의 적응과 부적응을 설명하고 또 교정과 치유를 초대하는 기제로 활용되는지 논의함으로써, '탈북자 심리'의 문화정치를 분단정치와 신자유주의적 통치의 절합이라는 맥락에서 탐구한다.

이 연구에서 활용한 주된 연구방법은 참여관찰과 면담을 포함한 민족지적 현장연구와 문헌분석이다. 필자는 2007년부터 북한이탈주민 관련 일과 연구에 종사하면서, 자연스럽게 다양한 관련 기관 및 이벤트에 참여할 수 있었고 민관 활동가들 및 북한이탈주민 당사자들과의 만남을 이어갈 수 있었다. 이러한 과정에서 작성된 참여관찰 기록들이 이 논문의 주요한 자료를 구성한다. 더불어 필자가 공동연구원으로 참여하는 SSK 연구단[15]의 과제를 수행하며 실시한 민관 활동가와 북한이탈주민에 대한 공식, 비공식적 인터뷰 녹취록이 활용되었다. 문헌 분석의 대상은 주로 탈북자 관련 교육 자료 및 전문가들의 글이다. 이 논문은 이러한 자료들을 사실의 재현으로서가 아니라, 진실을 구성하고 특정한 효과를 발생시키는 담론으로 분석한다.

15 북한대학원대학교 심연북한연구소를 기반으로 하는 한국연구재단 SSK 연구단으로서 2014년부터 "남한과 북한의 마음체계 비교연구"를 진행해왔다.

III. 분단정치와 분단언어[16]

북한이탈주민의 심리에 대해 집단적으로 이루어지는 부정적인 평가에
대한 하나의 해석 틀은 '분단'과 '분단정치'이다. 남북한 분단이 서로 다
른 체제에서 생산된 다른 '자아'를 가진 주체들을 생산했고, 분단과 적대
가 지속되는 상황에서 이러한 주체들이 만났을 때 상대적으로 권력을 가
진 집단의 성격, 태도, 감정성 등 심리적 특성이 규범이 되어 상대 집단
을 타자화하는 '분단정치'가 수행된다는 설명 틀이 그것이다.[17]

이러한 설명 틀에 의하면, 북한이탈주민의 심리적 특성에 대한 부
정적 담론은 적대적 분단국의 한 체제에서 다른 체제로 넘어와서 위태로
운 위치성을 가진 이들을 타자화하는 언설로 볼 수 있다. 분단 상황 속에
서 남북한은 "서로를 부정하며 이를 통해 스스로의 정당성을 확보하고
내부 권력을 강화하는 방식의 정치", 그리고 이러한 과정을 통하여 "다
시 분단을 강화하는" 분단정치를 수행해 왔다. 필자가 Stuart Hall의 논
의를 빌어 논의했듯 이때 분단 "정치"는 "사회의 다른 영역, 즉 경제, 사
회, 문화 등의 영역과 분리된 공식 영역의 정치가 아닌 ..... 문화·도덕적
영역을 포함한 '권력의 다양한 양상'으로서의 정치"를 의미한다.[18] 분단

---

16   이 장 논의의 상당 부분은 필자의 다음 글들에서 다룬 것이다. 이수정, "북한이탈주민 2만
     명 시대: 우리는 무엇을 준비해야 하는가?" 경남대학교 극동문제연구소 편, 『한반도리포
     트』(서울: 경남대학교 극동문제연구소, 2010), pp. 155-170; Soo-Jung Lee, "Education
     for Young North Korean Migrants: South Koreans' Ambivalent "Others" and the
     Challenges of Belonging," *The Review of Korean Studies*, 14(1)(2011), pp. 89-112;
     이수정, "인도주의 분단정치: 민주화 이전 한국 사회 남북이산가족 문제," 『현대북한연
     구』, 제18권 2호(2015), pp. 121-164.

17   정향진의 다음 글이 유사한 문제의식을 가졌다. "탈북 청소년들의 감정성과 남북한의 문화
     심리적 차이," 『비교문화연구』, 제11집 1호(2005), pp. 81-111.

18   이수정, "인도주의 분단정치: 민주화 이전 한국 사회 남북이산가족 문제," p. 123. ; Stuart
     Hall, The Hard Road to Renewal: Thatcherism and the Crisis of the Left(London &

정치를 이렇게 정의할 때, 군사적 대결이나 정치적 경쟁만큼 주요한 구성 요소로 '분단언어'를 포함한 문화적 기제들을 들 수 있다.[19] 전효관에 따르면 분단언어는 "우리 혹은 적"이라는 이분법을 중심으로 "타자성을 억압하는 지배의 논리"이자 이에 근거한 극단적 언어사용이다.[20]

1945년 분단 이후 남과 북은 서로의 정당성을 인정하지 않은 채, '분단정치'와 '분단언어'가 지배하는 역사를 살아왔다. 이는 화해와 협력을 신조로 실천의 방향을 모색하던 김대중, 노무현 대통령 시대라는 다소 예외적 시기, 그러나 분단정치와 언어에서 완전히 자유롭지는 않았던 시기를 거쳐, 현재까지 이어지고 있다. 즉, 북한이탈주민들이 살아가는 한국사회는 여전히 분단정치·언어가 지배적인 사회이다. 이러한 상황에서 '적'으로 규정되는 사회의 구성원이었다가 '우리' 쪽으로 몸을 옮긴 북한이탈주민들은 매우 복잡한 위치성을 가질 수밖에 없다. 물론 이들은 한국사회의 정치적 시민권을 얻는 데는 아무런 문제가 없다. 그러나 이는 이주자에 대한 한국사회의 관용의 증표라기보다, 북한을 '국가'로 인정하지 않고 '반체제세력'으로 규정하는 분단정치·언어적 실천의 결과이다. '반체제세력에게서 구제된 국가 구성원'들로서, 한국사회로 진입하는 순간 '유예된 국민성'을 '회복'하는 것이다. 동시에 이들은 남한체제의 우월성을 상징하고 (남한 방식) 통일의 성패를 예고하는 존재로 규정된다. 따라서 다른 소수자 집단보다 많은 정책적 지원을 받는다.[21] 그

New York: Verso, 1988), p. 3.

19 전효관은 한국 자본주의의 성장 과정이 반공주의에 기반을 둔 권리 억압을 통한 축적과정이었고 이 과정에서 권력이 반북주의에 기초한 단일한 국민형성 전략을 시도했음을 지적하며, 그 결과 발생한 의사소통의 황폐화 현상을 분단언어라는 개념으로 설명했다. 전효관, "분단의 언어, 탈분단의 언어: 통일담론과 북한학이 재현하는 북한의 이미지," 『통일연구』, 제2권 2호(1998), p. 68.

20 위의 글, pp. 43-45.

21 물론 남북의 권력관계 양상의 변화와 북한이탈주민의 숫자에 따라 이들에 대한 정책적 지

러나 이런 정책적 지원과 관심의 이면에는 이들의 존재성에 대한 근본적
의심과 '노골적 동화'라는 문화적 지배 장치가 존재한다. 즉 이들의 '자
동적' 시민권은 여전히 일종의 '귀순'·'전향' 장치를 통과하여 획득되는
것이다.[22]

　이러한 과정은 이들이 다른 이주민들과 달리 경험하는 입국초기 6
개월 가까운 '집단구금'으로부터 시작된다. 한국 입국 후 이들이 우선적
으로 거치는 곳은 '북한이탈주민보호센터'이다. 통일부, 경찰, 기무사 등
이 참여하는 것으로 되어 있지만 실질적으로는 국정원에서 관리하는 북
한이탈주민보호센터는 "철조망이 감긴 2m 높이의 담장과 검은 옷의 경
비원들로 둘러싸"여 있는 국가보안시설 중 최고 수준인 '가'급 시설이
다.[23] 이곳에서 북한이탈주민들은 1개월에서 최대 6개월(평균 3개월)까
지 머무르며("보호를 받으며") 자신이 ―조선족 등 비자격자가 아닌― 진
짜 북한출신이라는 사실과, 순수한 의도로 ―즉 북한의 간첩이 아니라―
한국에 왔음을 증언하고 확인받는 절차를 거친다. 대체로 생애사의 반복

원과 의미화는 다소 변화가 있었다. 예를 들어, 남북의 체제경쟁이 한창이고 소수 인원이
한국사회로 진입했던 1990년 이전, 이들은 남한의 우월성과 북한의 폭정을 증명하는 이
데올로기적 상징으로 칭송되었고, 이에 따라 많은 물질적 혜택을 받았다. 그러나 1990년
대 중반 이후 사회주의권의 쇠퇴와 북한의 경제난 및 고립으로 말미암아 남북한의 정치경
제적 경쟁에서 남한이 자신감을 획득하고, 또 중국을 거쳐 대량 탈북이 시작되면서 이들의
이데올로기적 상징성과 관련된 가치는 줄어들었고 지원정책도 약화되었다. 그럼에도 불구
하고 이들은 다른 이주자 집단에 비해 많은 정책적·사회적 관심의 대상이 되고 있다. Soo-
Jung Lee, "Education for Young North Korean Migrants: South Koreans' Ambiva-
lent "Others" and the Challenges of Belonging."

22　Soo-Jung Lee, 위의 글.

23　『국민일보』, 2014년 4월 7일, "르포-국정원 합동신문센터 첫 공개: 탈북자의
　　첫 거주공간 … 조사실서 운명 결정," http://news.kmib.co.kr/article/view.
　　asp?arcid=0008208392(검색일: 2016년 6월 1일). 원래 중앙합동신문센터(합신)이던 이
　　기관의 이름은 2013년 소위 "유우성 간첩사건"으로 인해 북한이탈주민 인권 침해 이슈가
　　제기된 이후 2014년 북한이탈주민보호센터로 이름을 바꾸었다.

적 서술, 구글 맵 등을 통한 고향 지리정보 인지 검사, 경우에 따라서는 기정착한 지인의 확인 등의 절차를 거쳐 진실성·순수성을 확인 받는데 증언의 진실성이 의심될 경우 거짓말 탐지기를 동원한 압박수사도 받게 된다.[24] 이러한 과정을 통과할 경우 초기정착지원시설인 하나원(공식명칭: 북한이탈주민정착지원사무소)으로 이동한다.[25]

이후 하나원에서 3개월의 '교육생' 신분을 거친다. 하나원은 집체교육 시설이다. 북한이탈주민보호센터보다는 내부 시설 이용과 이동 등이 자유롭지만, 꽉 짜인 일과와 교육 프로그램에 반드시 참여해야 하며 개인 활동은 매우 제한된다. 외부와의 접촉 역시 제한되어 출입이 자유롭지 않으며 집단생활의 규칙을 어길 경우 정착금 삭감으로 대표되는 불이익을 당한다. 북한이탈주민들은 이곳에서 3개월간 함께 생활하며 규범으로서의 한국사회 특징과 앞으로의 생활을 위해 필요한 정보 등에 대해서 교육을 받는다. 이러한 과정은 모든 북한적 표식을 지우고 남한적인 것을 배우고 익히는 일종의 '전향' 교육과정이다.[26] 이러한 '전향'

---

24 박서연은 북한이탈주민보호센터의 주요한 역할이 '보호결정'이라는 언어로 묘사되는 것에 주목하여 이 개념이 다양한 함의를 포함한다고 주장한다. '보호' 개념은 한편으로는 김정은 정권하에서 억압받던 북한이탈주민이 그 정권과의 관련성이 없다는 결백을 증명할 때 '복지대상화'하는 과정을 묘사하는 것이다. 그러나 이들이 북한이탈주민보호센터에서 신문받을 때, 그리고 사회에 나와서 보호 대상으로 신분보호관 등 경찰시스템의 영향을 받을 때, 이는 표면적으로는 이들을 잠재적 위협으로부터 보호한다는 명분을 갖지만 이들이 갖고 있을지도 모르는 위험성에서 한국사회를 보호하기 위함으로 전환되기도 한다. 북한이탈주민들이 이러한 '보호'를 '감시'로 해석하는 이유기도 하다(Seo Yeon Park, "The Cultural Politics of Affective Bureaucracy in Service Delivery to North Korean Refugees in South Korea"(Ph.D. Dissertation. University of South Carolina, 2016), pp. 142-144].

25 통일부 소속기관인 하나원의 공식명칭은 북한이탈주민정착지원사무소이며, 1999년 경기도 안성에서 개원하였다. 하나원 또한 국가정보원법에 의해 지정된 '가'급 보안시설이다.

26 Soo-Jung Lee, "Education for Young North Korean Migrants: South Koreans' Ambivalent "Others" and the Challenges of Belonging"; Hae Yeon Choo. "Gendered Modernity and Ethnicized Citizenship North Korean Settlers in Contemporary South

의 실천은 이들이 지역사회에서 생활하는 과정에서도 지속적으로 요청
된다. 필자가 만난 한 북한이탈주민의 이야기처럼 한국사회는 이들에게
"한국 사람으로 다시 태어나라고" 하는 것이다.

　그런데 남한사회는 북한이탈주민들에게 북한적 표식을 철저히 제거
할 것을 요구하는 동시에 북한적 요소를 벗어날 수 없는 존재로 규정하
는 비수용적 태도를 보인다. 즉 '전향'을 요청하지만 이는 동시에 이들이
북한적 특징을 벗어던지기 어렵다는 인식에서 비롯되는 것이다.[27] 북한
이탈주민들의 성격이나 감정 등 심리적 특성을 문제 삼는 담론은 이렇듯
이들에게서 지울 수 없는 북한적 표식을 발견하고 이에 근거해서 이들을
타자화하는 분단정치와 분단언어의 실천이다.

IV. 신자유주의 규율정치와 심리화(psychologization)의 부상

'분단정치', '분단언어'라는 설명 프레임은 이 논문의 서두에 소개한 북
한이탈주민들에 대한 언설을 일정 부분 설명해 주고 있지만 심리화의 부
상을 설명하기에는 한계가 있다. 기본적으로 이들을 신자유주의 한국사
회에 맞는 자유롭고 책임 있는 주체로 만드는 과정이 이들의 몸과 마음
에 개입하는 과정이라는 점에서 일종의 심리학적 통치 기술이 작동한다
고 할 수 있다. 이는 Greta Uehing이 미국사회에서 난민들을 "책임화"
(responsibilization)하는 과정에서 심리학이 정치적으로 활용된다고 한

Korea." *Gender & Society*, 20(5)(2006), pp. 576-604; Byung-Ho Chung, "Between
Defector and Migrant: Identities and strategies of North Koreans in South Korea,"
Korean Studies, 32(1)(2009), pp. 1-27.

27　이수정, "북한이탈주민 2만명 시대: 우리는 무엇을 준비해야 하는가?" pp. 161-162.

것과 유사한 상황이다.[28] 더불어, 북한이탈주민의 심리에 대한 논의는 이들의 한국사회 적응 논의에서 두드러지는 두 가지 차원의 '심리화'와 조응한다. 하나는 북한이탈주민 개개인이나 집단의 심리적 특성/상태를 한국사회 적응과 관련하여 논의하는 것이고 또 하나는 이러한 심리적 특성 혹은 상태의 원인/배경에 대한 논의이다. 전자는 주로 북한이탈주민(들)의 (부정적·병리적) 내면에 대해 진단하고 평가한 후 이를 한국사회 부적응의 이유로 논의하는 것이고, 후자는 그러한 내면을 구성하는 환경에 대한 논의인데 이를 심리의 문화화라고 할 수 있다. 두 논의는 종종 이들에 대한 치유나 교정의 필요성에 대한 담론이나 이들의 특성을 반영한 지원의 필요성에 대한 담론으로 이어지곤 한다.

북한이탈주민들의 심리에 대한 담론이 활성화되기 시작한 것은 2000년대 이후 세계적 탈냉전의 상황 속에서 남북화해의 분위기가 무르익었을 때다. 이는 기본적으로 1990년대 북한의 식량위기로 인한 탈북난민의 급증과 한국으로의 집단적 유입에 기인하지만, 동시에 이들이 한국사회에서 특정한 통치의 대상이 되었음과 무관하지 않다. 학자들은 한국사회의 탈북자 관련 정책이 1990년대 후반 이후 크게 변화하였음을 지적한다.[29] 냉전 체제 해체 이전 소수의 '귀순용사'들이 그 자체로 남한의 승리를 상징하는 존재로 대대적으로 환영받고 많은 보상을 받은 반면, 이제 급증하는 탈북자들은 체계적인 교육·지원을 통해 자립적인 한

---

28 Uehling은 미국 사회가 난민들을 미국사회에 적합한 주체로 만드는 과정에서 심리학이 활용되며, 특히 "책임화"가 주요한 아젠다로 작동한다고 주장한다. Greta Uehling, "The Responsibilization of Refugees in the United States: on the Political Use of Psychology," *Anthropological Quarterly*, 88(4)(2015), pp. 997-1028.

29 강진웅, "한국 시민이 된다는 것: 한국의 규율적 가버넌스와 탈북 정착자들의 정체성 분화," 『한국사회학』 제45권 1호(2011), pp. 191-227; 윤인진, 『북한이주민: 생활과 의식, 그리고 정착지원정책』(서울: 집문당, 2009); 정병호, "탈북주민들의 환상과 부적응: 남한 사회의 인식혼란과 그 영향을 중심으로," 『비교문화연구』, 제10권 1호(2004), pp. 33-42.

국사회의 시민으로 양성해야 할 존재가 되었다. 1997년 "북한이탈주민 보호 및 정착지원에 관한 법률" 제정을 계기로 시작된 이러한 정책들은 '인도주의'와 '통일역량강화'라는 원칙 위에 북한이탈주민들을 특별한 통치의 대상으로 구성하였다. 이러한 과정에서 핵심적인 과제는 이 시기 다른 한국 시민들과 마찬가지로 북한이탈주민들을 신자유주의 체제에서 자립 가능한 독립적이고 생산적인 '자유로운' 주체로 구성하는 것이었다. 이를 '북한이탈주민'이라는 독특한 성격을 가진 통치대상의 탄생으로 볼 수 있을 것이다.[30]

　앞서 언급했듯이 한국사회는 1990년대 이래 신자유주의적 질서의 자장에 포함되었다. 1970년대 서구에서 시작된 신자유주의 정책이 한국의 경우 1990년대 문민정부의 수립과 함께 불어온 자유화의 움직임과 더불어 시작되어 1997년 IMF 위기를 계기로 본격화된 것이다. 고용의 유연화와 불안정성, 무한경쟁으로 특징지어지는 사회적 흐름 속에서 무한경쟁에 내몰린 사람들은 1990년대부터 활성화된 자기계발 담론에 호명되기 시작했다. '자기계발 담론'이란 끊임없는 경쟁과 자유가 중요해진 시대, 자본의 확장은 개인 스스로가 가지고 있는 자기책임의 완수를 통해 이루어질 수 있음을 강조하며 생존을 위한 끊임없는 자기계발의 필요성을 주창하는 새로운 방식의 문화이데올로기를 말한다.[31] 이러한 시대적 환경에서 고난의 행군 이후 남한의 신자유주의 체제로 들어온

30　이는 이전에 북에서 남으로 넘어온 사람이 없었다는 것이 아니라, 법률과 정책의 수립으로 '북한이탈주민'이라는 카테고리가 발생했고, 그 효과로 특정한 통치의 대상이자 독특한 사회적 성격을 가진 주체로서의 북한이탈주민이라는 존재·집단이 생성된 것이라고 볼 수 있다는 것이다.

31　김홍중, "서바이벌, 생존주의, 그리고 청년 세대: 마음의 사회학의 관점에서," 『한국사회학』 제49집 1호(2015); 박소진, "'자기관리'와 '가족경영' 시대의 불안한 삶: 신자유주의와 신자유주의적 주체," 『경제와 사회』 48호(2009).

다수의 북한이탈주민 또한 이러한 체제에 적합한 주체/시민(deserving subject/citizen)으로 재탄생해야 할 임무를 부여받았다.

이러한 정책 목표의 효율적 달성을 위하여 한국정부는 다양한 시민사회와 '민관협력체계'를 형성하였다. 2008년 집권한 김대중 정부가 그 틀을 닦았는데, 한국사회의 사회정책 역사에 있어 김대중 정부는 독특한 위치를 점한다. 이는 여러 학자들이 정치적 자유주의와 경제적 신자유주의 정책의 '불행한 결합'이라고 부르는 것으로서, 민주화운동에 참여했던 김대중 대통령과 시민들의 협력에 의해 구성된 자유주의적 정책이 IMF 위기 상황 속에서 신자유주의 경제정책에 포획되어 오히려 사회의 신자유주의화를 확대재생산했기 때문이다.[32] 송제숙이 외환위기 시기 김대중 정권의 사회정책과 담론을 분석하며 논의한 것처럼, 이 정권은 경제위기 속에서 "'민관협력체제'라는 이름으로 광범위한 행위자 그룹의 성원과 자발을 통해" 특정한 주체를 구성하는 독특한 사회통치 방식을 이끌어 내었다.[33] 억압적이고 폭력적 권력이 아닌 다양한 사회적 행위자들의 협력에 기반을 둔 주체 형성을 통해 전체 인구를 관리하는 '통치(governmentality)'의 시대가 본격화된 것이다.

이 시기 기본적 틀이 마련된 탈북자 관련 정책도 이러한 신자유주의적 흐름에서 자유롭지 않았다. 북한이탈주민은 사회경제적 소수자이자 통일 관련 특별한 의미를 지녔기 때문에 '민관협치' 즉 '사회적 통치'의 우선적 대상이 되었다. 이들의 '성공적 정착'이 당시 세계화시대 한국의 경쟁력 제고를 위해 필수적이라고 상상되던 통일의 상을 가늠

---

32 Byung-Kook Kim, "The Politics of Crisis and a Crisis of Politics: The Presidency of Kim Dae-Jung," *Korea Briefing 1997-1999* (2000); 송제숙, 『복지의 배신』(서울: 이후, 2016); 이수정, "'탈냉전 민족 스펙터클': 2000년 여름 남북 이산가족 상봉," 『민족문화연구』, 제59권(2013), pp. 95-122.

33 송제숙, 『복지의 배신』.

해보는 예고편으로 간주되었기 때문이기도 했다.[34] 이후 탈북자 정책은 몇 개의 정권을 거치면서 그 근본적 뼈대는 바뀌지 않은 채 정책의 경제적 효율성과 정책 대상자인 북한이탈주민들의 책임성을 강화하는 방향으로 변화되어 왔다. 이 과정에서 다양한 '권력의 기술(technologies of power)'이 동원되었는데, 탈북자들의 심리에 대한 주목과 개입이 이러한 기술 중 주요한 요소라고 할 수 있다. 민관협치를 통해 북한이탈주민들을 재사회화하고 '독립적 주체'로 주조하려는 과정에서 다양한 민관의 행위자들이 북한이탈주민들의 내면적 특성과 상처에 주목했고, 한국사회 부적응의 문제를 심리화하기 시작했기 때문이다. 사회적 성공과 실패를 권력관계와 경쟁구조, 사회적 배제와 불평등의 문제로 보기보다는 개인의 자아나 인간관계의 갈등과 관련된 문제로 제시하고 자아의 개조를 종용하는 각종 치유산업과 문화가 활성화되는 상황에서,[35] 북한이탈주민들의 '적응 문제'를 설명하는 주요한 틀로 심리화 담론이 등장한 것은 놀라운 일이 아니다.

한편 북한이탈주민들의 '적응 문제'와 이를 설명할 수 있는 심리적 요인들이 쉽게 가시화된 데에는 이들이 민관의 사회 통치 행위자들에게 매우 가까운 관찰의 대상이자 통치의 대상이었기 때문이기도 하다. 이들은 앞서 논의한 것처럼 남한사회 입국 직후부터 집단적으로 또 개인적으로 신문, 진단, 상담, 훈련의 대상이 되었고, 사회에서도 지속적인 모니

---

34   민주화 이후 남북관계가 어떻게 신자유주의적 경쟁력의 근거로 논의되었는지, 이 때 북한이 어떻게 변화를 통해 세계자본주의질서에 편입되어야 할 대상으로 자리매김 되었는지에 대해서는 다음을 참고하라. Minkyu Sung, "The biopolitical otherization of North Korea: a critique of anti-North Koreanism in the twilight of neo-liberalism and new conservatism"(Ph.D. Dissertation, University of Iowa, 2010); 이수정, "'탈냉전 민족 스펙터클': 2000년 여름 남북 이산가족 상봉."

35   정승화 "감정 자본주의와 치유 문화," 김현미 외, 『친밀한 적』(서울: 이후, 2010).

터링의 대상이 되었다. 이 과정에서 북한이탈주민이 한국사회에 적응하는 데 장애가 되는, 따라서 치유되어야 할 심리적/정신적 상처에 대한 이슈가 대두되었고, 많은 전문가들이 가세하면서 북한이탈주민의 내면에 개입하여 능동적이고 책임감 있는 시민으로 양성하려는 신자유주의 통치성이 구성되었다. 이러한 접근은 이들을 건강한 시민으로 만드는 일의 초점을 사회적 환경 구성에 두기보다는, 개인적 몸과 마음을 겨냥하도록 한다. 이 과정에서 이들의 심리적 문제는 북한적 그리고/또는 난민적 특징으로 일반화되면서 개인화와 문화화가 함께 일어났다. 이처럼 한국사회에서 이루어지고 있는 북한이탈주민의 심리에 대한 주목은 (탈)분단 논리와 신자유주의 에토스의 결합의 결과임을 알 수 있다.

V. 통치에 개입하는 행위자들: 분단정치와 신자유주의적 통치의 결합

이 장은 의도적으로 또는 의도하지 않은 방식으로 북한이탈주민들의 자아에 개입하고, 그들의 '북한적 특성'을 문제삼으며, 신자유주의적 자본주의 질서 속으로 포섭하기 위한 실천에 참여해 온 다양한 민관 행위자들의 관계와 언설에 대한 분석이다. 즉 북한이탈주민들을 한국사회의 시민으로 정착시키기 위해서 "규율적 거버넌스"[36]를 구성한 다양한 사회통치 행위자들의 참여가 어떻게 분단정치와 신자유주의적 통치의 결합의 성격을 띠었는지, 이들의 언설에서 북한이탈주민들의 심리가 어떻게 재현되고 구성되는지, 그리고 그 효과는 무엇인지 고찰하고자 한다.

36 강진웅, "한국 시민이 된다는 것: 한국의 규율적 가버넌스와 탈북 정착자들의 정체성 분화," p. 191.

이 장에서 분석하고자 하는 언설의 발화자들은 북한이탈주민들을 한국사회의 새로운 시민으로 재사회하는 과정에서 협력하는 대표적 사회 통치 행위자들이다. 하나원, 노동부와 같은 국가기구의 공무원, 민관협력의 또 다른 파트너인 NGO 활동가들, 탈북자에 대한 전문적 지식을 생산하는 학자, 탈북자들에 대한 사회적 담론을 형성하는 언론 그리고 탈북자들 자신 등이 대표적인데 여기에서는 구체적으로 북한이탈주민들의 초기교육을 담당하는 하나원과 지역사회에서 지원활동을 하는 활동가들 그리고 이들에 대한 학술적·실천적 담론을 형성해 온 전문가들의 관계와 담론을 중심으로 살펴본다.[37]

1. 국가기관: 하나원(북한이탈주민정착지원사무소)

앞서도 언급했듯이 북한이탈주민들이 입국 후 3개월을 지내는 북한이탈주민보호센터는 이들의 '보호여부'를 결정하기 위한 조사 기관으로서 분단정치의 문법이 지배적인 곳이다. 탈북자의 자아를 직접적으로 겨냥하여 재사회화를 진행하는 첫 '교육'기관은 하나원이라고 볼 수 있다. 이곳에서 운영하는 탈북자 대상 공식 교육 프로그램 대다수는 철저한 "자아의 타자로의 내면화(internalization of self as other)"를 요구한다.[38] 이 과정을 통해 북한적인 것을 부정적이고 열등한 것으로 배치하여 탈각하게 만들고, 남한적인 것을 긍정적이고 우수한 것으로 인지하고 적극적으로 받아들이도록 요청한다는 점에서 전형적인 분단정치, 분단언어의 문

---

37 언론과 탈북자 자신 등도 주요한 사회적 통치의 참여자이지만, 이 논문에서는 직접적 분석 대상에서는 제외한다. 다른 논의 가운데 필요한 언설만 부분적으로 분석할 것이다.

38 Frantz Fanon, *Black Skin, White Masks*. Translated by Richard Philcox (New York: Grove Press, 2008).

법 속에 있다. 하지만 이는 동시에 한국 자본주의에 적합한 인간형(self)을 생산해 내기 위한 과정이라는 점에 주목할 필요가 있다.[39] 이와 관련하여 하나원이 설립된 시기가 가장 진취적인 대북관계를 이끌었던 김대중 정부라는 것은 흥미로운 대목이다. 교육양식과 내용이 분단정치의 틀을 벗어나지 못한 하나원의 수립이 분단정치를 공공연히 실천하던 군사정권이 종식된 후 '탈분단' 정치를 작동시키고자 노력한 정부 아래서 이루어졌다는 것은 모순적일 수 있기 때문이다. 이는 분단정치가 정부의 이념이나 명시적 의도와 관계없이 매우 견고하게 우리사회에 작동하고 있다는 것을 증명하고 있기도 하다.

한편, 앞서도 언급했듯이 김대중 정부가 출범하던 시기는 IMF 이후 신자유주의적 사회질서와 에토스가 지배하던 시기였고, 개인의 자유와 독립성이 주요한 가치로 떠오른 때였다. 이러한 시대적 조건과 상황 속에서 북한이탈주민들 또한 신자유주의적 통치의 대상이 되기 시작했다. 따라서 하나원 등 북한이탈주민 교육과정에서도 자유주의적 사회질서와 에토스를 찾아볼 수 있다. 하나원 교육 프로그램은 2014년 기준 총 392시간이며, 정서안정 및 건강증진, 우리사회 이해증진, 진로지도·직업탐색, 초기 정착지원 등으로 이루어진 정규교육 프로그램과 자율 참여형 보충교육으로 구성되어 있다. 이 중 진로지도·직업탐색이 174시간으로 가장 많고, 우리 사회 이해증진이 121시간, 정서 안정 및 건강 증진이 46시간으로 구성되어 있다. 이러한 프로그램 구성은 한국사회가 북한이탈주민들에게 요구하는 바를 상징적으로 나타내고 있다. 진로지도·직업탐색 강조는 취업을 통한 자립, 우리사회 이해증진 프로그램은 자아의 전환을 통한 한국사회에의 적응에 대한 기대, 각종 검사, 상담 등으로 이루

---

39 Soo-Jung Lee, "Education for Young North Korean Migrants: South Koreans' Ambivalent "Others" and the Challenges of Belonging," pp. 98-99.

어진 정서 안정 및 건강 증진 프로그램은 이들의 내면의 취약함에 대한 인식 및 개입과 교정의 필요성을 나타낸다.

하나원을 비롯한 남한의 국가 기관 대행자들이 북한이탈주민에게 요구하는 인간형의 내용이 어떠한 것인지 좀 더 구체적으로 살펴보기 위해 우선 "새로운 사회생활"이라는 제목의 하나원 교재를 살펴보기로 하자.[40] 이 교재의 1장은 "민주시민의 권리와 의무"라는 제목이 붙어 있어, 북한이탈주민들에게 '권리'와 '의무'를 적절히 수행할 수 있는 '민주시민'이 될 것을 요구하고 있음을 파악할 수 있다. 다소 길지만, "들어가며"의 내용을 인용해 보자.

> 남북간 가장 큰 차이점 중의 하나는 남한 사회가 자유민주주의 시장경제를 근간으로 하는 체제라는 점이다. 물론 북한도 민주주의를 한다고 하지만, 남한의 자유민주주의와는 큰 차이를 보인다. 북한에서는 자유주의를 '날라리풍'이라고 하면서 자유방임 혹은 무질서 등 부정적으로 묘사하는 경향이 있기 때문에, 남한 사회가 자유민주주의 사회라고 하면 모든 것을 마음대로 하는 것으로 생각하기 쉽다. 다른 한편 북한에서는 절대 권력에 의해 통제된 생활을 해 왔기 때문에, 자유민주주의 체제에 익숙하지 못한 새터민들은 자율적 주체로서 권리를 찾고 의무를 수행하는 것에 대해 어색해할 수 있다. 경우에 따라서는 새터민들이 민주주의를 곡해하여 자신

---

40 하나원, 『새로운 사회생활』(서울: 양동문화사, 2008). 이 교재는 1장 민주시민의 권리와 의무, 2장 인권의 이해, 3장 한국정치와 민주주의, 4장 선거제도의 이해, 5장 시장경제의 이해, 6장 한국사, 7장 통일노력과 통일한국의 미래, 8장 관련국가의 역사 이해, 9장 한국문화의 이해, 10장 이성, 결혼, 가족, 11장 생활법률, 12장 지리 및 지역사회 이해라는 항목으로 이루어져 있다. 2017년 현재, 필자가 구할 수 있었던 하나원의 교재는 2008년 출간된 이 교재와 진로와 직업, 언어생활, 건강한 생활 등 세 권이었으며, 이 교재에 가장 포괄적인 내용이 담겨 있었다. 그동안 내용상의 변화가 있었는지 2016년 버전과 부분적 확인 결과, 이 논문에 인용한 내용은 큰 차이가 없었다.

의 권리만을 주장하고 의무는 소홀히 할 수도 있다. 이제 새로운 사회에서 살아가야 할 새터민들은 한국사회의 기반인 자유민주주의 체제하에서 자신의 정당한 권리를 행사하고 또한 의무를 다함으로써 자신과 국가의 발전을 위해 최대한의 역량을 발휘해야 할 것이다.[41]

먼저 이 글은 북한에서의 삶의 역사를 가진 북한이탈주민들이 한국사회의 시장경제에 적합한 민주적 시민이 되기에 필수적인 권리와 의무를 수행할 수 있는 주체가 아니라는 점을 전제하고 있다. 특히 북한에서 자유의 뜻이 "제 맘대로 하는 것"으로 왜곡되어 있기 때문에 남한의 자유민주주의를 곡해하여 마음대로 하고 의무를 소홀히 할 수 있음을 경고하는 대목은 북한이탈주민에 대한 남한 사회의 시각과 관점을 잘 드러내주고 있다. 정당한 권리 행사의 필요성에 대해서도 언급하고 있지만, 주요한 논점은 "자유"의 뜻에 대한 왜곡 및 권리의 과다행사에 대한 경고이며 제대로 된 자유는 의무를 수반함을 강조하고 있다. 이 때 "의무"는 "자신과 국가의 발전을 위해 최대한의 역량을 발휘해야 한다"는 다음 문장을 통해 그 의미를 확보하는데, 이 문장은 자기책임과 국가주의를 결합하는 메시지를 담고 있다. 이는 일종의 국가주의와 자기관리의 사회적 에토스와의 결합을 보여준다는 점에서 주목된다. 이 외에도 자본주의 사회에 적합한 독립적 주체로서 책임성을 가져야 한다는 메시지가 자주 반복된다.

이렇듯 하나원 교재 대부분의 내용은 남북한 체제, 사회, 문화의 비교라는 명목하에 북한적 특성에 대한 부정과 비판, 그리고 이의 대립항으로서 남한사회에서의 바람직한 인간상을 제시하고 있다. 구체적으로

---

41   위의 책, p. 15.

는 민주주의, 시장경제, 한국사, 한국문화 등에 대한 교육을 통해, 무엇을 어떻게 생각하고, 느끼고, 어떤 상황에서 어떻게 행위해야 할지에 대해서 배우는 것으로 교육과정이 구성되어 있다. 이러한 교육의 문제점은 북한이탈주민에게 불평등 등 사회구조적 문제에 대해 비판적 시각을 갖기 어렵게 만들고, 이들이 겪는 구조적 문제들을 자신·개인의 문제로 - 특히 능력이나 노력 부족 문제로- 인식하도록 한다는 것이다.

홍미로운, 그러나 어찌 보면 논리적으로 당연한 점은 "자유민주주의 시장경제" 사회에 적절한 사람으로 자신을 변화시키기를 끊임없이 요구하는 하나원 교육이, 동시에 북한이탈주민들이 바람직한 인간이 되기에 얼마나 근본적으로 부족한 사람인가 하는 것에 대해 (의도하지는 않았겠지만) 반복해서 강조한다는 것이다. 이는 주로 남북한 사회의 비교라는 명목하에 이루어지는데 아래 언어생활이라는 제목의 교재 중 "표준어를 배워야 하는 이유"로 제시된 내용은 그러한 문법의 궁극적 재현이라 할 만하다.

> 북한에서 온 사람들은 높기만 하거나, 빠르기만 하거나, 크기만 하거나, 거세기만 한 소리가 아니라, 높고 빠르고 크고 거센 소리로 말하는 경우가 잦은 편이다. 이처럼 이들 요소들이 모두 혼합되어 있는 소리는 듣는 사람을 편안하게 들을 수 없게 만든다. 인내심이 필요할 정도로 신경이 쓰인다. 그 결과 무슨 말을 하는지 내용을 파악할 수 없게 된다. 위와 같은 음성학적 특징은 호흡조절이 원활하게 이루어지지 않아서 생기는 문제가 아닌가 한다.[42]

---

42 하나원, 『새로운 언어생활』(서울: 양동문화사, 2008), pp. 33-34.

이러한 진술은 북한사람들의 자아표현의 주요한 수단이라고 할 수 있는 북한말이 얼마나 의사소통에 부적절한 언어인지를 강조하는지를 잘 보여 주고 있다. 상식적 차원에서 이해한다 할지라도 한 사회에서 사용하는 언어가 호흡조절이 원활하게 이루어지지 않을 정도로 의사소통에 부적절한 언어일 수는 없다. 이 기술이 사실이라면 북한의 2,000만 주민들은 모두 호흡조절이 원활하게 이루어지지 않아서 생기는 부정적 음성학적 특징을 가진 언어를 사용하고 있는 것이며, 따라서 서로 간 의사소통에 있어 일상적 문제를 경험한다는 것이다.

이러한 기술은 일반적으로 사회적 소수자나 특정 인구집단을 타자화하는 전형적인 오리엔탈리즘적 관점을 담지하고 있다는 점에서 문제적일 뿐만 아니라, 인간을 이루는 가장 근원적인 요소라고 할 수 있는 '사고'와 '감정,' 그 문화적 양식에 대한 총체적 부정을 담지하고 있다는 점에서 한국사회에서 북한이탈주민에 대한 극단적 타자화의 정도를 잘 보여 주고 있다. 이렇듯 북한이탈주민들은 남한사회에 진입하여 시민권을 획득하기 위해 거쳐야만 하는 초기 교육과정에서 자신의 사고 및 감정과 표현에 대해 극단적 부정을 경험하며 남한 사람의 정동과 언어를 익혀 완전히 새롭게 태어날 것을 요청받는다.

동시에 이들은 하나원에서 우울과 PTSD 등 이들의 삶의 경험과 관련된 것으로 예측되는 다양한 심리적 질병에 대한 진단과 교정의 대상이 된다. 그 결과 2008년의 경우 당해 입소한 탈북자의 74%가 정신질환이 있다는 기사가 보도되기도 하였다.[43] 이 기사는 한 국회의원이 통일부에서 제출받은 하나원 정신과 진료현황 결과를 바탕으로 2008년 초부터 8

43　『조선일보』, 2008년 10월 1일, "올해 하나원 입소한 탈북자 74% '정신질환'," http:// news.chosun.com/site/data/html_dir/2008/10/01/2008100100783.html (검색일: 2017년 6월 1일).

월까지 하나원 입소자 중 74.0%가 불안장애와 외상후장애 등 정신질환
으로 진료와 치료를 받았다는 사실을 전하며, 그 원인으로 탈북과정에서
의 생명 위협을 들고 있다. 또한 이 결과를 근거로 당시 1명에 불과하던
정신과 전문 인력의 보강이 필요함을 주장하는 해당 의원의 인터뷰 내
용을 싣고 있다. 한국사회에 입국하는 거의 모든 북한이탈주민들이 거쳐
가는 하나원에서의 다양한 심리 진단 과정과 결과는 북한이탈주민 당사
자들에게 자신들을 '근본적 내적 문제를 가진 존재'로 인지하는 데 기여
한다. 이는 또한 때때로 언론이나 정부 보고서, 전문가의 논문 형식으로
공개되어 북한이탈주민들이 '심리적 문제'를 가진 존재들로 대중적 이미
지를 생산하는 데 기여한다.

　이렇듯 국가교육기관에서 행해지는 북한이탈주민들에 대한 타자화
는 이들을 열등한 존재 혹은 정상성에서 벗어난 존재로 규정하면서 자기
규율을 통해 한국사회구성원으로 새롭게 태어날 것을 요구한다. 이상화
된 목표는 자본주의-민주주의 사회에서 독립적으로 살아갈 수 있는, 책
임감 있고 역량 있는 '자유로운' 개인이자 국가 발전에 기여하는 시민주
체로 변화하는 것이다. 동시에 이 과정에서 대두된 이들의 다양한 심리
적 문제는 이러한 과제의 어려움을 이야기하고 있다.

2. 북한이탈주민 관련 활동가

북한적인 것을 모두 버리고 신자유주의적 시민권이 요구하는 자질, 즉
시장주의 사회에서 필수적인 개인적 기술과 가치를 최대화하도록 하는
과제는 북한이탈주민들이 지역 사회에서 정착하는 과정에서도 끊임없이
상기된다. 하나센터, 고용지원센터, 복지관, NGO 등 다양한 민관 단체
와 관련 활동가들이 이들의 '정착을 지원'한다. 이 때 정착은 자립적이고

책임감 있는 삶을 살 수 있는 상태를 뜻하며, 이를 위한 민관협력 시스템
은 '자기 통제적 대리인'을 통해 작동하는 신자유주의적 사회통치의 전
형적 형태라고 볼 수 있다.

　　많은 연구들이 이러한 지원 과정에서 북한이탈주민들을 지속적으
로 신자유주의적 주체로 훈육하고 있음을 보고하고 있다. 예를 들어, 북
한이탈주민 정착지원 NGO 활동가들에 대한 인터뷰를 기반으로 실시한
한 연구에서 이정은은 NGO가 북한이탈주민에 대한 일종의 '훈육 주체'
로서 활동하고 있음을 밝혀내었다. 즉, NGO 활동가들이 탈북자 지원
과정에서 경제적 자립과 사회적 기여를 기본으로 하는 능동적이고 책임
감 있는 시민성에 초점을 맞춤으로써, 현실적으로 경제적 어려움과 사회
적 배제를 경험하고 있는 이들을 일종의 순응적 주체로 훈육하는 역할을
한다는 것이다.[44]

　　한편 박서연은 민간위탁사업 형식으로 운영되는 북한이탈주민지원
지역정착시설인 하나센터에 대한 참여관찰을 통해 이 센터 직원들이 어
떻게 북한이탈주민에게 "독립적"이고 "자립자활하는" 신자유주의적 주
체를 구현하려 하는지 분석한다. 그는 하나센터 자체를 비용 절감과 공
공서비스의 민영화를 위하여 정부역할을 민간에 아웃소싱한 국가의 시
민사회와의 "신자유주의적 파트너쉽"으로 평가하며, 이러한 구조 안에
서 활동가들이 신자유주의 복지 패러다임의 핵심인 서비스의 개별화
(individualization, 탈북자 개개인의 요구/필요에 맞는 서비스 제공)와 일
반화(standardization, 국가적 수순에서 일반화된 서비스 제공)를 동시에

44　Jung-eun Lee, "Disciplinary citizenship in South Korean NGOs' narratives of reset-
　　tlement for North Korean refugees," *Ethnic and Racial Studies*, 38(15)(2015), pp.
　　2688-2704.

추구할 것을 요청받는다는 점을 논의한다.[45] 또한 활동가들이 북한이탈
주민들의 일자리 찾기를 가장 우선적인 과제로 채택하며, 이를 중심으로
바람직한 자본주의-민주주의 국가의 시민주체 형성이라는 과제를 수행
함도 지적하고 있다.

　필자가 연구과정에서 만난 많은 활동가들도 자신들의 과제를 유사
한 프레임에서 설명하였다. 아래 소개하는 10년 경력의 30대 활동가의
애기는 다수 활동가들의 입장을 함축한다.

　　나는 우리가 해야 하는 가장 중요한 일이 이들을 자립, 자활하게끔, 스스
　　로 어떻게든 살아갈 수 있게끔 하는 거라고 생각해요. (30대 여, 활동가)

　그런데 위의 언설에서 '자립'과 '자활'에 대한 강조는 이 활동가가
북한이탈주민에게 신자유주의적 에토스의 실천을 기대함을 드러내지만
"어떻게든 살아갈 수 있게끔"이라는 표현에서 우리는 그가 이러한 기대
의 성취가 쉽지 않음도 간파하고 있음을 알 수 있다.

　아래와 같이 북한이탈주민에게 "통일의 역군"이라는 공적 역할을
기대하는 활동가의 경우에도, 상상되는 통일의 비전과 그 과정에서 기대
되는 북한이탈주민의 역할에 대한 관점이 신자유주의적 특성을 지니고
있으며 이를 성취하는 과정에서의 장애물로 북한이탈주민의 심리적 측
면을 들고 있음을 파악할 수 있다.

　　통일대비 차원에서 탈북자의 존재가 정말 중요하지요. 대한민국은 통일을
　　해야 살아남을 수 있어요. 경쟁에서 살아남으려면. 우리 기술력과 북한 노

45　Seo Yeon Park, "The Cultural Politics of Affective Bureaucracy in Service Delivery
　　to North Korean Refugees in South Korea."

동력이 결합하면, 대한민국 경제는 경쟁력이 있어요. ... 탈북자들은 통일 이후에 우리가 만날 북한사람들의 시금석이기 때문에, 이들이 잘 되어야 해요. 독립적으로 잘 살 수 있어야지. 그래서 자립 자활이 중요해요. ... 그런데 그런 역할을 제대로 할 수 있는 어떤 마인드셋이라든지 역량이라든지 그런 것을 갖고 있는지... (50대 남, 활동가)

글로벌 경쟁에서 살아남기 위한 방법으로 '통일'을 바라보는 관점이나 북한이탈주민들의 자립자활을 통일을 위한 중요한 과정적 단계로 보는 이러한 언설은 북한이탈주민을 국가경쟁력의 도구로 인식하는 활동가들의 신자유주의적 가치와 태도를 잘 보여준다. 동시에 위의 인용문은 북한이탈주민들의 '마인드셋' 즉 심리적 특성이 그러한 역할을 하기에 부족하다는 인식을 나타내고 있다.

사실 현실적으로 북한이탈주민들이 지역사회에 안정적으로 정착하기는 쉬운 일이 아니다. 익숙한 삶의 문법이 통하지 않고 차별과 편견이 가득한 낯선 사회, 초경쟁이 지배하는 신자유주의 자본주의 사회에서 동원할 수 있는 자원도 극히 미미한 이들이 일상을 꾸리면서 스스로를 자유롭고 생산적인 주체로 전환하는 것은 매우 도전적 과제이기 때문이다. 그러나 많은 경우 지원 활동가들을 이들에게 신자유주의적 에토스를 전파함으로써, 즉 이들을 자유롭고 책임감 있는 자기계발의 주체로 변환시킴으로써 자신들의 과제를 달성하려 한다. 이 과정 자체가 일종의 내면에의 개입이라고 할 수 있다. 그런데 주목할 것은 북한이탈주민에 밀착해서 이런 과제를 진행하다 '실패'를 경험하거나 목격한 활동가들이 그 이유로 북한이탈주민의 정신건강, 도덕성, 성격 등 심리적 요소를 지적하는 경우가 많다는 것이다. 이 과정에서 다양한 트라우마, 거짓말과 속임수, 과격하고 직설적인 성격 등이 자주 언급되며, 이러한 부정적 심리

상태와 성격의 원인을 북한체제에서 찾곤 한다. 흥미로운 점은 이들의 언설이 개인적 사례에서 시작되지만 궁극적으로 북한이탈주민 전체의 이야기로 확대되는 경향을 보임으로써 심리의 개인화와 일반화를 동시에 보여준다는 것이다. 다음의 언설들은 이러한 경향성을 잘 보여준다.

> 김○○ 선생님은 한 직장에서 세 달을 못 가요. 물론 몸도 안 좋지만. 이 분들이 많이 아프잖아요? 그런데 싸우고 그냥 나와요. 한국 사람들이 차별하고 그런 것도 있겠지만, 자격지심도 있는 것 같아요. 탈북자들이 좀 그런 면이 있어요. 차별한다 싶으니까 꼭 차별이 아니고 한국 사람들한테 하는 식으로 뭐라고 해도 욱하는 거죠. 그런데 정말 욱해요. 성격들이 세요. 북한에서 생활 총화를 계속 해서 그런지. 그렇다고들 하는데.... (30대 여, 활동가)

이 활동가는 본인이 경험한 한 북한이탈주민이 직장생활을 지속하지 못하는 이유에 대해서 건강문제와 차별경험의 가능성도 언급하지만 자격지심과 욱한/센 성격에 더 큰 혐의를 두며, 이를 생활총화에서 비롯된 북한 사람들의 특성으로 일반화하고 있다. 한편 아래 소개할 활동가의 언설은 한 북한이탈주민의 '복지 부정수급' 사례를 소개하며, 이를 북한이탈주민 집단의 잦은 거짓말 이슈로 일반화하고, 궁극적으로는 북한의 조직생활 문제로 연결시킨다. 흥미로운 점은 이 활동가가 복지 부정수급을 "눈감아 주는" 이유로 이 북한이탈주민이 "알바 몇 개씩 하면서" 성실하게 노동시장에 참여하고 있음을 든다는 것이다.

> 정○○ 씨도 수급비 계속 받으려고 거짓말로 남편 없다. 그런데 남편 없는데 애는 또 생긴다 말이에요. 애는 그럼 어떻게? 애는 그냥 어떻게 생겼

다고. 그렇게 말하면서 죄책감이 없는 것 같아요. 그래도 알바 몇 개씩 하면서 열심히 살려고 하니까 그냥 알고 눈감아 주는 건데. 탈북자들은 북한에서 조직생활을 세게 하니까 [거짓말은] 그거랑 관련이 있는 것 같아요. (50대 여, 활동가)

이처럼 활동가들이 북한이탈주민을 만나는 과정에서 경험한 '문제적' 사례들은 그들의 개인적·심리적 특성을 중심으로 해석되고 다시 북한이탈주민들의 특성으로 일반화된다. 그리고 이러한 언설은 '현장전문가'들인 이들을 통해 북한이탈주민 이슈를 파악하려는 다양한 전문가들과 정책입안자들에게도 확산되는 과정을 거치게 된다. 또한 이를 토대로 전문가들이나 정책 입안자들이 구성한 '과학적 지식'은 다시 활동가들의 경험을 설명하는 프레임으로 작용하여 '탈북자 심리'가 구성되는 데 일조하는 순환적 고리가 형성된다.

3. 북한이탈주민 관련 전문가

북한이탈주민이 한국사회에서 유의미한 인구를 차지하면서 정신의학자, 심리학자, 사회복지사 등 다양한 전문가들도 북한이탈주민들의 행태와 내면의 관계, 그리고 그 원인에 대한 '과학적 지식'을 생산함으로써 북한이탈주민들에 대한 통치에 참여해왔다. 이들의 연구는 많은 경우 연구대상인 북한이탈주민에 대한 접촉 등에 있어서 정부기관 및 민간단체들의 협조하에 진행되었고, 연구 결과는 다시 또 정부 정책 입안이나 민관 활동가들의 실천에 기반이 되었다. 일부 전문가는 하나원 등 정부 기관에서 직접 일하면서 그 결과를 출간하기도 하였다.

이 과정에서 신자유주의적 잣대들은 북한이탈주민의 상태를 진단하고 해결책을 강구하는 데 토대적 역할을 해 왔다. 북한에서의 경험과 이주 과정에서의 어려움에서 비롯되는 정신병리적 상황과 문제적 심리 등을 도출해내고, 이를 이들이 한국사회에서 자립적이고 책임감 있는 시민으로 전환하기에 근본적 제약이 되는 이유로 논의하거나, 이들의 내면에 대한 개입의 필요성이나 정책 전환의 근거로 주장하는 것이 그 대표적인 예이다. 신자유주의 질서에서 요구하는 자립과 책임성이라는 윤리가 북한이탈주민들의 '병리적 행동양식과 그 근저의 심리상태'의 부정적 성격을 두드러지게 만드는 기능을 수행했던 것이다.

성민규에 따르면 정신의학자들은 '과학적 분석'을 통해 북한이탈주민들의 정신병리적 상황을 지적하고, 억압적 북한 체제, 이주 과정에서의 상처 등을 원인으로 제시하였다. 또한 이러한 상황을 북한이탈주민들의 일탈적 행위와 부적응의 원인, 즉 이들이 모범적이고 건강한 시민이 되는 데 근본적인 걸림돌이라고 지적하였다.[46] 즉 이들은 북한이탈주민들이 "독립적 시민이 되기에는 심리적 역량이 부족"한 것으로 담론화 하였다.[47] 물론 성민규가 적확히 지적한 것처럼 이러한 논의의 목적이 단지 북한이탈주민들을 타자화하기 위함이 아닌, 이들의 (부정적) 행태를 맥락화함으로써 남한 시민들에게 이해를 구하고 지원을 확대하기 위한 것일 수 있다. 그러나 그 효과는 이들을 한국사회에서 동등한 주체로 살아

46　Minkyu Sung, "The biopolitical otherization of North Korea: a critique of anti-North Koreanism in the twilight of neo-liberalism and new conservatism." 성민규는 냉전과 탈냉전 시대의 반북주의의 연속성을 분석한 이 논문에서, 자립(self-autonomy)과 자기계발(self-promotion)을 한국사회의 성공적 적응의 기준으로 삼는 북한이탈주민에 대한 정신의학적 담론을 일종의 문화적 타자화의 정치로 분석한다. 그는 북한이탈주민에 대한 정신의학적 접근의 선구자라고 할 수 있는 전우택의 글을 주로 분석한다. 전우택의 대표적 저서로서 다음과 같은 것들이 있다. 전우택, 『사람의 통일을 위하여』(서울: 오름 2000); 『사람의 통일, 땅의 통일』(서울: 연세대학교 출판부, 2007).

47　위의 글, p.127.

가기에 결함이 있는 타자, 부적절한 시민으로 낙인화하는 것으로 나타나
며 북한이탈주민들의 자기인식에도 부정적인 영향을 끼칠 가능성이 크
다.

심리학자들도 비슷한 맥락에서, 때로 정신의학자들과 협력하여, 북
한이탈주민에 대한 사회적 통치에 참여해 왔다.[48] 실제 2000년부터 2013
년까지 한국심리학회지의 북한 및 북한이탈주민 관련 게재논문을 전수
조사하여 그 경향성에 대해서 논의한 금명자에 따르면[49] 2000년 이전에
는 북한이나 북한사람, 통일과 관련한 연구가 거의 없다가 2000년 남북
정상회담 이후 급증하였다. 이후 2013년까지 출판된 북한이탈주민 관련
논문은 총 50편으로 그 중 70%인 35편의 연구가 북한이탈주민의 남한
사회 적응관련 연구였다. 그 중에서도 북한이탈주민들의 심리적 특성이
남한 적응에 미치는 영향과 심리검사를 통한 정신건강 상태를 확인하는
연구들이 주류를 이루었다. 연구자 3인이 총 28편의 논문을 작성하였는
데, 이들이 모두 통일이나 북한이탈주민을 대상으로 하는 기관 근무 경
력이 있다는 점도 흥미롭다. 북한이탈주민 관련 전문가(담론)과 정부정

48　대표적 심리학자로서 김희경, 조영아, 채정민 등이 있다. 대표적 저작은 다음과 같다. 조영
　　아, "북한이탈주민의 심리 상담에 대한 요구도와 전문적 도움 추구행동,"『한국심리학회
　　지: 상담 및 심리치료』, 제21권 1호(2009), pp. 285-310; 조영아, 전우택, "탈북 여성들
　　의 남한 사회 적응 문제: 결혼 경험자를 중심으로,"『한국심리학회지: 여성』, 제10권 1호
　　(2005), pp. 17-35; 조영아, 전우택, 유정자, 엄진섭, "북한이탈주민의 우울 예측 요인: 3
　　년 추적 연구,"『한국심리학회지: 상담 및 심리치료』, 제17권 2호(2005), pp. 467-484; 채
　　정민, "북한이탈주민의 귀인양식: 남한주민과의 비교를 중심으로,"『한국심리학회지: 사
　　회문제』, 제12권 3호(2006), pp. 1-22; 채정민, 한성열, "북한이탈주민의 자기고양 편파가
　　남한 내 심리적 적응에 미치는 영향,"『한국심리학회지: 사회문제』, 제9권 2호(2003), pp.
　　101-126.
49　금명자, "한국심리학회의 북한 및 북한이탈주민 관련 연구 동향: 한국심리학회지 게재논
　　문 분석(2000~2013)",『한국심리학회지』, 제34권 2호(2015), pp. 541-563. 이 글은 해
　　당 시기『한국심리학회지』에 실린 북한 및 북한이탈주민 관련 연구 전체를 분석한 것으로
　　서 심리학자뿐만 아니라 정신의학자 등의 글도 포함되어 있다.

책 사이의 직접적이고 긴밀한 관계를 함의하기 때문이다.

1999년부터 2014년까지 한국심리학회지에 게재된 북한이탈주민 관련 총 56편의 논문을 분석한 한나와 이승연도 북한이탈주민의 남한사회 적응이 심리학계에서 직접적으로 연구되기 시작한 것은 2002년 이후라고 지적한다.[50] 이들 또한 북한이탈주민 관련 심리학 연구의 주된 관심이 남한사회 부적응과 정신병리에 있었음에 주목한다. 예를 들어 심리적 적응과 정신건강 관련 가장 많이 연구된 주제는 우울이고 그 다음이 외상이라는 것이다. 이 논문은 이렇듯 연구주제의 편향성 외에도 기존 연구들의 다양한 한계에 대해 논의한다. 첫째, 모두 자기보고식 척도를 사용하여, 사회적 바람직성이나 긍정 혹은 부정 왜곡 경향성을 나타낼 가능성이 있는 등 자료수집 및 측정에 있어 문제가 있고,[51] 둘째, 사회인구학적 정보를 충분히 고려하지 않은 채 북한이탈주민 집단을 동질적인 하나의 집단으로 분석한 경향이 있으며, 셋째, 연구대상의 성별, 연령별 편향성이 있으며, 넷째, 비교대상이 부재하는 것 등이다.

이는 지금까지 상당수의 탈북자 심리 관련 연구가, 이론적 · 방법론적 엄밀성을 결여한 상태에서 북한이탈주민들을 하나의 집단으로 간주하여 부정적 이슈 — 부적응과 정신병리 — 중심으로 수행되었음을 드러내고 있다. 이 논문은 또한 북한이탈주민들의 남한 사회 부적응과 정신병리에 대한 사회적 관심이 증가하면서 공중보건인과 전문상담사의 채용이 확대되었고 그로 인해 2007년부터 2008년 사이 하나원 정신과 진료

---

50 한나, 이승연, "통일 한국을 준비하는 심리학 연구의 방향성 — 북한이탈주민에 대한 연구를 중심으로," 『한국심리학회지』 제34권 2호(2015), pp. 485-512.

51 자기보고식 척도는 이 논문에서 지적한 확증편향성으로 인한 자료의 타당성 문제도 있지만, 끊임없이 이러한 검사에 노출되는 북한이탈주민들이 스스로에 대해서 부정적 인식을 갖게 되는 문제도 상당할 것이라고 예측된다. 이는 북한이탈주민과 신자유주의적 통치성의 관계에 대한 또 다른 연구에서 논의될 것이다.

비율이 약 20배 급증하는 현상이 나타났다는 보고도 하고 있다.[52] 이러한 논의는 상당한 편향성의 가능성에도 불구하고, 북한이탈주민의 심리 관련 전문가들의 분석이 과학적 진실로서 강력한 실천적 효과를 가져왔음을 보여 주고 있다.

북한이탈주민들의 심리 관련 전문가들의 연구는 개별연구 그 자체로는 사회적 소수자 집단에 대한 관심과 지원 의지에서 비롯된 선의의 결과물일 가능성이 크다. 그러나 이러한 경향성이 집합적으로 북한이탈주민들의 행동이나 경험을 심리화·병리화하는 담론으로 작용하고 구조적 문제나 집단 간 과정을 개인 내적 이슈로 만든다는 점에서 문제적이다. 관련하여, 이들의 정신병리적, 심리적 상태에 대한 진단이 활발하게 이루어지는 환경 자체의 문제에 대한 고려나 성찰이 없다는 점은 주목할 만하다. 예를 들어 하나원의 경우, 한국 사회 입국 이후 6개월에 이르는 집체생활을 해 온 북한이탈주민들의 답답함과 사회진입을 앞둔 상황에서의 불안함이 증폭되는 장소이며, 이들의 과거나 북한적 특성이 비하되거나 부정되고 새롭게 '우울증', '트라우마', '공황장애', 'PTSD' 등의 심리학적·정신의학적 개념이 자신의 경험이나 증상을 설명하는 강력한 언어로 소개되는 시기이기도 하다. 사회에서도 이들은 많은 경우 경제적, 사회적 불평등과 정치적 긴장에 노출된다. 이러한 상황적 요소가 북한이탈주민에 대한 다양한 진단 과정에서 영향을 주었을 가능성이 크다. 이

52 2004년 공식적으로 하나원 내 "하나의원"이 개설되었으며, 2008년에는 정신과 전문의가 배치되었다. 이후 앞서 인용한 당해 연도 하나원 입소자 중 74%가 정신질환에 시달린다는 기사가 등장하였고(http://news.chosun.com/site/data/html_dir/2008/10/01/2008100100783.html), 2010년에는 정신적 외상을 겪는 북한이탈주민들이 3년 전에 비해 117배 증가하였다는 기사도 등장하였다. 『국민일보』, 2010년 10월 5일, "탈북자 정신치료, 2년만에 117배 급증" http://news.kmib.co.kr/article/view.asp?arcid=0004182922&code=30802000(검색일: 2016년 6월 1일).

렇듯 다양한 구조적 요인을 충분히 고려하지 않은 채 북한이탈주민의 행위를 설명하는 도구로 심리학적·병리학적 개념을 동원하고 '문제적' 행위를 개인 내 프로세스의 결과나 북한 사회의 문제로 환원시켜 프레임화하는 것은 북한이탈주민의 행위에 대한 '과학적 설명'이라는 외피를 두른 낙인화의 과정일 수 있다.

이 논문의 서두에서 살펴본 것처럼 이러한 담론에서 북한이탈주민은 "지나치게 감정적이며, 기복이 심하"고 "신뢰할 수 없으며 후진적인" 존재로 논의된다. 그리고 동시에 "신체적" "정신병적" 질병이 있는 병리적인 존재로, "치유되어야 할 대상"으로 재현된다. 이 과정에서 삭제되는 것은 불평등하고 부조리한 한국사회의 구조와 그룹 간 관계를 형성하는 데 있어서 지배적인 집단, 즉 남한사람들의 역할이다. 심리화는 소수자들에게 부정적인 특성을 부여함으로써 이들이 사회적 영향력을 갖는 것을 방해하기도 한다.[53] 그리고 그 결과는 과학적 지식과 아이디어로서 상식이 되는 절차를 밟게 된다는 점에서 문제제기가 필요한 대목이다.

VI. 나가며

이 글은 2017년 현재 분단체제하에서 북한이탈주민들에 대한 타자화가 단지 냉전적 분단정치의 산물이 아닌 신자유주의적 주체형성과 맞물린, 보다 복잡한 문화 정치의 결과물임을 논의하였다. 세계적 냉전 체제 해

---

53   Gabriel Mugny and Stamos Papastamou, "When rigidity does not fail: Individualization and psychologization as resistances to the diffusion of minority innovations." *European Journal of Social Psychology*, 10(1)(1980). pp. 43-61.

체 이전 남북한 간의 경쟁이 지배적이었던 시기 한국사회로 들어온 '귀순용사'들은 그 자체로 남한의 우월성을 입증하는 존재로 가치를 인정받았다. 그러나 고난의 행군 이후 남한의 신자유주의 체제로 들어온 다수의 북한이탈주민들은 자본주의 체제에 적합한 주체/시민(deserving subject/citizen)으로 다시 태어나야 할 임무를 부여받았고, 이러한 과정에서 정부뿐만 아니라 활동가, 전문가 등 다양한 민간 행위자들이 '민관협력'의 이름으로 '사회적 통치'에 참여해왔다.

북한이탈주민들을 신자유주의 시대의 자본주의 체제에 적합한 시민, 즉 '자립자활 능력'을 갖춘 '책임감 있는' 주체로 재구성하기 위한 이러한 사회적 통치의 과정에서, 북한이탈주민의 사고, 행동방식, 감정, 말투 등 이들의 몸과 마음에 새겨진 북한적 표식은 적국의 흔적으로서뿐만 아니라 그 자체로 부적절한, '우리'와 양립할 수 없는 특징들로 대두되었고, 사회적 통치의 장애물이자 치유와 교정의 대상으로 구성되었다. '탈북자 심리'는 이렇듯 북한이탈주민들을 신자유주의적 주체로 만들어나가는 생정치의 과정에서 발생한 담론이자 통치의 기술임을 알 수 있다. 흥미로운 것은 이 과정에서 분단정치의 정치적·문화적 기획이 신자유주의적 통치에서 분리되지 않고, 여전히 중요한 이데올로기적 성분으로 작동하고 있다는 점이다. 사회적 통치의 참여자들이, 신자유주의 한국사회의 가치를 기준이자 규범으로 삼아 북한이탈주민들의 행태를 문제화하고, 이를 왜곡되고 상처받은 자아의 문제로 연결시키며, 그 근본적 원인을 북한체제에서 찾곤 하기 때문이다.

이렇듯 이 글에서는 '탈북자 심리'를 단순히 객관적인 개인적 상태나 문화적 결과물로 파악하기 보다는 한국사회에서 다양한 주체들의 참여 속에 만들어지는 구성물이자 효과를 창출하는 담론으로 논의함으로써, 이를 분단정치와 접합된 신자유주의적 통치 및 주체형성과 관련된 문화정치의 기제이자 결과로 살펴보았다. 이를 통해 한국사회에서 이루어지는 북한이탈주민들에 대한 통치가 단순히 이들에 대한 냉전적 타자화에 국한되는 것이 아니라, 이들이 어떤 마음의 규칙을 학습해야 할지를 끊임없이 강조하며 동시에 그 불가능성에 대한 담론을 끊임없이 만들어 내는 연성화된 방식으로 일어남을 드러내었다. 결과적으로 이 논문은 분단체제가 그 자체로 고정된 정치적 공간이 아니라 자본주의와 연동하면서 만들어지는 새로운 마음의 상태, 새로운 통치의 정서들을 구성해 나가는 시스템임을 고찰하였다.

이 글은 북한이탈주민에 대한 사회적 통치에 참여한 다양한 행위자 개개인의 선한 의지와 공적 자세, 즉 북한이탈주민의 정착을 돕고 사회통합에 이바지하겠다는 입장에 기반을 둔 실천 자체를 폄훼하고자 하는 것이 아니다. 필자 또한 이러한 행위자 중 한 명이라고도 할 수 있다. 그러나 개인적 의도나 의지와는 별도로, 이러한 실천이 보다 부드럽고 정교한 방식으로 북한이탈주민들의 타자화와 소외의 증폭에 기여하는 것이 아닌지에 대한 비판적 성찰이 필요하다. '탈북자 (사회 통합) 문제'와 관련된 다양한 담론과 실천이 결국 다양한 기질과 사회적 위치성을 가진 북한이탈주민을 한 덩어리로 묶어 문제적 존재로 구성하는 폭력으로 작동하는 것이 아닌지, 또한 이들이 처한 한국사회의 현실과 구조에 대한 보다 근본적인 비판과 성찰을 가로막고 있지는 않은지에 대한 치열한 고민이 필요하다.

한편 이 연구는 북한이탈주민 관련 통치에 대한 분석이 일방향적이라는 점에서 한계가 있다. 사실 '주체를 구성하는 통치'에 대한 더 나은 그림을 그리려면, 분단정치와 신자유주의적 통치성에 기댄 한국사회의 북한이탈주민들에 대한 관점과 태도 그리고 실천이 당사자인 북한이탈주민에게 어떤 영향을 끼치는지, 어떻게 내면화 혹은 거부되는지, 그리고 북한이탈주민들의 다양한 참여에 의해 통치는 어떻게 역동적으로 전개되고 전환되는지 살펴보아야 할 필요가 있다. 필자는 이 연구의 과정에서 북한이탈주민들이 일상에서 '탈북자 심리' 담론을 자신들의 경험을 해석하고 또 다양한 삶의 전략을 구사하는 데 주요한 자원으로 활용함을 확인할 수 있었다. 이에 대한 분석은 추후 과제로 남긴다.

제5장

북한 출신자와 '사회 만들기'[1]

김성경(북한대학원대학교)

I. '특별한' 북한 출신자

통일부 자료에 따르면 2017년까지 한국으로 이주한 북한 출신자는 31,339명이다.[2] 경제난 전까지만 해도 연간 십여 명 안팎이 한국 땅을 밟았지만, 고난의 행군이 본격화된 1990년대 중반 이후부터 그 수는 기하급수적으로 증가하였다. 하지만 김정은 정권의 통제가 강화되고 북한의 경제상황이 다소 안정세에 접어들면서 북한 출신자의 수는 다시 감소세에 접어들었다. 한편 이들의 탈북 동기 또한 각 시기별로 변화해왔는데, 1990년대까지는 정치적인 요인이 주요했다면 경제난 이후부터는 생계형부터, 더 나은 삶을 위한 경제 이주, 교육이나 문화적 선호도에 따른 이주까지 다양한 유형으로 분화하고 있다.

1   이 논문 또는 저서는 2017년 정부(교육부)의 재원으로 한국연구재단의 지원을 받아 수행된 연구임(NRF-2017S1A3A2065782).

2   http://www.unikorea.go.kr/unikorea/business/NKDefectorsPolicy/status/lately/

이들에 대한 호칭 또한 시대에 따라 변화해왔다. 과거에는 귀순용사로 불리며 영웅으로 기호화되었다면, 동구권의 몰락과 함께 군인이 아닌 일반인의 이주가 증가하면서 귀순동포라는 이름으로 호명되었다. 이후에는 탈북난민, 탈북자, 탈북민, 새터민, 북한이주민 그리고 법적 용어인 북한이탈주민까지 변화해 왔다(Kim, 2012). 사실 한국사회에서 가장 널리 사용되는 이름은 탈북자(혹은 탈북민)이지만, 이는 모국인 북한을 탈출했다는 측면을 강조함으로써 이들 이주의 복잡성을 '정치적인 것'으로 단순화한다는 맹점이 있다. 이를 극복하기 위해 한때 한국정부가 제안했던 호칭은 바로 '새터민'인데, 이 또한 이들의 이주 성격을 지나치게 '탈정치화'한다는 측면에서 북한 출신자들의 반발을 사기도 했다. 한편 최근에는 북한 출신자의 이주 동기가 다변화되는 것을 감안하여 '북한이주민'(윤인진, 2009) 이라는 이름이 학계를 중심으로 확산되기도 하였다. 하지만 분단을 배태한 이들의 성격을 다른 이주자 그룹과 비슷한 것으로 단순화한다는 비판 또한 타당해 보인다.

이들은 이주민의 성격을 지니면서도 동시에 분단체제 내 남북의 복잡한 관계와 깊게 연관되어 있음을 부정하기 어렵다. 또한 분단 극복이라는 시대적 과제를 고려하여 남과 북의 주민을 동등한 존재로 호명하는 것은 향후 통합된 사회에 대한 기대와 가능성을 담지한다는 측면에서 분명 중요한 일이다. 사회가 호명하는 호칭은 정치적이면서도 동시에 수행성을 지닌다는 자명한 사실도 고려할 필요가 있다. 이런 맥락에서 이수정은 한국으로 이주해 온 북한이탈주민을 '북한 출신주민'로 명명하고, 동시에 이들과 함께 더불어 살아가야 하는 남한 '원'주민 또한 '남한 출신주민'으로 지칭할 것을 제안한 바 있다(이수정, 2011, 155). 이 호칭은 북한 출신자를 고향을 나타내는 뜻으로 활용되어 온 지역 출신자의 범주(전라도 출신, 경상도 출신 등)중 하나로 적극적으로 의미화하면서도, '북한'이라는 남한과 분단된 지역의 정치적 의미까지도 고려할 수 있다는 장점을 지닌다. 북한에서 온 이들과 공동체, 즉 '사회' 구성을 모색하고 자 하는 본고가 의도적으로 이들을 '북한 출신자'로 명명하는 이유는 이 들의 출신지인 '북한'을 명시하면서도 '남한'의 여느 출신자와 같이 한국 사회의 동등한 구성원 중 하나로 호명하기 위함이다.

문제는 한국사회가 시대에 따라 다른 이름으로 북한 출신자를 호명 해왔음에도 그 기저에는 여전히 '적국'의 출신자라는 분단적인 시각이 공고하게 자리한다는 사실이다. 아무리 북한을 등지고 이곳으로 이주해 왔더라도 이들의 '출신지'는 떼어낼 수 없는 징표가 되어 남북관계의 부 침을 거듭할 때마다 다시금 이들을 배제하고 차별하는 기제로 작동한다.

어쩌면 한국사회는 북한 출신자들에 대해 과도한 관심을 갖고 있는 듯하다. 물론 세계 유일의 분단국에서 북한 출신자에 대한 사회적 관심 은 자연스러운 것일 수도 있겠지만, 이제 '고작' 30,000여 명이 넘은 이 들을 두고 온 사회가 전전긍긍하는 모습 또한 흥미롭다.[3] 예컨대 언론에 서는 거의 매주 북한 출신자 관련 뉴스가 등장하고, 이들을 내세운 방송 프로그램의 수 또한 적지 않다. 또한 정치적 사안에 따라 북한 출신자는 때로는 영웅이자 북한체제에 대한 고발자로 적극 호명되다가, 남북 관계 의 변화가 만들어지면 다시금 비가시적인 존재로 취급되기도 한다.[4] 게

---

3   30,000여 명이라는 북한 출신자의 수는 한국 전쟁 이후부터 지금까지의 기간을 감안해봤
    을 때 많다고 평가하기는 어렵다. 게다가 고난의 행군이라는 극한의 식량난에도 국경을 넘
    어 한국으로 이주해온 북한이탈자의 수는 예상보다 훨씬 적은 수준이다.

4   2018년 2월 9일에 개막한 평창동계올림픽에서 관련국 사이에서는 북한 문제를 두고 외교
    전이 치열하게 펼쳐졌다. 김정은 위원장의 특사 자격으로 그의 여동생 김여정이 평창올림
    픽에 참가하는 등 남북관계가 급진전되자, 마이크 펜스 미국 부통령은 북한에 억류되었다
    가 사망한 오토 웜비어의 아버지를 대동하고 올림픽에 참석함으로써 대북 강경기조를 우
    회적으로 표출하기도 하였다. 또한 미국은 펜스 부통령과 탈북자의 만남을 언론을 통해 공
    개하였는데, 이는 탈북자를 앞세워 북한의 인권문제와 체제의 잔혹함을 부각시키기 위함이
    있다. 그만큼 정치적 논리와 필요에 따라 탈북자들은 적극적으로 호명되거나, 철저하게 무

다가 북한 출신자들은 이미 입국 전부터 여느 이주자 혹은 난민과는 비교할 수 없는 지원체계와 이들만을 담당하는 국가기관을 통해 관리·통제되고 있다. 수적으로는 다문화 이주민이나 경제 이주민에 비해 훨씬 적지만,[5] 이들이 분단체제의 피해자란 점, 남한과 대치하고 있는 북한이 모국이라는 점, 그리고 향후 통일 혹은 탈분단의 과정에서 반드시 고려해야 할 집단이라는 사실 때문에 더 많은 관심과 논의의 대상이 되어온 것이다.

하지만 한국사회의 이러한 높은 '관심'이 북한 출신자를 진정한 이웃으로 받아들이고, 이들과 함께 공동체를 만들어가는 문제까지 확장되었는지는 확신하기 어렵다. 이들을 '특별'하게 대우해 온 것 이면에는 이들을 배제하는 시선이 깊게 자리하고 있으며, 지원 체계는 종종 이들을 구별 짓는 것에서 멈추지 않고 암묵적으로 이들에게 특정한 역할이나 태도를 요구하고 있기 때문이다. 특히 북한 출신자의 정착 지원체계는 이들의 경제적 지위 향상에만 골몰하는데, 이는 이들이 적절한 경제적 능력이 갖춰졌을 때 한국사회에 통합될 수 있다는 가정에 기반을 두기 때문이다.

반면 이들을 심문/관리/교육하는 시스템 전반은 이들의 이념을 확인하고, 향후 북한과 접촉할 가능성 등을 관리하며, 이들이 북한에서 배운 사상을 버리고 남한의 이념이나 사상을 받아들이도록 교육한다. 조금 거칠게 도식화해 보자면 이념 전향자인 북한 출신자를 정치적으로는 끊

시되기도 한다.

5   법무부에 따르면 2016년 상반기 기준으로 국내 체류 외국인의 수는 200만 명을 넘어섰
     다. 2011~2015년 체류외국인이 매년 8%의 상승세를 보여준 것을 감안할 때 외국인 수는
     2021년에 300만 명을 넘어서게 될 것이고, 이는 전체 인구의 5.82%에 이르는 숫자이다.
     외국인 중에서는 중국인이 약 54.5%로 가장 많고, 베트남(8.8%), 미국(4.7%) 등 이 그 뒤
     를 잇고 있다.

임없이 사상 관리를 하면서, 전향의 대가로 '기본' 수준의 경제적 지원을 보장해주는 구조이다. 다시 말해 북한 출신자는 '교환' 관계의 한 축을 이루면서 한국사회와 '거래'하고 있는 것이다. 이러한 구조 안에서는 조금 더 '민주적인' 관리나 '정당한 분배' 정도는 요구할 수 있겠지만, 북한 출신자를 한국사회의 또 하나의 구성원으로서, 그리고 동등한 공동체의 일원으로서 재위치시키는 것은 한계가 있을 수밖에 없다.

지금껏 관련 연구 대다수는 이들을 둘러싼 '관심'과 '배제'의 메커니즘 중 하나를 집중적으로 분석하거나, 이들의 정착을 돕기 위해 좀 더 '공정한' 혹은 '우호적'인 제도와 사회적 인식과 태도의 변화를 요구하는 것에 머물러 있는 것이 사실이다(김현정, 박선화, 2016; 김성경, 2016, 오원환, 2016; 윤인진, 2012). 즉, 이들의 '특수한' 사회적 위치를 구성하는 구조적 힘은 무엇인지, 어떻게 하면 한국사회의 시선을 '교정'할 수 있을지, 혹은 효과적인 지원을 통해 이들에게 더 나은 사회경제적 위치를 제공할 수 있을지에 집중해온 것이다. 기존의 이러한 연구가 지금까지의 북한 출신자 논의에 상당한 기여를 한 것은 분명하지만, 이는 또 다른 측면에서는 북한 출신자를 '특별한' 집단으로 구별하는 기존 담론을 재생산하는 부작용을 낳기도 했다(참고: 이수정 2017). 게다가 기존 연구가 아무리 이들을 배제하는 사회구조를 비판하더라도 그 문제의식이 이들과 함께 '사회'를 만들어가는 문제까지로 확장되지 못했던 것으로 보인다. '사회'가 개인들의 협력과 연대의 구성물이라고 정의했을 때(김성경 2018), 한국사회로 이주해온 '북한' 출신자와 함께 살아가는 문제는 결국 이들과 '사회'를 만들어가는 것의 다른 말임에 분명하다.

물론 자본주의 사회에서 대부분의 사회관계가 '교환'만을 바탕으로 하고 있다는 점을 감안한다면, 북한 출신자에 대한 한국사회의 정책과 시각의 한계를 기형적인 것으로만 정의할 문제는 아니다. 하지만 만약 북한 출신자가 한국사회에 '먼저 온 통일'이면서, 탈분단의 과정과 향후 남북통합에 중요한 역할을 해야 하는 주체라면, 이들과 단순히 교환관계로 접속하는 것에서 한걸음 더 나아가 '증여'의 관계 그리고 환대의 권리/의무로 재설정될 필요가 있다(모스, 2001; 나카자와 신이치, 2014; 박세진, 2016; 고들리에, 2011). 다시 말해 고도화된 근대화를 경험하면서 소거되어 버린 윤리성 복원과 경제적 교환 이외의 사회적 관계의 확장을 통해서 북한 출신자와의 '사회 만들기'를 기획해 볼 수 있다는 것이 이 글이 기대고 있는 문제의식이다. 이를 위해 북한 출신자 관련 정책이나 담론구조가 배태한 교환 관계를 비판적으로 분석함으로써 이를 뛰어넘는 새로운 관계성, 즉 좀 더 윤리적인 태도와 의식에 기반을 둔 사회관계의 전환을 제안하고자 한다.

II. 지원체제와 교환관계

북한 출신자의 법적 공식 명칭은 '북한이탈주민'이다. 이들은 '북한에 주소, 직계가족, 배우자, 직장 등을 두고 있는 사람으로서 북한을 벗어난 후 외국 국적을 취득하지 아니한 사람'을 가리킨다.[6] 이 명칭은 1997년에 제정된 북한이탈주민의 보호 및 정착지원에 관한 법률에서 등장하였는데, 이는 북한을 '이탈'했다는 이주의 결과만을 강조한다. 대부분의 이

---

6   북한이탈주민 정착지원 법 제2조. 흥미롭게도 정착지원법은 북한이탈주민이 아닌 이들을 구분하고 있는데, 재북화교(북한에 거주하나 중국 국적 보유), 북한적 중국동포(조교, 북한 국적을 보유하나 중국거주), 제3국 출생 탈북민 자녀(북한에 거주하지 않았고 북한을 벗어난 사실도 없는 이)가 대표적이다.

주민이 출신국을 명시하는 명칭으로 불리는 것을 감안할 때, 북한이탈주민은 이들이 모국을 떠났다는 사실, 즉 고향을 등졌다는 것을 강조하고 있음을 알 수 있다. 또한 여기서 주목해야 할 용어는 바로 '주민'인데, 이는 대한민국의 헌법의 영토조항에 따라 한반도의 이북 지역을 '국가'로 인정하지 않기 때문에 '북한 국민' 혹은 '북조선 국민'이라는 이름이 아닌 '주민'이라는 다소 애매한 용어를 사용한 것으로 보인다. 즉 한반도의 북쪽 지역에 '주(住)'거했던 사람, 즉 '민(民)'을 뜻한다. 아무리 분단국 법령이라고 하지만 실제로 존재하는 국가인 북한을 법적으로는 인정하고 있지 않다는 사실이 이들의 이름에도 각인되어 있는 것이다.[7]

과거 냉전이 한창일 때는 이보다 더 '분단적'으로 북한 출신자를 지칭하곤 했었다. 예컨대 1990년대 초반까지만 해도 북한 출신자는 '귀순(歸順)용사'로 지칭되었는데, 이는 사실상 한반도가 전쟁 중이라는 '예외상태(state of emergency)'였음을 인정하는 것과 다름 아니었다. 휴전 이후에 체제 경쟁이 가속화되면서 남과 북의 국가 형성 혹은 전쟁 복구는 사실상 상대방을 견제하는 또 다른 '전쟁'의 형태를 띠었던 것이다. 뿐만 아니라 냉전시기 남북의 정치 권력자들은 예외상태를 유지함으로써 자신들의 권력을 강화하려는 시도를 계속하였다. 이런 맥락에서 북한 출신자들을 항복한 군인으로 이해한 것과 '투항'한 이에게 국가 유공자에 준하는 보상을 해주는 것 등은 모두 이 시기 한반도에서 작동한 '예외적' 상황의 면면을 엿보게 한다.

---

7   2005년에 제정된 〈남북관계발전기본법률안〉에서는 남북을 "통일을 지향하는 특수관계"로 명시하고 있으며, 이는 1992년에 체계된 남북기본합의서에 근간을 둔다. 이 합의서 제1조에는 남과 북은 서로 상대방의 체제를 인정하고 존중한다고 밝히고 있다. 이는 국가와 유사하지만 독립된 국가는 아닌 특수한 체제로 존재하는 남과 북을 나타낸다. 하지만 1991년에는 유엔에 남북이 동시 가입되었으므로, 국제사회는 한반도에는 두 개의 국가가 양립하고 있음을 인정하였다고 보는 것이 타당하다.

냉전이라는 예외상태의 한국사회는 법 위에서 작동하는 절대적 권력으로 정의될 수 있는데, 이는 특정한 이를 죽일 수도 혹은 살릴 수 있는 무소불위 힘이 장악한 사회를 의미한다. 아감벤에 따르면 권력은 법을 무력화함으로써 절대적 힘을 얻게 되고, 이를 통해 주권 권력이 형성된다(아감벤, 1995). 이 당시 정치적 정적이나 민주화를 요구하는 국민을 폭력적으로 규율(유신, 통행금지, 각종 간첩단 사건)하면서 반면에 북한 출신자는 보편적 법 위의 '영웅'으로 상징화하면서 절대적 권력을 강화한 것은 예외상태를 통해 주권 권력이 어떻게 생성되고, 절대적 권력자가 어떤 메커니즘을 활용하여 자신의 힘을 강화해 왔는지 보여준다.[8] 예컨대 냉전 시기의 '귀순용사'는 법적으로 국가유공자에 준하는 지위와 지원을 받았고, 북한 체제의 실패를 증명하는 징표이자 체제의 우월성을 확인시켜 주는 존재로서 '특별한' 대우를 받았다.[9] 서울 시내에서 열린 '귀순용사환영식', '귀순용사환영시민대회', '귀순용사 의거 환영대회 및 반공재무장 실천대회' 등은 대규모 대중 집회의 형식으로 북한 출신자를 영웅화하였고, 이들의 증언을 통해 북한 사회를 비방하며 반공이라는 기치 아래 법을 무력화하는 효과를 만들어냈던 것이다.[10]

[8] 냉전시기의 남북은 동전의 양면과 같았다. 북한 또한 사실상 전시체제를 유지함으로써 김일성 유일체제를 완성하였기 때문이다. 수많은 사람이 법의 테두리 밖에서 권력에 의해 죽임 혹은 생명을 얻었고, 이러한 메커니즘은 김일성을 북한의 절대적 권력자, 즉 수령으로 위치하게 했다. 이에 대한 더 깊은 논의는 Ryang, Sonia. *North Korea: Toward a better Understanding*. Lexington Books, 2009를 참고하라.

[9] 이들의 관할 기관 또한 원호처, 보훈처, 그리고 국방부였다. 관련 근거법령은 국가유공자 및 월남귀순자 특별원호법(1962년~1978)과 월남귀순용사 특별보상법(1979년~1993)이 있다.

[10] 1964년 서울시청 앞에서 열린 월남귀순용사 한정서, 양준명, 정봉인 환영대회는 서울시가 주최하였고, 1983년에 열린 '귀순용사 신중철, 정범호 씨의 의거 환영대회 및 반공재무장 실천대회'는 국립극장에서 열렸다. 이 밖에 매해 귀순용사가 한국 땅을 밟으며 대대적인 대중집회를 통해 이들의 행동을 치하했으며, 심지어는 이들의 이주를 '의거(義擧)'라는 표현으로 상징화하기도 하였다.

하지만 동구권이 몰락하고 냉전 체제에 균열이 커져감에 따라 '귀순용사'는 점차 그 특별한 의미가 없어지게 된다. 과거 냉전이나 반공을 중심으로 권력이 작동했다면, 이제 한국사회를 완전히 잠식해버린 자본주의가 권력이 되어 버렸기 때문이다. 냉전 시기에 이들에 대한 보편적 법적 지위를 넘는 '대우'는 이제 더 이상 정당화되기 어려운 것이 된다. 이제 북한 출신자들은 '투항'한 북한'주민'이 되었고, 이들에 대한 한국사회의 인식 또한 사회적 취약 계층으로 변모하게 된다.[11] 물론 여기에 저항적 의미화 시도 또한 존재했다. 예컨대 1997년 북한이탈주민 정착지원법이 제정되고, 주관 정부기관이 통일부로 이관되면서 북한 출신자는 단순히 사회적 취약 계층이 아닌 남북통일의 자원으로 재맥락화하려는 움직임이 그것이다. 하지만 북한 출신자를 대상으로 하는 정착지원제도의 면면을 살펴보면 사회적 취약 계층에 대한 경제적 지원이라는 큰 프레임에서 한 치의 어긋남도 없었다. 오히려 미래 통일 세력 등등을 운운하면서 기존의 지원금을 줄이거나 경제적 지원의 효율성을 높이는 정책적 전환이 빠르게 이루어진 것이 이 시기이다. 이제 북한 출신자는 보호해야 할 사회 취약 계층이며, 교정과 교육을 통해 자본주의적 사회의 '성실한' 노동자로 변모돼야만 하는 존재가 되는 것이다.

좀 더 세부적인 내용을 살펴보면 이해가 쉬울 듯싶다. 북한이탈주민의 정착지원 체계는 정착금(기본금, 장려금, 가산금), 주거(주택알선, 주거지원금), 취업(직업훈련, 고용지원금[채용기업주에 지급], 취업보호담당관, 기타), 사회복지(생계급여, 의료보호, 연금특례), 교육(특례 편·입학, 학비지원) 등으로 구성되어 있다. 정착금과 주거의 경우 하나원에서 나와 지

---

11 1993년 6월에 제정된 귀순북한동포보호법은 여전히 '귀순'이라는 투항한 자라는 용어를 사용하면서도, 국가유공자가 아닌 생활능력이 결여된 생활보호대상자로 취급했다. 주관 부서 또한 보건복지부로 이관되었다.

역사회에 정착하게 되면서 기본적인 생활을 시작할 수 있는 가장 기본이 되는 지원체계이다. 거기에 새로운 환경에 적응해야 하는 초기 6개월 동안은 북한 출신자에게 생계급여 특례를 제공하다가 이후에는 조건부 수급권자로 편성하여 이들이 직업교육과 같은 자활사업에 참여하는 조건으로 제공하게 된다. 여기서 생계급여는 「국민기초생활보장법」에 따라 최저 생계비에 미달하는 북한 출신자에게 생계를 지원하는 것을 말한다. 노동이 가능한 북한 출신자의 경우 3년 동안 생계급여지원을 받고, 노동이 어려운 노인이나 장애인의 경우 5년까지 생계급여 지원 특례의 적용을 받을 수 있다.[12] 또한 노동능력이 없는 북한 출신자의 경우 세대구성원의 수보다 1인을 더 추가하여 생계지원 지급액을 제공한다.

북한이탈주민의 정착지원체계는 과거 정착금 위주의 지원에서 '자립·자활능력 배양'으로 정책적 중심이 이동했다는 것을 주목해야 한다. 여기서의 자립은 경제적으로 홀로서기를 의미하는 것이고, 교육지원을 통해 자활능력을 구축하는 것이 목적이다. 경제적 능력에 상관없이 제공하는 생계급여의 기한을 6개월로 제한하면서, 노동할 수 있는 북한 출신자의 임금노동을 유도하여 경제적 활동을 통한 사회 적응으로 정책의 방향이 전환된 것이다. 특히 직업훈련 이수시간에 따라 인센티브(직업훈련 500시간 이수 시 120만원, 120시간 당 20만원 추가, 최대 740시간 이수 시 160만원, 국가기간전략산업 직종훈련 시 200만원 추가)가 제공되고, 자격증을 취득할 시에는 격려금이라는 명목으로 200만원을 제공한다. 취업장려금의 작동 또한 흥미로운데 3년간 근속할 시에는 수도권은 1,650만

12   노동능력이 없는 북한 출신자의 경우 세대구성원의 수보다 1인을 더 추가하여 생계지원 지급액을 제공한다. 예컨대 2015년 기준 노동 가능 북한이탈주민은 최저생계비 기준 1인 가구 617,281원의 지급액을 제공받는 반면, 근로무능력 북한이탈주민은 1인 가구 기준 1,051,048원의 지급액을 제공받는다. (http://www.unikorea.go.kr/unikorea/business/NKDefectorsPolicy/settlement/social/).

원, 지방은 1950만원을 지원받을 수 있다.[13]

하지만 위의 기준에 여러 이유로 다다르지 못한 이들이 자립과 자활에 실패한 자인지, 기준이 포괄할 수 없는 상황에 있는 자들과의 형평성의 문제, 예컨대 4대보험이 되지 않는 영역에서 성실하게 일하는 북한 출신자에 대한 자원체계 부족 등은 문제적 영역이다. 왜냐하면 연령, 학력, 신체적 조건으로 인해 노동하지 않는 자 혹은 노동할 수 없는 자와 국가가 인정하지 않는 방식과 영역에서 노동하는 자는 결국 '보호 및 정착'의 주체가 되지 못하기 때문이다. 물론 북한이탈주민 보호 및 정착지원에 관한 법률에서 명시하고 있듯이 노동이 가능하지 않는 북한 출신자의 경우 가구원수에 1인을 추가한 생계급여와 의료지원을 받는 것으로 명시하고 있지만 이 또한 노동 가능자에게는 더 많은 기회를 제공하고, 그렇지 않은 이들에게는 기본적인 생활을 유지하는 것에 중점을 두고 있음을 나타낸다. 노동의 가능 유무에 따라 지원체계를 차등적으로 구축하는 것은 효율성이라는 측면에서는 어느 정도는 불가피한 것으로 보이지만, 북한 출신자라는 집단에서도 노동무능력자를 노동 가능자와 다시 한 번 구분해내는 효과를 만들어낸다. 이는 모든 국민이면 동등한 사회보장의 권리를 갖는다는 사회보장기본법 2조 "사회보장은 모든 국민의 다양한 사회적 위험으로부터 벗어나 행복하고 인간다운 생활을 향유할 수 있도록 자립을 지원하며 사회참

---

13 북한 출신자의 서울 쏠림 현상을 막기 위해서 지방을 주거지역으로 선택한 경우 더 많은 인센티브를 주는 제도 또한 흥미롭다. 모든 것을 '보상'의 구조로 환원하고 있기 때문이다. 또한 2015년부터 실시한 자산형성제도는 근로소득 중 저축액에 대해 정부가 동일한 금액을 매칭하여 지원하는 것인데, 최장 2년 기간 동안 지원받을 수 있다. 지원금을 줄이면서, 북한 출신자의 저축을 증진하고 이를 기반으로 목돈 마련을 돕는다는 취지로 실시되고 있는 제도이다. 이렇듯 한국사회는 북한 출신자가 자본주의적 삶, 즉 임금노동자로 특정 기간 이상 노동할 수 있다면 이는 곧 정착이 상당히 진척된 것으로 판단하고 있다.

여, 자아실현에 필요한 제도와 여건을 조성하여 사회통합과 복지사회를 실현하는 것을 목적"으로 한다는 사실과 배치되기도 한다.

물론 북한 출신자에 대한 경제적 지원이라는 측면에서 약술한 위의 정책은 긍정적인 결과를 도출할 수도 있을 것이다. 아무것도 없이 한국 사회로 이주해온 북한 출신자에게 적어도 삶을 시작할 수 있는 기본 조건을 제공한다는 측면에서 경제적 지원은 반드시 필요한 것이기도 하다. 다만 북한 출신자를 대상으로 하는 지원과 정착 제도에 내재하고 있는 자본주의적 가치와 노동에 대한 인식, 그리고 조건부 지원 체계를 비판하고자 하는 것이다. 노력하는 만큼 그 대가를 얻을 수 있다는 자본주의적 기본 명제는 특정한 '노동'과 '노동형태/방식'만을 정상적인 '노력'으로 규정한다. 한국 국민 중 32%가 비정규직인 현실을 감안했을 때 북한 출신자들이 4대 보험이 되는 직장에서 3년 근속을 한다는 것은 힘겨운 일임에 분명할 뿐만 아니라 지원체계에서 정의하는 정상적 노동은 급변하는 노동시장을 충분히 고려하지 않은 것임에 분명하다.[14] 특히 조건부 지원의 경우 국가가 정한 조건에 따라 노동할 때만 인센티브라는 혜택을 얻는 구조는 북한 출신자와의 관계 설정 자체를 교환과 계약 관계로만 구축하고 있음을 폭로한다.

이러한 조건부 지원은 과거 수혜적인 보호정착 지원이 자립자활에 효과적이지 않다는 판단 아래, 2007년 법률 개정을 통해 도입된 것이다. 2004년 이전에는 노동 여부에 관련 없이 3,590만원의 정착금을 지원받았지만, 법률이 개정된 이후에는 정착기본금은 주거지원금 1,300만원에

---

14   통계청에 따르면 2016년 8월 현재 전체 임금노동자의 32.8%가 비정규직이라고 한다. 노동계의 자료는 이것보다 훨씬 더 높은데 한국노동사회연구소의 자료에 따르면 전체 임금노동자 중 44.5%가 비정규직이다. 경영계의 지표는 이것보다 훨씬 더 낮은 22.3%이지만, 이것도 OECD 국가 평균에 2배에 이른다.

정착지원금 600만원을 합해 총 1,900만원으로 약 53%정도 삭감된다. 기존의 일괄적 현금지원이 '밑 빠진 독에 물 붓기'라는 사고가 여론으로 형성되면서 북한이탈주민 정착 지원체계 패러다임에 변화가 생긴 것이다. 물론 사회보장제도의 허점을 보완하기 위해서 조건부 지원이라는 제도를 활용한 것으로 보이지만 또 다른 측면에서는 노동할 수 있는 북한 출신자, 혹은 경제적 자립이 가능한 이들만을 차등적으로 지원한다는 측면에서 사회복지권이 어떻게 자본주의적 이념과 신자유주의적 통치의 영역으로 포섭되고 있는지 확인할 수 있다.

북한 출신자에 대한 지원제도는 호혜성에 바탕을 둔 사회보장제도의 틀과는 배치되는 효과와 결과를 도출하기도 한다. 모스(Mauss)는 사회가 구성되는 것은 바로 증여, 즉 호혜성에 바탕을 둔 선물을 주고/받고/그리고 답례하는 것에 기반을 둔다고 설명한 바 있다. 그러면서 현대사회의 호혜성 원리가 작동한 예로 사회보장제도를 주목한다(모스, 2001, 253-4). 즉, 노동자는 자신의 노동력을 사회를 위해서 자본가 혹은 국가에게 '주고', 이를 '받아' 자본가와 국가는 이윤을 창출하고 동시에 국가를 유지하며, 그리고 그 답례로 노동자의 기본적인 삶을 보장하는 것에서 바로 사회적 연대, 즉 사회가 구성된다는 논리이다. 이런 맥락에서 노동이라는 자신의 일부를 준 노동자는 사회보장제도라는 지원을 답례로 받는 것이며, 이는 곧 선물을 준 이와 이를 받고 답례를 주는 이 사이의 동등한 관계를 생산해낸다. 이 때문에 호혜성은 사회보장의 수혜자와 노동력을 제공하고 세금을 내는 이들이 서로 반목하는 것이 아닌 서로 연대하게 하는 기본 작동 구조가 된다. 하지만 북한 출신자를 지원하는 데 있어 작동하는 경제적 논리는 지원체계의 수혜자를 동등한 사회 구성원이 아닌, 일방적인 제도의 시혜자로 부정적으로 의미화한다. 지원체계의 수혜자는 경쟁체제에 적응하지 못한 이등시민으로 취급되기 쉬우며, 동시에 일반 시민들에게 오직 경제적 부담이 되는 부정적인 존재로 인식되는 것이다.

III. 호모 사케르에서 인간으로

북한 출신자는 한국사회에 발 딛는 순간부터 가동되는 통제와 관리 구조에서 자유로울 수 없다. 통제 시스템의 가장 좋은 예는 아마도 합동신문센터로 알려진 북한이탈주민보호센터에서의 신문과정일 것이다.[15] 이 기관은 국정원, 경찰, 군이 합동으로 세운 곳으로 탈북민의 신분을 확인하고, 북한 관련 정보를 수집하며, 동시에 이들의 탈북 동기의 진위 그리고 이들이 유사 탈북민이 아닌지를 확인하는 것을 목적으로 한다. 북한이탈보호센터의 법적 근거는 바로 북한이탈주민의 보호 및 정착지원에 관한 법률 시행령 제12조에 근거한다. 이에 따르면 "① 법 제7조 제3항에 따른 임시보호나 그 밖의 필요한 조치는 보호 신청 이후 보호신청자에 대한 일시적인 신변안전 조치와 보호 여부 결정 등을 위한 필요한 조사로 한다. ② 국내에 입국한 보호신청자에 대한 제1항에 따른 조사는 해당 보호신청자가 국내에 입국한 날부터 180일 이내에 이루어져야 한다. ③ 제1항에 따른 임시 보호나 그 밖의 필요한 조치의 내용·방법과 필요한 조치를 위한 시설의 설치·운영 등에 대해서는 관련 중앙행정기관의 장과 협업을 거쳐 국정원장이 정한다"고 명시하고 있다(시행령 제12조 1-3항). 이 법안은 최근 언론과 학계를 중심으로 보호 과정에서의 북한 출신자의 인권 문제 등에 대한 비판이 제기되면서, 보호기간을 180일에서 90

---

15 합동신문센터에 대한 인권적 문제가 끊임없이 제기되자 2014년 7월부터 이 기관의 이름을 북한이탈주민보호센터로 변경하고 인권사무관을 상주하기로 하였다.

일로 축소하는 시행령 개정안이 2018년 2월 20일 통과된 바 있다.[16]

하지만 위의 시행령이 설명해주듯 정부는 북한 출신자에 대한 "일시적인 신변안전 조치와 보호 여부 결정"의 절대적 권한이 있다. 북한 출신자라는 이유에서 '신변안전'을 위해 국가가 '보호'하는 기간을 거쳐야한다는 사실 또한 분단의 효과임에 분명하다. 게다가 북한 출신자에 대한 '신문(訊問)'[17]의 과정은 이들이 북한체제를 버리고 진정으로 전향했는지를 확인하는 과정이다. 만약 이들의 전향에 미심쩍은 부분이 있다면이들은 언제든지 추방될 수 있으며 동시에 신문을 위해서는 여전히 최장120일까지도 강제 구금될 수 있는 것이다. 여기서 반드시 주목해야 할점은 지원법보다 상위 개념인 헌법에서 북한에 살고 있는 주민을 대한민국 국민으로 정의하고 있음에도, 여전히 이들은 자신들의 정치적 입장과 북한에 대한 태도를 증명해야만 한다는 점이다. 만약 이들이 자신의반북적 정체성을 남한 정부에 충분히 납득시키지 못한다면 이들은 언제든지 '비국민' 심지어는 '간첩'으로 취급될 수도 있다. 그만큼 북한 출신자의 역설적 위치는 헌법에서의 국민이라는 범주와 권리는 '분단'이라는맥락에서 얼마든지 다르게 해석되거나 적용될 수 있음을 시사한다.[18]

주지하듯 북한 출신자는 사실상 강제 구금 상태로 북한이탈보호센터에서 약 3개월 동안 자신을 증명해야 하는 상황에 내몰리게 된다.[19] 언

---

16 하지만 이 역시도 예외조항을 명시하고 있는데, 불가피한 사유가 있는 경우에는 심의를 거쳐 그 기간을 1회에 한정하여 30일 범위에서 연장할 수 있다고 규정한 것이다.

17 북한이탈주민보호센터의 가장 우선적인 목적은 북한 출신자를 '신문'하는 것인데, 이는 '이미 알고 있는 내용을 캐어묻다'라는 뜻으로 특히 국가 기관이 증인, 당사자, 피고인을 조사하는 것을 의미한다.

18 서울시간첩사건으로 알려진 유우성씨에 대한 간첩조작사건은 탈북자라는 존재는 분단에 의해서 얼마든지 개인의 자유, 권리, 인권의 범위 밖에서 취급될 수 있음을 증명한 사건이라고 하겠다.

19 법령에는 국가가 북한이탈주민을 '보호'하는 것이라고 명시하지만, 인권적 문제가 불거진 여러 사건들을 봤을 때 상당 수의 북한이탈주민은 자신의 의지와는 상관없이 북한이탈주

론보도에 따르면 이들의 위장 탈북 조사를 받는 첫 5일 동안에는 독실에서 생활해야 하며, 이 기간 동안 다른 탈북자들과의 접촉은 금지된다. 독방은 밖에서 잠금장치가 되어 있고, 모든 행동은 촬영, 관찰된다. 조사 과정은 녹화나 녹음을 하지 않는 것이 원칙이고, 수사가 아닌 조사라는 명목으로 컴퓨터에 작성된 자신의 진술서 내용도 본인이 확인하는 절차나 서명하는 과정은 없다. 본인의 소지품은 이곳에 도착하는 즉시 맡겨야 하며, 알몸수색을 당하고 이후 유니폼만을 착용해야 한다. 사진 촬영, 지문 날인 등 모든 개인 정보는 낱낱이 정리되고, 탈북 동기와 북한에서의 자신의 삶을 끊임없이 증언해야만 한다. 그것뿐만이 아니라 북한 출신자는 자신의 신상을 꼼꼼하게 기록하는 일도 하게 되는데, 이 과정에서 자신 주변인이나 북한에서의 일상에 대한 정보 또한 소상히 서술해야 한다.[20] 상당수의 북한 출신자는 자신 삶의 작은 부분까지 모두 되돌아보며 탈북의 동기를 정당화해야하는 일에 상당한 고통을 토로하기도 한다. 왜냐하면 기억이 나지 않는 몇몇 부분까지도 세밀하게 밝혀야만 하는데다 자신뿐만 아니라 가족, 친지 그리고 지인의 정보 또한 공유해야 하기 때문이다. 그뿐만 아니라 조사관은 의심스러운 부분에 대해서는 여러 번 질문을 계속하거나, 보충 서술이나 재증언을 요구하기도 한다. 한국사회에 첫발을 내딛는 긴장감 속에서 북한 출신자들은 자신의 삶을 낱낱이 기억해 서사화해야 하며, 자신들의 이주 동기와 더 나아가 존재 그 자체를 의심하는 조사관을 설득해야만 하는 어려움을 겪게 되는 것이다.

민보호센터에서 사실상 구금상태에 놓이기도 한다.

20   북한이탈주민보호센터의 법적 문제에 관련해서는 김재식(대한변협 탈북자 국내정착과정 인권개선 TF 위원)의 발제문 '합동신문 관련 법령의 문제점과 개선방향'을 참고하라. 이 발표문은 〈인권의 측면에서 바라본 행정구금의 문제점과 개선방안 심포지엄〉(윤호중, 김성식 김용신, 대한변호사협회 주최, 2016.11.29.)에서 발표되었다.

다시 아감벤의 논의를 상기해보면 주권 권력은 항상 법과 법 위에서 작동하는 권력이 둘 사이를 넘나들면서 구성된다. 즉, 주권 권력은 법에 근거를 두지만, 그 법을 수호한다는 명목으로 항상 법 위의 또 다른 절대적 영역을 생산해내는 것이다. 예컨대 '예외상태', 즉 계엄령 같은 상태는 법을 수호한다는 명목으로 절대 권력이 법을 무화하는 또 다른 공간을 만들어내는 것을 의미한다. 예컨대 분단이라는 특수한 상황에서 국가의 안위를 지킨다는 명목 아래 북한 출신자를 법이 작동하지 않는, 즉 예외적 상황에 놓이게 하는 것은 주권 권력이 법과 예외상태 어디쯤에서 작동되고 있음을 의미한다. 북한이탈보호센터가 작동하는 방식이나 북한 출신자를 법의 테두리 밖에서 강제 구금한 것 등은 바로 법이 작동하지 않는 '예외상태'로 해석될 수 있으며, 이런 맥락에서 이들은 죽여도 되는 생명이지만 그렇다고 신의 영역에도 속하지 못한 호모 사케르인 것이다(아감벤, 1995, 175). 호모 사케르는 법 밖에 존재하기 때문에 강제 구금, 인권 침해, 폭력 등 법 안에서 허용되지 않는 모든 것을 행해도 되는 존재지만, 그렇다고 인간 사회가 아닌 동물이나 신의 영역으로 추방되는 것도 아니다. 이들은 아무런 권리 없이 단지 벌거벗은 생명만을 지닌 존재이며, 이들이 다시금 법 테두리 안으로 들어올 수 있는 유일한 방법은 바로 자신이 얼마나 완벽하게 '전향'했으며 동시에 얼마나 '모국'을 부정하는지를 증명하는 것이다.

북한이탈주민보호센터와 3개월의 보호 기간을 국정원이 총괄한다는 것은 북한 출신자를 두고 구성되는 '예외공간'의 의미에 한 걸음 더 다가가게 한다. 게다가 이곳은 대통령 훈령 28호에 따라 국가보안목표시설 "가"급으로 분류되어 있는 시설로 일반인의 출입이 엄격히 통제된 곳이다. 대통령령이나 통합방위지침 등에 국가보안목표시설의 운영 등에 대한 법적 논의가 있는 것으로 보이나, 이는 기밀로 분류되어 있어 일반인들은 알 수 없다. 아감벤이 근대 국민국가의 작동 원리로 '예외공간'을 설명했던 것처럼, 남한의 맥락에서 주권권력의 광폭함이 가장 잘 드러날 수 있는 영역에 북한 출신자를 '신문'하는 공간이 구성되는 것이다. 그리고 그 어떤 것도 가능한 그 공간이 '간첩'을 솎아내며 북한 출신자의 탈북 동기와 진정성을 확인함으로써 이들의 전향을 증명하는 과정이라는 것은 호모 사케르인 이들이 다시금 인간이 될 수 있는 유일한 길은 바로 이념의 다른 편에 섰을 때라는 사실을 증명한다.

흥미롭게도 이들이 다시 인간이 되는 순간은 국정원의 신문이 모두 다 끝나고 교육기관인 하나원으로 이송되면서부터이다. 신문 과정을 마치고 난 이후에 〈북한이탈주민대책협의회〉의 최종 승인을 거쳐 보호 결정이 된 북한 출신자는 하나원에서 12주 동안 사회적응교육을 받게 된다.[21] 물론 하나원에서 보내게 되는 3개월 동안에도 완벽히 자유로운 국민으로서의 모든 권리를 보장받지는 못한다. 교육기관임에도 북한 출신자는 거주나 이동의 자유가 제한되고 적응훈련 프로그램을 무조건 이수해야 하며, 동시에 개인 정보는 일방적으로 국가가 관리하게 된다. 하나원에서 '교육'을 받는 동안 이들의 법적신분(가족관계등록)과 주거지 알선 등의 행정적 절차가 진행되며, 하나원 퇴소와 동시에 이들은 대한민국 국민으로서의 법적인 권리와 지위를 보장받게 된다(통일부, 2017). 바야흐로 법의 영역 안에 초대된 북한 출신자는 하나원 퇴소와 지역사회 정착을 거치면서 비로소 국가가 제공하는 정착 지원 체계에 편입되게 된다.

---

21 자신의 신분을 충분히 증명한 이들만 임대주택과 기타 국가 지원의 수혜자가 되는 것이고, 정부의 기준에 부합하지 못하는 자들은 비보호대상자로 구분되어 지원의 대상자가 되지 못하거나, 최악의 경우에는 의심 인물로 분류되어 구금기간이 연장되거나 더 나아가서는 추방되기도 한다.

하지만 지역사회에 배치된 이후에도 이들은 '거주지 보호체계'에서 5년 동안 관리된다. 3종 보호담당관 제도는 거주지보호담당관, 취업보호담당관, 신변보호담당관을 주축으로 북한이탈주민의 지역사회 정착을 지원하는 것을 목적으로 한다. 거주지보호담당관은 지방자치단체가 지정하면서 북한이탈주민의 주택 배정 등 지역사회 정착 전반을 관할하며, 신변보호담당관은 경찰 인력으로서 북한 출신자의 '신변'을 보호하고 규율하는 역할을 수행하게 된다. 마지막으로 취업보호담당관은 이들의 경제활동을 지원하기 위해 다양한 프로그램과 일자리 알선 등을 관할한다. 주목할 것은 경찰이 신변보호담당관으로서 북한 출신자의 동향을 정기적으로 파악하고 신분에 관련된 문제 전반을 담당한다는 사실인데, 그만큼 이들을 특별한 존재로 구별하여 감독하고 있음을 의미한다. 분단체제에서 적국 출신자는 아무리 이주의 동기가 경제적 요인이나 개인적 사정에 따른 것이라고 할지라도 정치적 맥락에서 국가 보안의 문제와 긴밀하게 관련된다. 그만큼 북한 출신자는 사회 불순세력이 될 가능성이 충분히 있는 위험 요인으로 간주되는 것이다.

또 한 가지 흥미로운 사실은 최근 취업보호담당관의 역할이 점차 더 중요해지고 있다는 점이다. 그 이유는 북한 출신자의 경제활동 여부가 지원체계의 주요 축을 이루고 있기 때문이다. 취업보호담당관은 전국 56개 고용지원센터에 지정되고, 이들은 각 개인의 상황에 맞게 취업교육을 알선하는 것뿐만 아니라 적절한 일자리를 소개하는 역할을 수행하게 된다. 직업훈련을 받는 북한 출신자에게는 월 20만원의 지원금이 지급되고, 이 밖에도 직업훈련 장려금, 자격취득 장려금, 그리고 취업한 이후에는 취업장려금이 따로 책정되어 있다(통일부, 2016). 즉 북한 출신자는 호모사케르에서 벗어나 법의 테두리 안에 위치하게 되면 한국사회는 경제적 교환과 보상에 바탕을 둔 관계를 설정하게 된다.

사회복지체계뿐만 아니라 지역 커뮤니티, 특히 종교와 북한 출신자가 관계 맺는 방식 또한 비슷하다. 처음 지역사회에 정착하게 된 북한 출신자는 주변의 도움이 절대적으로 필요한데, 이때 가장 적극적으로 이들에게 접근하는 것이 바로 종교단체이다. 특히 교회는 생필품을 나눠준다든지, 아니면 기타 정보 등을 공유하는 등 다양한 도움을 제공하는 순기능적 역할을 수행한다. 하지만 최근에는 각 교회간의 경쟁이 강화되면서 교회에 참석하는 북한 출신자에게 현금으로 '보상'을 제공하기도 한다. 특히 대형교회의 경우에는 한 번 교회에 참석할 때마다 10만원의 현금을 제공하고, 교인으로 등록할 것을 강요해왔다.[22] 이러한 경쟁은 단순히 대형교회에만 머무르지 않고, 다른 종교 단체로까지 확대되기도 하였다. 북한 출신자와 관련된 다양한 민간 사회복지 단체 또한 실적 위주의 사업을 진행하면서, 사업에 참여하는 북한 출신자에게 현금 혹은 상품권을 제공하거나, 아니면 생필품 등을 제공하는 방식으로 단체를 유지해오고 있다. 이는 자본주의 사회에서의 사회복지체계의 관행적인 작동일 수도 있지만, 문제는 이러한 경험을 통해 북한 출신자들은 남한 사회가 모든 것을 '보상', 즉 '교환' 관계로 구축되어 있다고 이해한다는 것에 있다.

IV. 호혜적 관계

하나원에서 처음 북한 출신자를 만났을 때의 일이다.[23] 그들은 마주치

---

22 주로 학습비용이나 장학금 등의 형태로 북한 출신자에게 제공되는 현금은 주로 큰 교회를 중심으로 관행적으로 작동하고 있다.

23 필자는 2011-13년까지 정착도우미로 활동하면서, 북한이탈주민의 정착 과정을 참여관찰을 통해서 조사한 바 있다. 이 당시 북한이탈주민을 인계받으러 하나원을 방문했고, 그 당시 처음 만난 이탈주민의 인상은 "순박하고, 항상 감사하다고 하는 공손한 사람들"이었다

는 모든 사람들에게 끊임없이 "감사하다"는 말을 되뇌고 있었다. "이렇게 와주셔서 감사합니다", "데려다 주셔서 고맙습니다"로 시작해서, 만나는 모든 남한 사람에게 '감사'의 인사를 전하곤 했다. 하나원에서 나온후 얼마 되지 않은 북한 출신자 또한 비슷한 모습을 보여준다. 한국 생활이 외롭고 힘겹지 않느냐는 필자의 질문에 "아, 일 없습니다. 이렇게 집 있고 살 수 있다는 것만으로도 얼마나...", "얼마나 감사한지 모르겠습니다. 이렇게 우리를 다 받아주고..."(탈북여성 P, 56세)[24]라는 말을 되풀이한다. 자신들이 절대적 환대를 받은 것으로 생각하는 이들은 한국사회에 대한 무한한 감사의 마음을 갖고 있는 것이다.

하지만 한국사회에 상당 시간을 보낸 이들에게서는 약간은 다른 모습이 읽히기도 한다. 처음에는 돈을 건네는 교회가 불편했던 이들도 점차 '보상'을 받는 것을 당연시 여기게 되고, 좀 더 나아가면 각 교회가 자신들을 필요로 한다는 것을 간파하기도 한다. "아무리 도와준다고 해도 자꾸 강요를 해서 (교회) 가기 싫다"던 탈북여성의 경우, 정착생활을 거듭하게 되면서 당장 필요한 것을 얻을 수 있는 교회를 "꼭 참고 간다"고 말하기도 한다(탈북여성 A, 46세).[25] 급기야 몇몇은 발 빠르게 여러 교회를 돌며 가능하면 많은 '보상'을 받으려는 행동을 하고, 또 다른 몇몇은 정착제도가 보장하는 취업지원금을 착복하기 위해 사업주와 공모하여 노동하지 않고 지원금을 타기도 한다. 북한 출신자 네트워크는 어떻게 하면 '보상'을 손쉽게 받을 수 있는지 온갖 정보가 넘쳐나고, 자신들에

(2012년 필드노트의 일부).

24 하나원을 나온 지 2주 만에 P를 그녀의 집에서 만났다. 텅 빈 임대아파트에 있으면서도 그리고 내가 사실 그녀의 탈북과 정착에 그 어떤 도움을 준 적도 없에도, 인터뷰 내내 감사하다는 말을 계속 되풀이했다. (2017년 2월 인터뷰)

25 탈북여성 A는 2012년에 남편과 아들과 함께 한국에 도착한 이후 공장에서 일하면서 지역사회에 정착한 사례이다.

게 가장 이득이 되는 방안이 무엇인지 골몰하게 된다. 예컨대 임대주택을 재임대하는 것이나, 취업교육기관과 이탈주민이 결탁하여 교육 수당을 챙기려는 시도, 종교 및 사회단체에서 지원을 받아 착복하는 것 등 그 방식은 다양하기까지 하다. 정착을 '지원'하기 위해 고안된 각종 지원체계에서 어쩌면 이들은 한국사회의 작동 방식, 즉 모든 것은 교환의 대상이며, 사실상 거래라는 것을 깨닫게 된다. 이런 맥락에서 '북한' 출신이라는 유일한 상품가치를 가능하면 최고의 경제적 가치와 교환하는 것은 이들에게는 결국 한국사회에서 생존의 문제가 된다. 보수 정권에서 종편에 나와 왜곡된 북한 관련 정보 확산에 앞장섰던 대부분의 북한 출신자와 태극기 집회에 앞장섰던 이들, 그리고 국정원 댓글공작에 참여했던 이들은 바로 자신들의 상품가치를 조금 더 영민하게 인지한 이들에 불과하다. 기왕 교환해야만 한다면, 가장 비싸고 이득이 되는 거래를 하는 것은 당연한 일이다.

　문제는 이런 상황에서 북한 출신자와 함께 살아가는 문제, 즉 사회를 만드는 문제에 대한 논의는 점점 더 요원해진다는 사실이다. 특히 최근 북한 출신자가 돈을 받고 정치활동을 한 사건이 불거지면서 이들에 대한 복지 지원내역 등이 대중에게 소개되면서, 이들에 대한 한국사회의 시선은 과거의 분단적이며 냉전적인 사고에서 한걸음 더 나아가 사회복지제도의 부담으로 인식되기에 이른다. 과거에는 '북한'이라는 위협적 세력 출신자라는 색안경으로 이들을 이웃으로 받아들이지 못했다면, 이제는 이 사회의 경제적 부담이자 사회복지체계의 시혜자로 맥락화하는 것이다. 이러한 상황에서 탈분단의 상상이나 통일과정에서의 이들의 역할 등을 부르짖는 것은 어쩌면 온통 경제적 가치와 교환으로 점철된 한국사회에서 통용될 수 없는 전혀 다른 언어의 외침일 수도 있다.

　여기서 반드시 언급해야 할 사실은 상당수의 북한 출신자는 한국사회의 지원 체계에 수동적으로 머무르지 않고, 자립하여 성공적으로 정착하기도 한다는 점이다. 또한 평균적으로 북한 출신자는 정착 지원 체계의 맹점이나 주위의 선의를 악의적으로 이용하는 것과는 거리가 멀다. 그만큼 선한 이웃으로 우리사회의 적응하기 위해 노력을 경주해 온 이들이 대부분이다. 하지만 이 글에서 강조하고 싶은 것은 한국사회의 작동 메커니즘이 이들을 교환의 대상으로 타자화하거나 성급한 보상체계 안으로 인입시키고 있다는 점이다. 한국사회에 초기에 정착한 대부분의 북한 출신자들이 호혜적 관계, 즉 자신이 한국사회에 받아들여졌다는 것을 선물로 생각하고 자신 또한 보답해야 겠다는 선한 의지를 피력하지만, 반면에 한국사회가 그들과 구축하고자 하는 관계는 결코 호혜성과는 거리가 멀다는 점을 지적하고자 하는 것이다.

앞서 언급했던 것처럼 모스는 사회의 총체적 사실(fait social total), 즉 심층에서 작동하는 근원적 원리로서 '증여'를 주목한 바 있다. 그는 여러 사회적 사실들(social facts)의 기저에는 호혜성에 바탕을 둔 선물의 주고/받기, 그리고 답례라는 삼중의 의무로 포착될 수 있다고 설명한다(모스, 2001, 24-29). 그에게 있어 사회의 총체적 작동원리는 교환이 아니라 증여인데, 여기서 증여란 선물의 '물'에 포함되어 있는 서로의 '영혼'을 나누면서 사회적 연대를 구성하는 복잡한 구조를 의미한다. 모스의 증여에서 고려해야 할 점은 선물을 주는 것 그 자체는 의무적으로 이루어지지만 동시에 그 실천을 가능하게 하는 것은 바로 '자유와 자발성'이라는 사실이다(박정호, 2009, 9). 즉 개인의 자유를 통해서만 실현될 수 있는 의무가 바로 선물의 증여이다. 또한 선물을 준다는 것은 사용가치와 교환가치를 넘어서는 것으로, 선물을 주고/받는다는 것은 사물의 교환을 넘어서는 사회적 연대와 감정적 유대를 구성함을 의미한다. 또한 선물을 받는다는 것 또한 반드시 되돌려줘야 한다는 의무를 배태할 수밖에 없는데 그 이유는 선물을 주는 증여자의 '영적 일부'가 담긴 '물(物) 건'을 계속 자신이 간직하게 되면 그는 "병에 걸리거나 심지어는 죽게 될 지도" 모르기 때문이다(모스, 67, 박정호, 2009, 35에서 재인용). 모스는 원시부족의 사례를 들어 선물로 서로 순환하는 '물'은 단순히 사물이 아니라 수증자의 영혼을 담고 있는 것이며, 선물을 받는다는 것은 바로 수증자의 영혼을 나누는 것과 다름 아니라고 설명한다. 수증자의 영혼을 담은 선물은 결국 수증자의 권위, 상징, 의미로부터 지배를 당한다는 것이고, 증여자가 자유롭고 동등한 존재로 호혜적 관계를 맺기 위해서는 다시금 자신의 영혼을 수증자에게 되돌려 주어야 하는 것이다. 모스의 표현으로는 "물건을 주면서 사람들은 자신을 주게"(모스, 192)되며, 동시에 "어떤 사람에게서 무엇인가를 받는 것은 그의 정신적인 본질, 즉 영혼의 일부를 받는 것"으로 이해된다(박정호, 2009, 35).

여기서 증여를 주목하는 것은 바로 총체적 사회적 사실, 즉 근원적 원리로서의 증여가 교환으로 점차 잠식되어 가고 있기 때문이다. 사실 교환은 증여의 원리에서부터 나온 것이지만 동시에 시장, 교환가치, 돈 등 중간 매개가 절대화된다는 측면에서 증여와 구별될 수밖에 없다. 반대로 증여에서의 중간 매개(물건, 귀중품 등)는 인격을 담고 있는 것이기 때문에 사랑, 신뢰, 권위, 감정과 구분되지 않는다(신이치, 2004, 44). 하지만 교환으로 주고받는 특정 '물' 혹은 '돈'은 결코 사회적 연대나 감정적 유대를 구성할 수 없다. 왜냐면 여기서의 '물'은 수증자의 마음을 담고 있지 않고, 증여자 또한 수증자의 영혼에 지배당할 수 없기 때문이다. 이는 정당하고 합리적인 '계산'에 의한 관계이며, 이 때문에 교환의 당사자들은 계약 그 자체 혹은 이득/손실 관계에만 관심을 기울이게 된다.[26]

---

26 신이치는 교환과 증여를 구분하면서 각각의 특징을 아래와 같이 약술한다(2004). 예컨대
    교환의 특징은 1)상품은 '물'이다. 따라서 상품에는 그것을 만든 사람이나 전에 소유했던

교환관계가 점차 사회관계를 잠식해간다는 것은 즉 모든 것이 이득/손실로만 계산되는 것을 의미하고, 이는 도덕적 연대나 감정의 교류가 요원해짐을 의미한다. 이제 인간은 파편화된 개인이 되며, 사회 속의 타자와의 관계를 맺지 못하는 존재로 전락하게 되는 것이다.

일찍이 짐멜은 현대문화에서의 돈의 의미를 분석하면서, 근대의 특징이 바로 돈의 등장이며 이를 통한 개별화된 개인의 등장이라고 설명한 바 있다(짐멜, 2005). 지금껏 사물과 결합되어 있던 개인은 돈이라는 매개물로 인해 자율성을 얻게 되지만 동시에 화폐경제로 환원될 수 없는 많은 사회적인 것이 사라져버린다. 짐멜은 토지와 농민의 관계를 예로 설명하는데, 지주가 농민에게서 토지에 대한 권리를 적당한 가격에 사들이게 된다면 이는 정당한 결과로 보일 수 있겠지만 사실은 화폐가치로 환원될 수 없는 삶의 일부분으로서의 농토라는 가치는 사라지고 만다(짐멜, 2005, 20-21). 왜냐하면 토지에 대한 권리를 넘기는 순간 농민은 농토에 대한 애착, 삶의 의미 등을 잃어버리게 되고, 그렇다고 토지에 대한 권리를 얻은 지주는 아무리 '권리'를 소유하게 되었다고 하더라도 그 의미와 가치까지는 양도받을 수 없기 때문이다. 이 때문에 교환의 대상이

사람의 인격이나 감정 같은 건 포함되지 않는 것이 원칙이다: 2)거의 동일한 가치를 가진 것으로 여겨지는 '물'들 사이에 교환이 이루어진다. 상품의 판매자는 자신이 상대방에게 건네준 '물'의 가치를 잘 알고 있으며, 그것을 산 사람으로부터 상당한 가치가 자신에게 돌아오는 걸 당연한 것으로 여긴다; 3) '물'의 가치는 확정적이 되려는 경향이 있다. 그 가치는 계산 가능한 것으로 설정되어 있어야만 한다. 반면에 증여의 특징은 1) 선물은 '물'이 아니다. '물'을 매개로 해서 사람과 사람 사이를 인격적인 뭔가가 이동하고 있는 듯하다; 2) 마치 상호 신뢰의 마음을 표현하려는 듯이, 답례는 적당한 간격을 두고 이루어져야만 한다; 3) '물'을 매개로 해서 불확정적이고 결정 불가능한 가치가 움직인다. 거기에 교환가치라는 사고가 끼어드는 것을 철저하게 배제함으로써, 비로소 증여가 가능해진다. 가치를 부여할 수 없는 것(예를 들면 신이나 부처한테서 받은 것, 좀처럼 갈 수 없는 외국에서 가져온 선물 같은 것), 너무 독특해서 다른 것과의 비교가 불가능한 것(자신의 어머니가 끼던 반지를 애인에게 선물하는 경우) 등이 선물로서는 최고의 장르에 속한다.

되어 버린 사물의 진정한 의미는 화폐체계로 들어서면서 바로 소멸해버리는 문제점이 존재한다. 여기서 다시금 증여의 중요성이 확인된다. 선물의 증여가 단순히 '물건'의 교환에서 머무는 것이 아니라, 물건을 통한 의미, 상징, 가치의 증여를 내포한다는 측면에서 화폐경제에 의해 잠식당해버린 사회적 관계는 증여로 구축된 사회의 질적인 측면이 소거됨을 의미한다.

앞서 설명한 것처럼 북한 출신자들이 경험하는 북한이탈주민 정착 체계와 한국사회의 작동은 이렇듯 증여, 즉 호혜성이 소거된 교환관계와 화폐경제로 정의될 수 있다. 돈으로 '보상' 받는 체계에서 북한 출신자들은 어쩌면 '자유'를 얻은 것처럼 보이기도 하고, 또 다른 측면에서는 정당한 지원을 받은 것으로 보일지 모르겠지만, 자신의 삶의 뿌리를 송두리째 뽑혀버린 이들과의 진정한 관계 맺기의 질적인 측면, 즉 환대, 우정, 사랑 등의 감정과 가치를 찾아보기는 어렵다. 물론 한국 사회의 사회적 관계의 상당 부분 또한 교환관계로 전환되었으며, 이런 맥락에서 유독 북한 출신자 문제만을 논의하는 것이 편향되게 느껴질 수도 있을 것이다. 하지만 한국사회의 상당 부분은 여전히 교환경제로 설명되지 않는 연대와 윤리적 관계 등이 그 명맥을 유지하고 있지만,[27] 유독 북한 출신자와 한국사회의 관계만은 시작부터 끝까지 교환 관계에 잠식되어 있다.

V. 북한 출신자와 '사회 만들기'

---

27 교환관계가 광범위하게 확장되고 있지만 몇몇의 사회적 국면에서 여전히 공동체를 만들고 타자와 연대를 강화하려는 시도들이 포착된다. 2016년 겨울부터의 촛불혁명이 그 좋은 예라고 하겠다. 물질적 보상이나 이득이 아닌 사회 정의와 가치를 위해 대다수의 국민이 연대하였기 때문이다.

주지하다시피 북한 출신자는 사회적 약자이다. 단순히 사회경제적 위치에서의 약자에만 머무는 것이 아니라 정치문화적 타자이며 소수자이다. 지금까지 한국사회가 이들을 맞이하는 방식이 사실상 사회경제적 위치라는 측면에서의 경제적 기회를 높이는 것에 집중되어 있음을 논의했다. 즉 '분배'를 통한 정의 실현이라는 가정 아래 진행되어 온 것이다. 경제적 지원, 특히 현물과 조건부 보상이라는 체계는 사실상 개별화된 개인을 생산하며 정착의 책임이나 결과 또한 '독립된' 개인의 문제로 축소한다. 이런 측면에서 단순히 '분배'의 정의로는 북한 출신자를 환대했다고 말하기 어렵다. 여기서의 환대의 정의는 김현경의 논의를 참고해보기로 한다. "환대란 타자에게 자리를 주는 행위 혹은 사회 안에 있는 그의 자리를 인정하는 행위이다. 자리를 준다/인정한다는 것은 그 자리에 딸린 권리들을 준다/인정한다는 뜻이다. 또는 권리들을 주장한 권리를 인정한다는 것이다. 환대받음에 의해 우리는 사회의 구성원이 되고, 권리에 대한 권리를 갖게 된다고 정의한다(2015, 207)." 물론 북한 출신자는 법적 지위를 지니고, 기본적인 생활을 보장받는다는 측면에서 한국사회에서 환대 받았다고 기계적으로 해석하는 것도 가능해 보인다. 하지만 만약 여기서의 '자리'가 사회적 인정, 관계, 공동체라는 것을 의미한다면, 북한 출신자에게 정당한 자리 그리고 그 자리와 연관된 권리와 의무를 주고/인정한다는 것은 단순히 법적 지위나 경제적 분배만을 통해서는 다다르기 어렵다.

이런 맥락에서 분배와 인정을 함께 고려하여 이차원적인 범주로서의 분배-인정을 제시한 프레이저의 논의를 고려해볼만 하다. 그녀는 사회적 불평등과 부정의는 대부분의 분배와 인정이 결합된 양상으로 나타난다고 주장하면서, 객관적 조건의 측면에서의 분배 정의와 상호주관적 조건으로서 인정의 정치의 결합을 요구한다(프레이저·호네트, 2014, 44). 이는 북한 출신자가 경험하는 배제와 소외의 문제에 새로운 시각을 제시한다. 부정의 이면에 존재하는 경제와 문화의 얽힘을 전면화했다는 점에서 북한 출신자의 문제의 복잡성에 조금 더 다가갈 수 있기 때문이다. 물론 북한 출신자가 경험하는 불평등(계급적 측면)은 사실 구조적 수준의 분배 불평등이라기보다는 이들의 경제적 능력과 이주 경험 등에서 촉발된 소외라고 하는 것이 옳다. 한국사회와는 전혀 다른 체계로 작동하는 북한사회에서의 교육과 직능체계는 이들의 경제적 정착을 구조적으로 어렵게 하고 상당 기간 제3국에서의 불안정한 정착생활을 하게 되면서 자본주의적 경제체제에 적합한 능력을 키우는 것도 사실상 불가능에 가깝다. 이런 상황에서 이들에 대한 경제적 부정의를 근본적으로 해결하기 위한 방안을 찾기란 쉽지 않다. 그만큼 이들의 경제적 위치와 상황은 분배 불평등의 교정을 통해서 해결되기에는 한계가 있다. 아무런 경제적 기반 없이 한국사회로 이주해온 이들에게 기본적인 삶의 조건을 제공한다는 것은 어쩌면 분배라는 측면보다는 이들의 삶의 조건을 인정한다는 보는 것이 옳겠다.

하지만 경제적 불평등을 개선하기 위한 중장기적인 노력은 계속될 필요가 있는데, 특히 북한 출신자에 대한 다양한 영역에서의 교육 지원이 절실히 요구된다. 현재의 지원체계에서는 북한 출신 청소년에 대한 대학특례입학 등으로 이들의 교육 수준을 높이려는 시도를 하고 있다면, 이제는 장년층을 대상으로 한 교육 또한 함께 제공될 필요가 있다. 단순히 직업교육에만 국한되지 않고, 이들의 적성과 북한사회의 특성을 고려한 다양한 교육 영역의 확대가 특히 주목해야 할 부분이다. 좀 더 근원적으로는 한국사회의 임금격차의 문제 또한 비판적으로 성찰될 필요가 있다. 지금의 임금체계에서는 특별한 기술 없이 '노동'하는 이들의 임금 수준과 교육 수준이 높은 이들의 임금 사이의 너무나 큰 격차 또한 문제시할 필요가 있다. 사회 전반적으로 경제적 정의에 대한 패러다임의 전환

없이는 북한 출신자가 경험하는 경제적 불평등의 문제는 결국 쉽사리 해결되기 어렵기 때문이다.

한편 북한 출신자의 소외와 배제의 경험은 문화적 측면에서의 불인정과 좀 더 깊은 연관이 있다. 한국사회에 깊게 자리 잡은 북한에 대한 폄하와 배제의 시선이 바로 이들이 경험하는 부정의를 촉발하기 때문이다. 분단으로 인해 이들을 경계하고 규율되어야 할 대상으로 타자화하는 것뿐만 아니라, '북한' 출신자를 위협적으로 인지하는 경향 또한 여전하다(류승아 2017). 문제는 이러한 사회적 불인정에 대한 정부차원의 고려는 여전히 미진하다는 점이다. 사실 북한이탈주민보호센터, 하나원, 하나센터, 집단임대거주지 등의 구조로 구성되는 지원체계 구조는 오히려 이들을 있는 그대로 인정하는 것이 아닌, 이들의 특성을 부정적인 것으로 구별 짓고 교정하려는 의도가 짙다. 이들의 정착을 돕는다는 명분의 거주지 및 취업지원 정책은 이들의 문화적 성향에 대한 충분한 지원과는 거리가 있고, 오히려 이들의 특성을 지워내 한국사회에 동화시키는 것에 목적을 두고 있다. 게다가 한국사회가 배태하고 있는 분단적 인식체계에서 북한 출신자가 목소리를 높여 자신들 존재 그 자체로 인정받기 위한 투쟁을 해나가는 것 또한 쉽지 않다.

사실 프레이저의 논의는 기존의 '평등한 분배'(맑스적 전통)의 문제에서 '차이의 정치'(정체성의 정치)로의 이동에 일종의 반기를 들려는 시도이다. 즉, 정체성의 차이만을 강조하는 것만으로 해결될 수 없는 부정의의 문제를 분배를 함께 고려함으로써 해결할 수 있다는 문제의식이다. 하지만 북한 출신자의 경우에는 사회와 국가가 나서 경제적 '분배'의 문제에만 집중한 나머지 '인정'의 문제가 간과된 사례이다. 호네트는 인간의 정체성 구성에서 '상호주관성'의 중요성을 인정의 가장 핵심적 개념으로 소개한다. 미드는 '주격 나'와 '목적격 나'를 대비하면서, 일반화된 타자의 시선을 내재한 것으로 '목적격 나'가 구성되고, 주체는 욕망의 근원으로서의 '주격 나'와 사회적 규범이라는 '목적격 나'와의 마찰과 경쟁 그리고 화해를 통해 구성된다고 주장한다. 이런 과정에서 '주격 나'는 사회적 틀에 조금씩 자리를 만들어가는 '인정투쟁'을 수행하게 되는 것이다. 즉, 호네트는 개인의 자유와 권리가 확장하는 과정으로서 인정투쟁을 주목한다. 그는 개인의 정체성이 무시되는 사례를 들면서, 인정투쟁이 발생할 수 있는 가능성을 탐색한 바 있는데, 즉 폭행, 권리의 부정, 가치의 부정 등을 경험한 개인은 사회 속의 '주체'로 인정받으려는 상호주관적 기대가 훼손되는 경험을 하게 되고 이를 시정하여 '인정' 받기 위한 투쟁을 수행하게 된다는 것이다.

호네트의 인정이라는 개념이 가정하는 인간은 삶의 의미를 찾아가는 주체적 인간이며, 여기서의 삶은 단순히 "생존 유지가 아니라 자기실현"을 내포한다(문성훈, 2014, 89). 인간은 상호주관적 관계를 통해서 주체를 형성하며, 동시에 타인과의 관계를 맺는다. 즉, 몰인정은 결국 주체를 파괴하는 행위이며, 윤리적 의무를 저버리는 행동이다. 타자를 '인정' 하지 않는 것은 바로 주체를 형성하는 것을 훼손하는 것이기에 사회구성원으로서의 의무, 인류의 성원으로서의 윤리적 책임감 등을 저버리는 행위가 되는 것이다. 이런 맥락에서 몰인정은 결국 사회의 근간이 흔들리는 것을 의미하며, '인정'은 타인과의 관계를 통한 윤리적 공동체, 즉 '사회 만들기'와 다름 아니다.

그렇다면 우리는 북한 출신자와 '사회'를 만들어가고 있는가? 북한 출신자에 대한 몰인정은 결국 이들의 주체형성을 막는 것이 되며, 동시에 이들이 타자와의 관계를 맺는 것을 훼손하는 것이 된다. 특히 주목해야 할 것은 인정이라는 개념은 자유롭고, 주체적인 개인들을 주목한다는 점에 있다. 각 개인은 인정을 통해서 비로소 주체적인 존재로 새롭게 태어날 수 있고, 이러한 개인들이 만들어내는 연대와 협력의 구성물이 바로 '사회'가 되는 것이다. 북한 출신자들이 정당하게 자신들의 존재(개인으로서의 사랑), 권리(법적, 제도적, 문화적), 그리고 연대의 인정 행위를 구축해나갈 때 비로소 이들과의 '사회 만들기'는 가능해진다. 특히 '북한' 출신자로서 분단이 만들어낸 편견과 고정관념에 균열을 만들어내고, 동등한 개인으로서의 욕망과 권리를 조금씩 쟁취해 나가야 한다(참고: 이희영, 2010). 이러한 과정을 거쳐 이들에게 주어진 '북한'이라는 꼬리표를 떼어내고 각각의 주체적 개인으로서 재탄생할 때 비로소 이들과의 '사회' 만들기 기획이 완성될 수 있게 된다. 이들을 마주하는 '남한 출신자' 또한 분단이라는 적대를 넘어 북에서 온 새로운 이웃을 그 자체로 인정하려는 자세를 견지해야 할 것이다. 이는 단순히 타자를 배려하는 것이 아닌, 진정한 윤리적 주체가 되는 과정이기에 더더욱 중요하다.

하지만 남북 출신자들의 이러한 인정 투쟁은 분단체제라는 구조적 한계에 좌절되기도 한다. 한국사회를 양분하고 있는 분단은 항상 반대편을 배제하고 낙인찍는 기제로 작동되어 왔기 때문이다. 한국전쟁 이후에 '빨갱이'라는 이름으로 자행된 수많은 폭력과, 민주화 이후에는 '종북'이라는 징표로 표상되는 인격살인 등이 바로 그러한 예이다(김종엽, 2013). 이런 상황에서 북한 출신자들이 자신들의 문화적 특성을 그 자체로 인정받고자 하는 것은 그만큼 구조적 한계에 부딪힐 수밖에 없고, 남한 출신자도 자신의 의식 속의 분단을 거둬들이기란 쉽지 않다. 하지만 미시적 수준에서 계속되는 모두의 인정 투쟁 없이는 분단이 생산하는 구조와 문화에 틈새를 만들어 낼 수 있는 사회적 기획은 가능하지 않다. 또한 개별 주체의 인정투쟁을 통해서만이 분단이라는 비틀어진 한국사회의 인정구조에 근본적 문제 제기가 가능하다.

　　북한 출신자와 '사회 만들기'는 결국 주체적 개인의 생산과 그들 사이의 협력과 연대의 관계 구축이라는 지난한 과정을 거칠 수밖에 없다. 북한 출신자에 대한 사회적 지원이나 배려는 결국 이들이 주체적인 개인으로 사회 속에서 인정받을 수 있는 구조적 토대를 구축하는 것으로 다시금 조정되어야 한다. 이를 위해 '교환'으로 점철된 관계를 호혜성과 도덕적 연대를 가능하게 하는 '증여'의 영역으로 다시금 재위치하려는 시도가 필요하다. 사회란 결국 타인을 위해서 자신의 것을 나누어줄 수 있는 '선한' 개인들 없이는 가능하지 않다. 먼저 자신의 일부를 '주고', 동시에 그 일부를 무겁게 '받아' 답례할 수 있는 윤리적인 태도야말로 사회적 연대의 근원이라는 사실을 다시금 기억해야 할 것이다. 교환과 보상으로 점철된 현대사회에서 그것도 분단이라는 또 다른 층위의 한계를 안고 있는 한국사회에서 선하고 윤리적인 개인부터 시작해야 한다는 주장이 다소 이상주의적으로 들릴지도 모르겠다. 하지만 사회적 관계에 대한 근본적인 문제제기 없이 결코 북한 출신자와 함께 '사회'를 만들어갈 수 없으며, 그들을 진정으로 한국사회의 구성원으로 환대하기 위해서는 한국사회 자체의 질적인 변화가 반드시 요구된다는 사실을 인정해야 한다. 그렇기에 이곳에 초대된 '북한' 출신자는 신자유주의와 분단으로 찢겨져버린 한국'사회' 복원의 시작점이자, 이곳의 이기적 개인들이 스스로 성찰하여 다시금 윤리적 존재로 재탄생하게 하는 구원의 메시아다.

제3부 체제 전환과 마음

제6장

남아프리카공화국과 북아일랜드의 사례가 남북한 통합에 주는 시사점[1]

이우영(북한대학원대학교)

I. 들어가며

원칙적으로 자유민주주의는 다양한 의견의 존재를 전제로 한다. 정치적 다원주의를 보장하는 것이나 언론의 자유를 보장하는 것도 이러한 이유에서라고 할 수 있다. 따라서 자유민주주의 체제하에서는 정치적 의견 상충이나 사회적 갈등은 병리적 현상이라고 할 수 없다. 정치적이고 사회적인 차원에서 단일한 의견만이 존재하거나 사회적 갈등이 표출되지 않는 체제는 자유민주주의에서 배격하는 독재나 전체주의 사회라고 할 수 있다. 이와 같이 사회적 갈등이나 의견 충돌이 자연스러운 현상임에도 불구하고 어떤 체제나 사회공동체가 일정한 사회통합을 지향하는 것도 분명한 현실이라고 할 수 있다. 문제는 다양성의 인정과 사회적 통합이 논리적으로 상충될 수 있다는 점이고, 현실에서는 적지 않은 문제를

1   이 논문은 2013년도 북한대학원대학교 연구년 연구비 지원에 의한 것임. http://dx.doi. org/10.21185/jhu.2016.09.67.5

일으키기도 한다는 점이다. 개인의 자유와 정치사회적 다양성 간의 조화는 오랜 기간에 걸쳐 자유민주주의를 확립한 서구 유럽이나 미국의 경우에도 끊임없이 논란이 대상이 되어왔으며, 민주주의의 경험이 일천한 신생독립국의 경우에는 심각한 문제였다. 이러한 이유에서 전 세계적으로 인류가 사는 곳에서는 늘 갈등과 분쟁이 끊이지 않았다고 할 수 있다. 냉전 시기에는 이념이 정치사회적 갈등의 씨앗이었다면, 탈냉전 이후에는 민족, 인종, 계층 등의 이유로 지금도 세계 곳곳에서는 전쟁과 분쟁이 일어나고 있다.

탈냉전의 세계사적 흐름에서 소외되어 있는 한반도의 경우는 이러한 문제가 더욱 심각하다고 할 수 있다. 단순히 '냉전'이 아니라 남과 북은 한국전쟁의 아픈 경험을 겪고, 서로에게 깊은 상처를 주었다. 남북한 각자의 사회체제 내부에서도 사회적 갈등은 지속되었다고 할 수 있다. 특히 전쟁 이후에는 남북은 전쟁의 경험으로 인해 서로에 대한 부정적, 적대적 인식을 변화시키기 어렵게 되었을 뿐 아니라, 갈등과 분쟁의 재발 소지를 늘 지니고 생활하게 되었다. 이러한 남북의 대치상황과 사회 내부적 갈등은 오늘날에도 남과 북이 서로를 존중하고 신뢰하며, 평화롭게 공존하기 어렵게 하는 장애물로 작용하고 있다고 할 수 있다. 이는 전쟁의 경험으로 형성된 구조와 적대적 인식의 고착화로 인해 남과 북이 상호 기본적인 의사소통과 협의 및 최소한의 합의에 이르지 못하기 때문이다. 갈등과 분쟁은 서로에게 깊은 불신을 낳고 이는 소통의 부재로 이어져 다시 불신으로 나타나는 악순환의 고리를 만들게 된다.

사회적 갈등이 심각하다고 해서 전체주의적 방식으로 의견의 차이를 묵살하고 획일적 통합을 유지하는 것은 바람직하지 않다. 중요한 것은 민주적 원칙, 다시 말하면 개인적 자유와 정치사회적 다원주의를 유지하면서 정치사회적 갈등을 어떻게 관리하고 바람직한 상태의 사회적 통합을 유지하는가 하는 것이라고 할 수 있다. 이러한 관점에서 사회적 갈등이 극심하였던 국가들이 사회적 갈등을 어떻게 처리하고 서로 다른 의견들을 어떻게 소통하였는가를 알아보는 것은 갈등이 심각한 한국사회의 해결방안을 모색하는 데 도움이 될 수 있다.

심각한 갈등과 분쟁을 경험한 이후 다시 소통을 시도하고 이로 말미암아 새로운 관계를 만들어 나가려는 노력을 계속하면서 일정한 결실을 맺고 있는 국가 및 지역이 적지 않다. 여러 사례 중에서 본 연구는 남아프리카공화국과 북아일랜드의 사례를 다루어보고자 한다. 다양한 갈등 혹은 분쟁국가 가운데 두 나라를 선택한 것은 다음의 세 가지 이유에서이다.

첫째, 갈등의 발생론적 배경의 유사성 때문이다. 근대 국가의 사회적 갈등의 요인은 다양하지만 이 가운데 "사회적 장벽(social partition)"이 존재하는 국가들이 있는데 사회적 장벽은 사회를 분리시켜 갈등을 격화시킨다. 그런데 이러한 사회적 장벽은 식민지화와 탈식민지화 과정에서 구축되고 강화된다. 한국의 경우도 마찬가지인데 북아일랜드와 남아프리카공화국의 사회적 갈등도 식민지 과정에서 구축된 사회적 장벽에서 비롯되었다고 할 수 있다. 아일랜드는 영국의 식민지화로 인하여 구교(기존 종교), 신교(새로운 종교)라는 종교적 기준으로 장벽이 구축되었고, 테러로 점철되는 심각한 사회적 갈등을 겪었다.

둘째, 갈등 전개과정의 유사성이다. 아일랜드의 경우는 민족문화를 공유하고 있음에도 불구하고 종교라는 요인으로 사회적 장벽이 형성되고 분리되었지만 식민지배를 지지하는 지배집단과 이를 거부하는 피지배집단 간 갈등이 격화되었다. 남아프리카의 경우는 식민지화 과정에서 인종을 기준으로 사회적 장벽이 구축되고 갈등이 심화되었지만, 지배집단 백인과 피지배집단 흑인 간의 정치적 갈등이 접합되었다. 한국의 경우는 탈식민지 과정에서 이념을 중심으로 사회적 장벽이 구축되었지만 내적으로 근대국가 복원과정의 계급적 헤게모니 투쟁과 결합되어 갈등이 심화되었다고 볼 수 있다. 즉, 종교(아일랜드), 인종(남아프리카), 이념(한국)이라는 장벽의 성격은 다르지만 정치경제적 지배-피지배 문제와 결합하여 사회적 장벽을 공고화하고 사회적 갈등이 격화되었다는 것이다. 이 과정에서 세 국가 모두 유혈충돌을 포함한 폭력적 갈등을 경험하였다는 점도 중요하다. 남아프리카에서는 아파르헤이트 시절 내내 국가폭력과 무장투쟁이 격돌하였고, 북아일랜드는 블러디선데이 이후 영국과 아일랜드공화국군 간의 탄압과 테러가 반복되었다. 한국은 심각한 전쟁을 치렀고, 1980년 광주라는 비극적 사건을 경험하였다는 점에서 갈등 전개과정의 또 다른 유사성이 있다.

셋째, 사회적 갈등이 심각하였던 다른 국가들과 달리 북아일랜드나 남아프리카공화국 모두 갈등을 극복하면서 사회적 통합의 길을 경험하고 있다는 점이다. 테러 혹은 인종차별이라는 문제를 넘어서서 새로운 체제를 구축하면서 과거의 갈등과 상처를 어떻게 치료하고 어떤 정책을 동원하고 있는가 하는 문제는 갈등의 극복과 소통의 확대라는 현 한국 사회의 핵심적 명제와 잇닿아 있다고 할 수 있다. 물론 갈등의 원인인 사회적 장벽의 성격이나 갈등의 심화 과정 그리고 해결방안이 남북한이나 한국의 경우와 일치하지 않지만 어떠한 조건에서 어떠한 문제가 발생하였고, 이를 어떻게 극복하였는가 하는 현실은 우리에게 주는 시사점이 적지 않다고 할 수 있다.

갈등의 극복과 소통의 확립이라는 차원에서 이 글은 남아프리카공화국과 북아일랜드 두 국가의 갈등과 분쟁의 역사를 살펴보고, 이러한 갈등을 해소하고 통합해가려는 소통의 노력을 분석해볼 것이다. 또한 이러한 분석을 통해 두 사례에서 드러나는 소통의 전제 조건과 차이 요인을 밝힐 것이다. 그리고 이를 토대로 한국사회에 줄 수 있는 시사점을 도출해 보고자 한다. 더 나아가 통일과정에서 남북한 사회통합이나 소통 증진에 어떠한 의미가 있는지에 대해서도 알아볼 것이다.

II. 사회적 장벽과 갈등의 메커니즘

모든 사회는 다양한 갈등의 요소들을 가지고 있고, 실제로 갈등이 전혀 발생하지 않는 사회는 없다고 할 수 있다. 오히려 자유가 보장된 사회일 수록 차이를 숨기지 않고 드러낼 수 있기 때문에 집단 간 차이와 구별은 더 활발히 표현된다. 그 과정에서 발생하는 이해관계의 충돌은 일상적인 일이기도 하다. 사회집단 간 갈등은 다양한 원인에 의해 일어나게 되지만 집단 간의 구별과 장벽이 일시적이라면 사회갈등의 정도도 약하고 지속적이지 않을 수 있다. 집단 간 구별이 차별이 아닌 다양성으로 읽히는 곳에서는 다양한 소통의 통로를 만들어낼 수 있고, 이를 통해 여러 이해관계들을 조정하고 타협할 수 있기 때문이다.

그러나 사회집단 간의 구분이 뚜렷하고, 구별이 구조화되어 있을 때는 갈등의 정도가 강하고 지속적일 가능성이 높다. 이러한 점에서 집단 간 갈등과 분쟁의 발생이 연계되어 있는 '사회적 장벽(partition)'의 성격은 주목할 필요가 있다.[2] 또한 이러한 사회적 장벽이 갈등의 발생과 증폭에 어떤 영향을 끼치는지에 대한 고찰도 필요하다.

워터맨(Stanley Waterman)은 사회적 장벽에 대한 연구에서 몇 가지 설명을 시도하고 있다. 먼저 사회적 장벽 개념에 대해서 그는 "이전

---

2   분리된 사회의 사회적 장벽에 대한 사례연구로는 Joe Cleary, *Literature, Partition and the Nation State*, Cambridge: Cambridge University Press, 2002. 참조.

에 하나의 (행정적으로) 단일한 실체였던 것으로부터 두 개나 그 이상의 새로운 국가가 탄생하고, 새로운 개체들 중 적어도 하나가 이전의 국가와의 직접적인 연계를 주장할 때 사회적 장벽이 형성된다"고 설명하고 있다.[3] 또한 새롭게 만들어진 국가들과 분할 이전 영토적 단위들이 연계되는 방식은 분할이 상황을 변화시킨 이후에도 지속적으로 표현된다. 어떤 예에서는 새로운 국가들 중 하나나 그 이상이 분리된 행정단위의 영토에 대해 독점적으로 합법적인 계승자임을 주장하고 그 영토에 대해 헌법적 지위를 주장하는데, 대표적인 경우로 아일랜드 공화국, 서독 그리고 분단된 한국을 들고 있다. 이런 점에서 워터맨의 '사회적 장벽' 개념은 '분단(division)'과 깊게 연관되어 있다.

한편 조 클리어리(Joe Cleary)는 극심한 사회적 분열과 갈등을 경험한 국가들의 경우 대체로 공통적으로 나타나는 사회적 장벽의 '식민적(colonial)' 성격에 주목하고 있다.[4] 이런 국가들의 경우 사회적 장벽 자체가 식민지 경험과 잇닿아 있는 경우가 많다는 것이다. 독립 이후에도 식민지 시대의 역사적 경험이 새로운 국가건설과정에서 영향을 미친다는 탈식민주의 논의는 식민지 시대의 유산들을 주목하는데, 이러한 맥락에서 현재 주요한 분쟁 지역(혹은 국가)의 분열과 사회적 장벽도 탈식민적 현상의 하나라고 볼 수 있다.

일반적으로 탈식민적 논의의 대상이 되는 국가들은 제국주의 지배가 종식되어 식민지 시대 이전의 국가가 복원되거나 아니면 새로운 국가가 성립된 경우가 대부분이다. 그러나 여러 가지 이유로 식민지 이전의

---

3 Stanley Waterman, "Partion and Modern Nationalism", C. H. Williams and E. Kofman (eds.), *Community Conflict, Partition and Nationalism*, London: Routledge, 1989, pp. 17-32.

4 Joe Cleary, *Ibid.*, p. 3.

상태로 복원되지 않는 경우가 있는데, 분단국가들이 대표적이라고 할 수 있다. 독일의 경우는 다르지만 남북한을 포함하여 베트남이나 예멘 등은 식민지의 결과로 분단을 경험하였다는 공통점을 갖고 있다. 이들 분단국가들은 식민지시대 이전에는 하나의 국가체제를 유지하였으나 식민지 경험 이후 원래의 국가체제로 회귀되지 못하고 두 개의 독립적 국가로 나뉜 것이라고 할 수 있다. 따라서 다른 국가들과 달리 탈식민적 시대에도 식민지시대의 유산이 보다 직접적으로 영향을 미쳤다고 볼 수 있다. 분단으로 성립된 두 개의 국가는 서로 다른 이념과 전략을 가지고 독자적으로 발전을 추구하면서도 하나의 국가체제를 지향하게 되는데 이 과정에서 심각한 갈등이 초래되며, 이 갈등의 중심에 사회적 장벽이 존재한다고 할 수 있다.

'분단'의 정도로 심각하게 분리된 사회에서 '사회적 장벽'의 존재는 작은 갈등을 증폭시켜 분쟁을 촉발하는 역할에 그치지 않는다. 사회적 장벽은 갈등의 해결을 위한 다양한 소통의 통로 건설을 방해하고, 분쟁의 상처, 즉 트라우마를 재생산하는 기제 발생을 촉진시킨다. 분리된 사회의 경우, 다양한 미디어를 통한 문화적인 내러티브들이 분리의 트라우마를 지속적으로 기념하고 사람들에게 각인시키는 중요한 기능을 담당하게 된다.[5] 갈등이 사회적 장벽을 강화시키고 분쟁으로 이어져 분리된 사회에서 권력을 잡은 분리주의자들은 여러 가지 문화적인 기구를 동원하여 분리의 역사·사회·문화적인 담론을 재생산하고 이를 이용하게 된다. 분리, 분단의 트라우마는 이러한 메커니즘 속에서 확대 재생산되어 가상의 자기 정체성과 타자 정체성을 형성시키는 데까지 이어지기도 한다.

---

5   Joe Cleary, *Ibid.*, p. 2.

　이러한 차원에서 사회적 장벽을 바라볼 때, 통일을 지향하면서 두 개의 독립된 국가로 분단되어 있는 남북한의 경우 역시 사회적 장벽의 문제에 주목해야 함을 알 수 있다. 또한 이로 인한 갈등의 증폭과 재생산의 메커니즘도 소통의 가능성을 모색하는 데 필요한 연구가 될 것이다. 이 글에서 다루려고 하는 남아프리카공화국과 북아일랜드 사례도 분열이 극심하여 '분리'되어 있는 사회에서 갈등을 증폭, 재생산하는 강고한 사회적 장벽이 존재하는 사회의 예들이다. 각 국가들의 사회적 장벽의 종류나 발생 원인이 다르며 장벽의 강도 또한 다르다. 남아공의 경우는 인종이, 북아일랜드의 경우는 민족과 종교가 장벽의 핵심이라고 할 수 있다. 하지만 그럼에도 불구하고 국제적 차원에서 분쟁으로 주목받는 '분리된 사회'라는 점에서 공통적이라고 볼 수 있다. 이는 남북한의 상황에 유의미한 시사점을 던져줄 수 있을 것이다.

III. 갈등과 분쟁의 역사

1. 남아프리카공화국

남아프리카공화국은 1910년 남아프리카법의 제정으로 케이프 지역과 나탈, 트란스바알과 프리스테이트를 통합한 백인 중심의 남아프리카연방이 세워진 데 그 연원이 있다. 이후 20세기 내내 남아프리카공화국의 정치는 다수 흑인들에 대한 백인 지배권의 유지로 특징지어졌다. 이에 1912년 흑인들은 아프리카국가회의(African National Congress: ANC)를 출범시키고, 흑인을 배제하는 정권에 대한 항거로 이어졌으며 무력투쟁을 고조시켰다. 이처럼 인종차별적인 정권에 대한 반발이 더욱 거세어지는 과정에서 정부는 1913년 '원주민토지법(Native Land Act)'을 제정[6]하고 백인들에게 특혜를 주는 고용 관련법과 케이프 지역의 혼혈인들의 선거권을 박탈하는 등의 차별 법안들을 통과시켰다. 제2차 대전이 끝나고 1948년에 백인계인 아프리카너(Afrikaner)[7] 중심의 국민당(NP)이 정권을 차지하게 되었다. 새로운 정부는 '아파르트헤이트(Apartheid)'[8] 라는 흑백인종차별정책을 공식적인 정책으로 채택했고, 이에 따라 기존의 인종 간 계급제도는 모든 정치·경제 구조에서 백인과 흑인을 양 극단에 놓는 구조로 고착화되었다. 1940년대 이후 정부가 보다 강한 권력으로 인종차별 정책을 펴자, 흑인 반대파도 더욱 활발한 활동을 벌이게 되었다. 1943년에는 젊은 세대로 이루어진 정치 세력이 등장하여 ANC 청년연합을 설립하고, 이를 통해 넬슨 만델라(Nelson Mandela)와 올리버 탐보(Oliver Tambo), 월터 시술루(Walter Sisulu) 등 ANC를 이끌 차기 지도자를 양성하였다. ANC는 아파르트헤이트 정책을 시행한 직후부터 행동계획에 착수하여 백인정권의 지배를 거부하고, 항의와 파업, 시위 등의 행동을 촉구하기 시작했다. 1950년대에는 대규모 시위의 새로운 면모를 보여주면서 1955년 소웨토 의회에서는 자유의 헌장을 낭독하였다.[9]

---

6 흑인이 선조 때부터 소유한 땅 이외의 땅을 파악하여 나머지 땅을 백인들이 차지하기 위한 수법이었다. 당시 '홈랜드'로 불리는 흑인 소유의 땅은 남아공 전체 토지 면적의 약 13%밖에 되지 않았다. 김윤진, 『남아프리카 역사』, 명진, 2006, p. 221.

7 남아프리카공화국의 네덜란드계 자손을 중심으로 하는 백인을 일컫는다. 처음에는 보어인으로 불렸으나 나중에 네덜란드 본토어에서 파생된 아프리칸스어를 쓰게 되면서 그 이름을 본따 '아프리카너'라고 불리게 되었다. 김윤진, 위의 책, p. 239.

8 아파르트헤이트는 남아프리카공화국의 소수 백인과 다수 유색인종의 관계를 지배했던 정책을 뜻한다. 아파르트헤이트는 유색 인종에게 불리한 인종 분리와 정치 및 경제 면에서의 차별 대우를 인정해왔다. 이한규, 「남아프리카 공화국의 화해과정과 의미」, 『4·3과 역사』, 제2호, 제주4·3연구소, 2002, p. 256.

9 이 선언문에서는 이때까지의 투쟁을 인권과 반인종차별의 문화로 묶는 투쟁의 원칙을 발

이에 따라 정부는 ANC와 범아프리카회의(PAC) 등의 대규모 조직 활동을 금지하는 등 일체의 저항운동에 대해 더욱 적극적인 탄압을 실시하였다. 그러던 중 1960년 샤프빌(Sharpeville)에서 통행법에 반대하던 시위자 69명에 대한 학살이 일어나면서, 국가비상사태가 선포되었고 재판 없는 구속을 단행하였는데 이 사건을 가리켜 '샤프빌 대학살'이라고 한다.[10]

그러나 이러한 흑인들의 저항활동은 계속하여 정부의 탄압을 받았고, 1961년에는 H. F. 벌보어드 총리가 이끄는 남아공의 국민당 정권이 백인만의 국민 투표에서 승리한 뒤 남아공을 '공화국'으로 선포했다. 이후 종의 순수성을 지키기 위한 정책을 실시하기 시작했다. 다른 인종 간의 성행위를 금지하는 것(배덕법)을 비롯하여 주민 등록에 있어서 모든 남아공인들은 특정 인종에 속하도록 해야 한다는 규정 등을 포함한 법을 제정하였다. 거주지역에 대한 차별도 이루어져 마을주민 전체를 유색인종 지역으로 강제이주시키는 조치도 시행되었다.[11]

이후 이 백인정권은 '분리 발전 정책'을 고안해내어 아프리카 민족을 임의적으로 민족 '국가'로 분리하고, 각각의 '홈랜드'를 지정함으로써 '독립'을 보장한다고 선언하였으나, 이는 말뿐인 '독립'이었다. 사실상 지방의 토지는 이미 인구 과밀화 현상과 경작 남용 등으로 황폐화되어 있었고, 흑인 및 유색 인종은 백인 거주 지역으로 지정된 고향에서 쫓겨났다. 백인 거주 지역에서 강제 이주된 흑인 및 유색 인종의 수는 약 350만 명에 달하며 홈랜드로 불리는 지방 마을에서는 빈민가가 형성되었다. 이

표하였다. 곽은경, 「남아프리카공화국: 반인종주의 투쟁과 만델라의 화해정책」, 『역사비평』, 통권 41호, 역사비평사, 1997, p. 219.

10 "Sharpeville Massacre, 21 March 1960"(http://www.sahistory.org.za/topic/sharpeville-m assacre-21-march-1960, 검색일: 2016년 9월 15일)

11 이한규, 앞의 논문, p. 257.

외에도 통행법과 주민 수 제한 등의 규정이 더욱 확대되어 엄격히 적용되기 시작하는 등 유색인종, 특히 흑인에 대한 차별정책은 갈수록 그 강도를 더해갔다.

이 무렵 흑인 정치조직의 지도자들은 이 당시 모두 체포되거나 망명 중이었는데 이러한 분위기 속에서 ANC와 PAC는 오랜 기간 고수해온 비폭력 저항 노선을 포기하고 독립을 쟁취한 이웃 국가들에 기반을 두고 무장투쟁에 나섰다. 국가 내에 머물고 있던 ANC의 새로 창설된 무장 세력인 '음콘토 위 시즈웨(국가의 창)' 소속의 최고 지도자 등은 1963년 정부에 체포되었다. 악명 높은 '리보니아 재판'에서 만델라를 포함한 8명의 ANC 지도자들은 본래 기소된 '반역' 혐의가 아닌 국가전복을 기도한 죄로 종신형을 언도받았다.

이처럼 1960년대 내내 반대파의 무력행동을 제압하기 위한 특단의 조치들이 행하여졌지만 1970년대 초 부활하기 시작한 저항운동은 거센 움직임을 보여, 1976년에는 아파르트헤이트에 대한 지속적인 항거를 위한 중요한 계기가 발생하게 된다. 1976년 6월 소웨토의 초등학교에서 아파르트헤이트의 교육정책[12]에 반대하는 학생들의 시위가 발발하였는데 13세의 어린이가 총에 맞아 사살되는 사건이 벌어졌다. 이에 일어난 봉기는 전국적인 봉기로 이어지게 되었다.[13]

엄청난 규모의 시위와 항거에 당황한 백인정부는 1980년대 초에 들어와 여러 가지 개혁을 단행하기 시작하였다. 일례로 흑인 노조의 설립을 인가하고, 1983년 개헌을 통해 소수 민족인 컬러드와 인도인의 하원 참여를 제한적으로 허용하고, 1986년 원성 높았던 통행법을 마침내 폐

---

12   모든 수업을 백인지배계층의 언어인 아프리칸스어로 하라는 내용. 곽은경, 앞의 논문, p. 221.

13   김윤진, 앞의 책, 10장; 곽은경, 앞의 논문, pp. 222-225 참조.

지하는 등의 조치를 취하였다. 1990년대 들어서는 아파르트헤이트 종식을 위한 국제 사회와 여론의 압력이 더욱 강화되자 1990년 2월 당선된 드 클레르크(F. W. de Klerk) 대통령은 민주화운동에 대한 해금조치를 취하고 유명한 만델라 등의 인사를 포함, 흑인 정치인들을 석방시키는 등의 전향적인 조치를 취하기 시작하였다.[14]

2. 북아일랜드

현재까지도 이어지고 있는 북아일랜드 갈등의 시작은 17세기 영국의 아일랜드 이주정책으로부터 시작한다. 17세기에 아일랜드를 식민지화한 영국은 전통적으로 가톨릭 국가인 아일랜드에 신교도들의 이주정책을 감행하였고, 이후 많은 영국계 신교도들이 아일랜드에 정착하게 되었다. 하지만 끊임없는 아일랜드인의 독립 운동과 저항으로 1920년 아일랜드가 영국으로부터 독립하게 되자, 영국계 신교도들이 많이 거주하고 있는 북아일랜드 지역은 여전히 영국의 관할 아래 남게 되었다. 이에 가톨릭교도를 중심으로 하는 북아일랜드 민족주의자들은 영국의 지배에 저항한 반면, 신교도들은 계속해서 영국 잔류를 희망해 양 민족 간 갈등이 표출되게 된 것이다.[15]

이에 아일랜드계 가톨릭교도들은 오랜 저항운동을 벌여왔다. 1968년 이래 가톨릭교도에 대한 영국의 차별에 항의하는 가톨릭계의 민권 운동이 시작되었고, 1969년부터는 아일랜드 공화국군(Irish Republican Army, 이후 IRA)의 활동이 본격화되었다. 한편, IRA의 활동이 본격화

14 곽은경, 앞의 논문, p. 227.
15 신혜수, 「북아일랜드, 길고도 멀었던 대립과 갈등」, 『역사비평』, 통권 43호, 역사비평사, 1998, p. 371-376.

되자 북아일랜드 신교도계 또한 얼스터 민병대(Ulster Defence Association)를 조직하여 IRA에 대항하였고 양측은 잦은 무장 충돌을 벌였다. 1972년에는 영국이 북아일랜드의 자치권을 회수함으로써 아일랜드인들의 유혈 폭력 운동을 고조시켰으며, 소위 '피의 일요일 사건'이라 불리는 유혈사태가 발생하게 되었다. 이 시위에서 영국정부군이 시위대에 발포하여 13명이 사망하는 결과를 가져왔고, 이후 양측의 테러로 29년간 약 3,200명에 이르는 사망자를 기록하게 된다. 이후 영국과 아일랜드는 북아일랜드 사태의 평화적 해결을 위해 노력하였으나, IRA의 테러 등 지속되는 분쟁사태로 인해 번번히 무산되는 경험을 하게 되었다.[16]

그러나 1997년에 IRA가 휴전을 선언함으로써 북아일랜드 문제는 획기적인 상황을 맞이하게 되었고, 신교도계 과격파들도 적극 호응하기 시작하였다. 이에 1998년 4월에 열린 다자회담에서 비로소 '성금요일 협정(Good Friday Agreement, GFA)'으로 불리는 북아일랜드 평화협정을 체결하기에 이른다. 평화협정에는 1972년 이래 영국이 갖고 있던 입법, 행정권을 북아일랜드가 회수하고 아일랜드와 북아일랜드 인사들로 구성된 국경위원회를 창설하기로 되어 있었다. 이는 1968년부터 지속되어 온 가톨릭교도와 개신교도들 간의 유혈 갈등의 종식과 항구적 평화의 정착을 목적으로 북아일랜드 지역의 다양한 정파들이 참여하는 민주적 자치정부를 구성하기 위한 것이었다. 한편 북아일랜드 지역을 현재처럼 영국 연합왕국(United Kingdom of Great Britain and Northern Ireland)의 일부로 남겨둘 것인가 아니면 분리하여 아일랜드 공화국에 합병할 것

---

16   윤철기, 「북아일랜드 평화구축의 정치경제학과 한반도를 위한 시사점」, 『세계북한학 학술
대회 자료집』 2권, 북한연구학회, 2015, p. 196. 북아일랜드의 갈등과정에 대해서는 David
McKittrick & David McVea, *Making Sence of the Troubles: The Story of the Conflict
in Northern Ireland*, Chicago: New Amsterdam Books, 2000, Ch. 3~5 참조.

인가 또 아니면 제3의 길을 택할 것인가는 장차 민주적 자치정부가 안정 궤도에 들어서고 난 후 북아일랜드 주민들의 국민투표를 통해 결정하기로 하였다.[17]

이에 따라 치러진 1998년 총선 결과, 성금요일 협정의 체결을 주도한 바 있던 온건파, 즉 얼스터연합당(UUP, 개신교도 온건파를 대표)과 사회민주노동당(SDLP, 가톨릭교도 온건파를 대표)들이 승리를 거두게 되었다. 그러나 1998년의 계기에도 불구하고 평화정착 과정은 순탄치 않았다. 1999년에 구성하기로 되어 있던 북아일랜드 자치정부는 협상 결렬이라는 난관을 만났으며, 양측은 다시 IRA의 무장해제 문제로 대립하게 되었다. 이에 더해 2000년 2월에는 IRA의 파생 조직인 '컨티뉴어티(Continuity) IRA'의 소행으로 추정되는 폭발 사건이 발생하였다. 한편 2003년 총선 결과는 1998년과는 반대로 두 진영 모두에서 강경파들의 승리로 나타났다. 강경파 개신교도들을 대표하는 민주연합당(DUP)이 제1당이 되고 가톨릭교도 진영 내에서도 IRA의 대변자역할을 해오던 신페인(Sinn Féinn)이 제1당이 된 것이다. 이후 부침을 겪던 북아일랜드 문제는 2005년 IRA의 무장해제 선언으로 다시 해결의 실마리를 찾는 듯하였으나 정치권의 불안한 동거 속에서 테러와 유혈사태는 간헐적으로 발생하였다.[18]

17 구갑우, 「탈식민적 분단국가의 재생산-남북한과 아일랜드」, 『한국과 국제정치』 제28권 제3호, 경남대학교 극동문제연구소, 2012, pp. 209-211; Brendan O'Leary, "The Nature of the Agreement," J. McGarry & B O'Leary, *The Northern Ireland Conflict: Consociational Engagements*, Oxford: Oxford Univ. press, pp.260-263.
18 모종린, 「북아일랜드의 "성금요일(Good Friday)" 평화협정」, 『전략연구』 18호, 한국전략문제연구소, 2000, pp. 105-106.

IV. 소통과 통합의 방식

1. 남아프리카공화국

1) 갈등의 해결: 용서와 치유

남아프리카공화국과 북아일랜드의 사례와 같이 갈등이 유혈사태와 무
장투쟁으로 번지게 되는 경우 구성원들의 피해는 물리적, 제도적 차원은
물론, 심리적·정신적 차원으로까지 확대된다. 남아프리카공화국은 총체
적인 상처, 트라우마의 치유와 회복에 노력을 기울었다.

1995년 남아프리카공화국은 〈국가통합과 화해 증진법(Promotion
of National Unity and Reconciliation)〉을 제정하게 된다. 이는 아파르
트헤이트로부터 다수결 민주주의로의 평화적 전환을 이루기 위해 남아
공의 주요 정당들에 의해 시작된 협상의 결과이자 드 클레르크의 국민당
과 넬슨 만델라가 이끄는 아프리카민족회의(ANC) 사이 타협의 산물이
라고 할 수 있다. 특히 이 법령은 1960년 3월[19]과 1994년 5월[20] 총체적
인 인권 유린을 조사, 가해자에 대한 사면과 피해자에 대한 배상 적용을
TRC에 위임하였다.[21]

이러한 기구 설립과 위임은 합법적인 위임의 차원을 넘어서서 곳곳
에서 자행된 살인과 총체적인 인권 유린의 사실을 폭로함으로써 화해를

---

19 샤프빌(Sharpeville)에서 대학살이 일어난 시기
20 넬슨 만델라가 남아공의 대통령으로 취임한 시기
21 김광수, 「남아프리카공화국의 국가건설: 진실과 화해 위원회(TRC)가 역사청산, 국민화합,
    그리고 민주화 과정에 기여한 역할을 중심으로」, 『아프리카연구』 제15호, 한국외국어대학
    교 아프리카연구소, 2002. 남아프리카의 진실과 화해위원회에 대해서는 Richard A. Wil-
    son, *The Politics of Truth and Reconciliation in South Africa: Legitimizing the Post-
    Apartheid State*, Cambridge: Cambridge Univ. Press, 2001 참조.

촉진시키고 국가적 협력을 획득하며, 잘못된 과거를 폭로함으로써 국가가 그 사실을 인정하고 민주적이고 다민족 공존적인 미래를 진척시키기 위한 초석이었다.

TRC의 과업을 구체적으로 살펴보면 우선, 진실을 밝히는 작업을 수행하는 것이었다. 아파르트헤이트의 숨겨진 역사적 사실, 즉 인권 유린의 '본질과 이유, 정도' 등을 폭로하고, 총체적인 인권유린의 가해자와 피해자를 확인하여 적절한 조치를 취하는 것이었다. 이 과정에서 밝혀진 피해자들을 위해서 TRC는 그들의 말에 귀를 기울이고, 실제적인 배상과 사회복귀를 제공하는 동시에, 고통과 정신적 충격을 다루는 시설을 제공함으로써 심리적으로 치유받을 수 있는 기회를 줬다. 한편, 인권유린의 범죄자와 사회적 책임에 대해서 사실상 사면을 부여하였다. 또한 정부와 다른 인권 유린의 가해자, 그리고 피해자 사이의 관계를 회복시키는 것 또한 TRC의 과업이었다. 이러한 TRC의 과업은 총체적인 치유의 작업이었다.

2) 통합의 방식: 다수결 민주제의 추진과 다문화국가 건설

남아프리카공화국이 TRC를 통해 목적한 것은, 뿌리 깊은 갈등과 아픔의 치유를 시도하고 과거를 정리함과 동시에 새로운 국가의 비전과 기반을 제시하기 위함이었다. 갈등의 근원적인 해소와 공평한 사회, 바람직한 소통의 통로를 만들기 위해서는 새로운 비전의 제시와 제도적인 차원에서의 보완이 뒤따라야 하는 사안이었다. 남아공은 국가의 새로운 비전을 '무지개국가', 즉 평등하고 다양성이 존중되는 다문화국가에 두고, 이를 위해 '다수결 민주제'라는 제도를 채택하였다.

1991년 아파르트헤이트가 사실상 철폐된 이후 권위주의적 인종차별 체제가 민주주의적인 탈인종차별 체제로 이행되기 시작한 남아공의 최대 과제는 비민주주의적인 과거 관행들의 청산과 국가·사회적 통합, 인종화합을 이루는 것이었다. 만델라가 대통령으로 취임할 당시 남아공은 과거 권위주의적인 백인정권 아래 형성된 보타(Louis Botha) 대통령의 초강력 대통령제를 벗어나 대의민주주의적인 대통령제를 채택하였다. 이는 인종차별주의적이고 반국가통합주의적인 세력들의 반발을 막으면서 민주·헌법질서 안에서 온건적이고 포용적인 접근방식 모색의 일환이었다. 만델라와 드 클레르크를 위시한 과도정부는 대통령 선출방식을 국민 직접선거 투표 방식 대신에 총선에서 정당명부식으로 선출된 국회의원의 득표수에 따라 가장 많은 표를 얻은 정당에서 선출한 1순위 의원을 대통령으로 선출하는 의회제와 대통령제의 혼합형태를 취하였다.

이러한 다수결제도는 인종별, 종족별로 분리되었던 남아공 사회에서 표면적으로 인종별 소수세력의 보호 및 국민통합과 참정권 확대 유도의 목적으로 채택된 것이다. 하지만 결과적으로 일당 절대다수의 형성을 최고 수준에서 보장하므로 거대 단일정당의 정치권력 독점과 정당 지도부의 권한 집중, 이로 인한 권력주체들의 정치적 소외가 야기될 수도 있다는 제도상의 한계를 지니고 있는 것도 사실이다.

이러한 다수결 제도를 통해 결국 지향하고자 하는 국가상은 건강한 다문화국가이다. 남아공은 구조적, 문화적으로 다원성을 띠고 있는데 아파르트헤이트가 오랜 시간 인종집단 사이에 존재하는 차이점만을 강조함으로써 인종 간 차별의식이 잔존하고 있었다. 이러한 차별의식을 소멸하기 위해 아파르트헤이트 시기 이후 정부는 각 문화집단이 서로 존중하는 다문화국가(무지개 국가) 건설을 지향하고 있다. 즉 통일된·비인종적인·비민족적인 국가이면서도 인종과 자치단체의 다양성을 보장하는 형태로 나아가려고 하는 것이다. 대표적인 예를 들자면, 아파르트헤이트 시기에는 영어와 아프리칸스어만 공식어로 채택하였는데, 1994년 이후 ANC는 기존 공식어에 9개의 아프리카어(African languages)를 공식어로 추가한 바 있다.[22]

다문화 공존 정책의 대표적인 예로 교육분야를 들 수 있다. 교육분야 또한 이전에는 아파르트헤이트 정책이 강력히 시행되었다. 후세대를 양성하는 교육분야의 특성상 교육은 분리주의 원칙이 어느 곳에서보다 확실히 지켜져야 할 분야였다. 교육에서 분리정책은 일찍부터 시작되었다. 1953년 정부는 '반투 교육 법령'(Bantu Education Act)을 가결하였고, 담당 부처 장관은 이 법령의 목적을 "흑인들이 사회에서 열등하고 종속적인 지위를 받아들이도록 준비시키는 교육을 제공하는 것"이라고 언급하였다.[23] 이후 남아공의 교육정책은 '반투 시스템'으로 불리며 철저한 흑·백인종 차별정책을 실시하게 되었다.

아파르트헤이트 정부는 곧 이러한 분리 교육의 원칙을 다른 인종 그룹에까지 확대하였다. '컬러드 교육 법령'은 1963년에, '인도인 교육 법령'은 1965년에 만들어졌고 담당 부처도 모두 달라졌다.[24] 행정구조의 분리에 따라 네 인종 그룹에게 각각 분리된 커리큘럼이 개발되었다. 또한 의무교육은 단지 백인에게만 해당되었고 흑인과 유색인종의 아이들은 학교 수업료를 지불해야 했다.

강고하게 지속되어 온 교육 내 분리주의 원칙도, 아파르트헤이트의 철폐와 함께 변화가 일어났다. 교육정책의 중요한 변화들은 1989년부터 시작되었는데 백인 학부모와 교사들의 강한 반발은 계획들을 실행하

22 김광수, 「남아프리카 공화국의 문화적 정체성」, 『한국아프리카학회지』 제12집, 한국아프리카학회, 2000, pp. 96-97.

23 Marion Keim, *National Building at Play: Sport as a Tool for Social Integration in Post-apartheid South Africa*, Oxford: Meyer & Meyer sport, 2003, p. 16.

24 Marion Keim, *Ibid.*, p. 17.

는 데 어려움을 야기하기도 했다. 하지만 1991년부터는 드 클레르크 정부와 ANC가 공동으로 인종적으로 분리된 교육분야의 통일을 위해 노력하였고, 모든 인종 그룹의 학생들에게 국립학교를 개방하기 시작했다.[25] 1993년 1월 교육성이 내놓은 '교육 갱신 전략' 중에는 9년의 의무교육을 포함하여, 모든 남아프리카인들에게 단일한 교육시스템을 구성한다는 내용이 포함되어 있었다.

주목할 만한 변화로 모든 남아프리카인들을 위해 10학년까지 무료 의무 교육을 제공하고, 취학 전 교육과 교사 훈련의 진행, 성인교육, 그리고 여성들에 대한 평등한 교육 및 훈련 기회의 제공과 같이 공식적으로 무시되었던 영역의 개선을 추구하였다는 점을 들 수 있다. 하지만 이러한 정책상의 변화들에도 불구하고 아파르트헤이트 시기 불평등의 많은 부분이 여전히 지속되는 한계도 있다. 공립학교들은 모든 인종 그룹에게 열려 있지만, 실제로는 백인학교 학부모들의 완강한 저항 때문에, 또는 오랜 시간 동안 실시되었던 주거지역 분리정책으로 인한 거리상의 문제 때문에 기존의 백인학교는 여전히 백인학생들이 대부분이다. 학교의 시설이나 교사의 자질 등 여러 자원들이 여전히 불균등하게 분배되는 문제도 발생하고 있다. 또한 아파르트헤이트의 정신적 유산의 잔존으로 통합을 추구하는 교육의 현장에서도 학부모, 교사들이 열린 마음으로 서로 다른 인종을 받아들이고 같은 권리를 누리는 것을 용납하지 못하는 경우도 있다.

---

25   Marion Keim, Ibid., p.45.

2. 북아일랜드

1) 정치적 협의주의: 소수의 참여권 보장

북아일랜드의 경우는 1998년 '성금요일 협정'을 계기로 협의주의를 채택하였다. 협의주의는 다극사회, 즉 균열이 심화된 사회에서 한쪽이 동화되거나 상호 독립의 방식을 취하지 않고 민주적 절차를 통해 공존하기로 할 때 선택이 가능한 대안이다. 협의주의 연구자 레입하트(Arend Lijiphart)는 "균열이 심화된 사회에서 민주주의와 사회평화가 유지되기 위해서는 엘리트들이 포용적 자세를 가져야 하고 원심적 경쟁을 지양하여야 한다. 따라서 승자독식의 원리가 지배하는 다수결 민주주의는 적합하지 않으며 오히려 집단 간의 대연정을 통한 권력분점, 선거제도 및 자원배분에 있어서 비례대표제의 도입, 지리적 혹은 기능적 자율의 보장, 묵시적 혹은 명시적 상호비토의 인정 등을 주요 내용으로 하는 협의민주주의가 요구된다"고 하였다.

이러한 협의주의는 모든 집단으로 하여금 공동으로 정부를 구성하게 하므로 공동다수의 지배를 가능하게 하는 대연합정부(grand coalition government)를 특징으로 한다. 그리고 통합 참가의 안전도를 높이기 위해 소수파에게 사활이 걸린 이익을 보장해 주는 상호 비토권을 부여한다. 또한 주요 하부 집단이 내각이나 다른 의사결정체 속에 대체로 인구에 비례하여 대표되는 비례대표제 등을 특징으로 한다. 이러한 협의주의는 소수의 의견이 반영되지 않는 다수결 민주주의의 폐단을 극복할 수 있는 대안으로 간주되고 있다.

성금요일 협정 또한 이러한 협의적 요소들을 지니고 있다. 북아일랜드 자치정부는 영국계와 아일랜드계 양쪽에서 모두 수장을 세워 행정권을 분점하도록 되어 있고, 비례대표제를 사용하고 있다. 또한 의무적인 통합을 피하고, 차이를 동등하고 공정하게 다루기 위해 공동자치와 평등을 지향하고 있으며, 의회와 법정에서 소수의 거부권도 보장하고 있다.[26] 북아일랜드 사례의 경우 영국계 개신교도와 아일랜드계 가톨릭교도 간에 수와 세력에 있어서 차이가 크기 때문에 다수결주의를 채택할 경우 기득권의 권한이 더욱 강화될 수밖에 없으므로 협의주의를 채택하여 양측이 동등한 위치를 점할 수 있도록 한 것이다.

2) 교육문화적 통합: 다원주의적 교육

정치적 갈등을 해소하기 위해 협의주의라는 제도적 방안을 선택했다면 정치, 종교적으로 분파된 사회집단 간 갈등을 다루기 위한 대표적인 방안인 통합 교육과정을 눈여겨 볼 수 있다. 성금요일 협정은 통합학교의 발전을 지원, 아일랜드 언어 교육에 대한 지원 및 관용의 문화(culture of tolerance)를 발전시키려는 필요성에 대해 언급하고 있다.[27] 이러한 협정을 바탕으로 북아일랜드에는 종교적 차이로 분리된 단일한 종교학교가 갈등을 지속시키는 요인이라는 판단하에 지역 내 활동가들을 중심으로 통합학교가 설립되었다.[28]

1989년 교육개혁령에 의해 상호이해교육(Education for Mutual Understanding)과 문화유산(Cultural Heritage)의 두 주제를 포함하는 필수교육과정이 채택되었다. 이 과정은 학생들이 자신과 다른 이들을 존

---

26 북아일랜드의 협의주의에 관해서는 John McGarry and Brendan O'Leary, *The Northern Ireland Conflict: Consociational Engagements*, New York: Oxford University Press, 2004 참조.

27 Alan Smith, "Citizenship Education in Northern Ireland: Beyond national identity?", *Cambridge Journal of Education* 33:1, 2003, pp. 21-22.

28 오주연, 「북한이탈청소년 대안학교의 분리교육 고찰: 통합교육의 필요성을 중심으로」, 『국제이해교육연구』 제10권 제1호, 한국국제이해교육학회, 2015, p. 146.

경하고 가치 있게 여기는 것을 배우고, 사회 내 구성원들의 상호의존을 인식하며 그들이 공유하는 문화적 전통뿐만 아니라 차이를 이해하는 것, 비폭력적인 방법으로 갈등을 다루는 방법을 인지할 수 있도록 하는 것이 주목적이다.[29]

북아일랜드의 통합교육의 효과는 배타적 집단과 분리되어 최소한의 피상적인 갈등으로 구성된 환경에서 교육받는 학생들은 문화적 고립을 경험하지만, 통합교육을 받는 학생들은 타 집단에 속한 구성원 간에 더 많은 신뢰를 표하거나 긍정적인 행위를 하는 것을 상호작용이론(inter-group contact theory)을 통해 설명이 가능하다.[30]

통합교육으로 인한 배타적 사회집단 간의 상호이해를 증진하기 위한 노력은 미비하지만 증가 추세에 있다. 1980년대에 10개의 학교, 1990년대에 27개의 학교가 설립된 이래 2008년에는 61개의 학교에서 통합교육을 실시하고 있다. 재학생 수도 증가하고 있는 것을 확인할 수 있다.[31]

예산지원의 효율성, 여전한 종교적 비판 등의 한계에도 불구하고, 북아일랜드의 통합교육은 인권과 평등 감성을 기초로 한 시민성 양성의 목표에서 영국과 아일랜드 간 제도적 형태, 독립된 공동체 등의 형태를 뛰어넘은 미래 사회 구상에 대한 실험으로 이어지고 있다. 북아일랜드 내 배타적 집단이 추구하는 공통의 미래가 통합과 발전의 공유인지 평화적 공존과 분리된 발전인지에 대한 근원적 질문이 교육 과정에도 영향을

29   Alan Smith, *Ibid.*, p. 22.
30   SEP, Shared Education in Northern Ireland: A Review of Literature(http://www. schoolsworkingtogether.co.uk/reports.html).
31   박종철·김동수·박영자·김성진·송영훈·유정원·장준호, 『통일 이후 통합을 위한 갈등해소 방안: 사례연구 및 분야별 갈등해소의 기본방향』, 통일연구원, 2013, p. 209.

미치고 있는 것이다.[32] 유럽연합의 출범으로 인한 시민권에 대한 개념의
확장과 학교 내 통합교육의 긍정적 효과를 표출할 수 있는 공적 공간을
확대하기 위한 여러 노력은 사회적 갈등을 관리하기 위한 북아일랜드의
제도적 성과인 것이다.[33]

V. 소통의 전제조건과 차이요인

1. 소통의 전제조건

남아프리카공화국과 북아일랜드 사례는 모두 심각한 유혈분쟁을 겪고
평화롭고 새로운 관계를 만들어 나가고 있는 국가들이라고 할 수 있다.
평화롭게 공존하기 위해 두 국가는 모두 소통의 노력을 경주하고 있는데
두 사례의 소통의 방식은 다소 다르다고 할 수 있다. 남아프리카공화국
이 평등한 '다문화국가'를 건설하기 위해 다수결 민주제를 채택하고 있
다면, 북아일랜드는 협의주의를 통해 평화로운 공존을 추구하고 있다.
하지만 두 사례 모두 최소한, 서로 피를 흘리는 적대적인 입장을 떠나서
대화와 타협을 위한 소통의 발판을 마련하고 있으며 부침이 있을지언정
일정수준 성과를 거두고 있음에는 틀림이 없다.

그렇다면 두 사례를 통해 심각하게 분열된 사회에서 소통을 가능케
하는 전제조건을 도출해 보자. 첫째, '약자에 대한 배려'가 소통의 중요
한 전제조건이라는 점이다. 남아프리카공화국과 북아일랜드 모두 약자

---

32   Alan Smith, *op. cit.*, pp. 27-28.
33   강순원, 「분단극복을 위한 북아일랜드 통합교육운동의 역사적 성격」, 『비교교육연구』 25권
      6호, 한국비교교육학회, 2015, p. 93.

를 배려하는 방식으로 제도를 만들었다. 남아공의 경우 약자가 다수를 점하는 흑인 집단이었으므로, 다수의 권한을 보호할 수 있는 다수결 민주주의와 다문화를 보장하는 방식으로 소통의 조건을 만들어내었다. 한편 북아일랜드는 약자가 소수인 가톨릭계 아일랜드인이었으므로 소수의 권익을 인정하는 협의주의적 방식을 채택하여 소통의 환경을 구성하였던 것이다.

둘째, '폭력의 종식과 타자의 인정'이 있어야만 소통의 기반이 마련된다. 남아공과 북아일랜드 모두 국가적 기획, 제도의 조정을 통해 폭력을 종식하고 타자를 인정하는 과정을 구성해나갔다. 남아공은 만델라 대통령 취임 이후 TRC를 통해 역사적 진실을 밝혀내고, 집단 간, 개인 간 발생한 증오와 아픔을 치유, 화해를 시도하였다. 북아일랜드의 경우 양측의 무장해제를 꾸준히 추구하고 있으며, 일부 통합학교에서 공통의 역사교육을 시도하는 등 상대를 인정하는 사회, 문화적 인식 구성을 위해 노력하고 있다. 이는 물리적 폭력의 종식을 제도적으로 보장할 뿐 아니라, 폭력적 행위가 정당화되도록 하는 인식을 바꾸기 위한 노력이라고 할 수 있다.[34]

2. 소통방식의 차이요인

그렇다면 두 국가가 모두 소통의 전제조건들을 충족시킴에도 불구하고 드러나는 소통방식이 차이를 지니는 이유는 무엇일까? 그것은 내부적인 상황의 차이, 즉 갈등의 성격 차이와 외부행위자 요인의 차이에서 기인

---

34 강순원, 「1998년 벨파스트 평화협정과 북아일랜드 평화교육의 상관성-상호이해교육(EMU)에서 민주시민교육(CE)으로」, 『비교교육연구』 제13권 제2호, 한국비교교육학회, 2003, p. 241.

한다고 할 수 있다. 먼저, 갈등의 성격을 살펴보면 앞서 언급한 바와 같이 남아프리카공화국은 백인인 아프리카너와 흑인 간 인종갈등이자 억압을 받는 약자가 다수를 차지하는 구조인 반면, 북아일랜드는 소수인 가톨릭계 아일랜드인과 다수인 계신교계 영국인 사이의 갈등이다. 따라서 남아공은 다수의 권익을 행사할 수 있는 방식으로, 북아일랜드는 소수의 권리를 인정해주는 방식으로 소통의 환경을 재구성한 것이라고 할 수 있다.

또 한 가지 간과할 수 없는 요인으로, 외부행위자 요인을 들 수 있다. 남아프리카공화국은 한 국가 내에서 다른 민족과 인종 집단 간의 분쟁이 직접적인 요인이었다. 물론 아파르트헤이트의 종식과 평등한 평화국가 건설로의 이행에는 정권에 대한 국제 여론의 영향력을 무시할 수 없지만, 이는 어디까지나 간접적인 차원이었다. 그러나 북아일랜드 사례는 영국과 아일랜드 공화국까지가 주요한 행위자가 된다. 이 때문에 북아일랜드 문제의 해결은 단일 국가의 경계를 넘어서는 제도를 요구하는 형태가 될 수밖에 없었다. 남아공은 국내적 차원에서의 조건이 더욱 중요하지만, 북아일랜드는 외부행위자가 주요하게 참여할 수밖에 없으며 이는 북아일랜드 협의주의에 주요한 요소가 된 것이다.

VI. 통합과 소통을 위한 시사점

남아공과 북아일랜드 사례에서 남북한 관계의 소통에 대한 몇 가지 시사점을 도출해 낼 수 있다. 첫째, 앞서 밝힌 바대로 소통의 전제조건은 무엇보다 '약자에 대한 배려'라는 점이다. 동등한 입장과 자격을 지닐 수 있다고 인정될 때 양측이 '대화'할 수 있다. 한쪽이 일방적으로 자신의 의지를 관철시키겠다는 의지를 지닐 때 '소통'은 불가능하다. 정치경제적으로 북한이 약자인데다 분리 정도가 매우 심한 남북한의 경우, 통합을 지향할 때 다수결주의보다는 협의주의 모델을 고민해 볼 수 있을 것이다. 또한 남북한의 경우 통합지향의 자치적 모델을 구성한다 하더라도 분단의 과정과 이해관계로 인해 미국과 중국 등 외부행위자의 요인을 무시할 수 없는, 북아일랜드의 사례와 유사한 측면을 지니고 있다는 점에서 또한 협의주의 모델에 대한 진지한 고찰이 필요하다. 남아공에서 아파르트헤이트 이후 새로운 국가건설을 추진하면서 소수자가 되었던 백인 정권에 대한 일정한 '배려'가 있었다는 점을 기억할 필요가 있다.

물론 '사회적 장벽'이 완전히 해소되거나 갈등의 증폭, 재생산의 기능을 상실할 정도의 사회적 조건이 마련되지 않은 상황에서 합의에 이르기까지 이해관계를 조정하고 타협하는 데 긴 시간이 필요하고 그 사이 일어날 수 있는 갈등 상황의 재현 가능성에 대해서도 고려하고 이를 보완하는 장치 또한 고민해야 할 것이다.

둘째, 군축문제에 대한 논의 진전이 반드시 함께 동반되어야 한다. 전쟁의 경험과 전쟁 재발의 가능성이 상존하는 현실에서 남북교류·협력이 일정 수준 진행되어 오는 과정에서도 군사분야에서는 실질적인 진전이 이루어지지 않았다는 지적이 많다. 하지만 실제적인 군축 문제가 진행되지 않고서는 근본적으로 양측이 서로에게 신뢰를 가지기 어렵고 이는 소통을 불가능하게 만드는 중요한 요인이 된다. 북아일랜드의 성금요일 협정에서도 양측의 무장해제가 핵심적 관건이었다는 점을 상기할 필요가 있다. 한편으로는 교류·협력을 시도하면서 다른 한편 군사 활동과 무력시위를 지속하는 것은 교류·협력 등 소통의 성과를 반감시키고, 서로에게 불신을 심어 언제든지 신뢰의 수준을 예전으로 떨어뜨릴 수 있는 행위이다. 이를 위해서 남과 북이 함께 군축 문제를 논의할 뿐 아니라,

한쪽에서 먼저 조금씩이라도 이를 시도할 필요도 있다. 또한 군축 문제는 사실 남북한만의 문제가 아니라 중국, 미국 등 외부행위자가 연계되어 있는 문제로서 함께 논의하고 실행해 나가야 할 의제이다.

셋째, 과거를 정리하는 방식에 대한 협의를 해나가야 할 것이다. 앞서 설명했듯이 분리된 사회에서 사회적 장벽은 분쟁과 분리의 경험을 확대, 재생산하고 이를 통해 가상의 자아와 타자 정체성을 구성시킨다. 이는 상대집단을 '악'으로, 자집단을 '선'으로 위치시키고 모든 잘못을 상대집단에 귀속시키며, 상대집단을 인정하지 않는 현상으로 나타난다. 남북한의 경우 분단 이후 70여 년이 지나는 시기 동안 이러한 작업이 지속되어 왔고, 이는 서로를 인정하지 않고 적대적으로 인식하는 심성체계를 발전시켜 왔다. 남한 사회에서는 이를 허무는 작업들이 이미 시작되고 있지만 보다 구체적이고 적극적인 해법들을 고민할 필요가 있다. 특히 남한만이 아니라 남북한 간 협의를 통해 이러한 작업들을 해 나가야 한다. 남아프리카공화국의 경우 '용서와 치유'라는 목적을 가지고 TRC가 그러한 작업을 수행했고, 일정 수준 성과를 거두었다고 할 수 있다. 북아일랜드도 공통의 역사를 가르치려는 노력들이 행해지고 있다. 남북한 차원에서도 서로를 신뢰하면서 대화와 소통의 상대로 인정하기 위해서 이러한 프로젝트가 준비될 필요가 있다. 이는 통합을 위해 반드시 필요한 사전 작업이기 때문이다.

넷째, 남북한은 통합의 비전을 함께 고민해야 할 필요가 있다. 남아프리카공화국이 새로운 국가 건설을 시작하면서 자유롭고 평등한 다인종·다문화국가인 '무지개 국가'를 통합의 슬로건으로 내세우고 이를 위해 매진하였던 것처럼 남북한도 분명한 통합의 비전이 필요하다. 남북한이 통합 또는 통일이 되면 정치경제적으로 부강해질 것이라는 강대국 지향의 단선적인 논리만으로는 부족하다. 어느 한쪽만의 일방적인 논리가 아닌 양측이 합의하고 함께 지향할 수 있는 보편적 가치 지향의 비전이 필요하다.

이때 남아공의 통합 시도를 생각해 볼 수 있는데, 남아공의 경우 인종 문제로 심각한 갈등과 아픔을 겪고, 이를 해결해 나가는 과정에서 다른 인종을 모두 존중하고 포용하는 비전으로 나아갔다는 점에서 갈등의 핵심이 새로운 비전 구성의 원동력이 되는 경우라고 할 수 있다. 남북한의 경우 여러 복합적인 요인으로 '한국전쟁'을 겪고 현재까지 모든 책임을 서로에게 전가하며 아픔을 재생산하고 있다. 여기서 역으로 양측이 모두 '한국전쟁'이라는 공통의 아픔과 고통을 지녔다는 점을 상기한다면 그러한 전쟁이 재발하지 않는 '평화'와 '공존'의 비전을 지향하는 출발점이 될 수도 있을 것이다.

사회적 갈등은 자연적으로 해결되는 것은 아니다. 이것은 정치적인 노력과 사회적 노력이 필요하다는 것을 의미한다. 남아프리카공화국과 북아일랜드의 경우에도 마찬가지라고 할 수 있다. 정치적인 차원은 구체적인 정책으로 구현되었다고 할 수 있는데, 두 나라의 경우를 통해서 볼 때 정책적 차원에서 다음의 몇 가지 시사점을 얻을 수 있다.

첫째, 정치적 타협이 우선되어야 한다는 것이다. 북아일랜드는 내전에 준하는 폭력적 충돌이 지속되었지만, 성금요일 협정을 통하여 갈등의 극복이 가능해졌다고 할 수 있다. 성금요일 협정은 신교와 구교 세력, 그리고 영국이 참여하는 일종의 정치회담이라고 할 수 있다. 갈등의 당사자들이 직접 앉아서 정치적 교섭을 하였다는 점은 중요한 의미를 갖고 있다. 남아프리카공화국의 경우도 가해자와 피해자가 서도 마주하며 정치적 해결의 실마리를 열었다는 점이 중요하다. 정치적 타협이 이루어진 다음 북아일랜드는 권력분점을 위한 협의주의가 입안될 수 있었고, 남아프리카공화국도 흑·백 정치지도자 간의 타협을 통하여 정권 이양이 평

화적으로 이루어지면서 아파르트헤이트가 종식되고 사회적 갈등의 해소
가 시작되었다고 할 수 있다. 이러한 점에서 한국의 사회적 갈등 극복과
해소를 위해서는 정치집단들 간의 타협이 선결 요인이 된다고 할 수 있
다.

'남남갈등'으로 대변되는 한국사회의 사회적 갈등은 북한 문제나 통
일문제를 중심으로 이루어졌지만 실질적으로 남한사회의 정치적 갈등이
근본 원인이라고 할 수 있다.[35] 민주화와 권력교체 등의 정치과정에서 정
치적 갈등이 심화되면서 사회적 갈등이 심화되었고, 정치집단들은 사회
적 갈등을 정략적 목적으로 확산하여 왔다고 볼 수 있다. 따라서 갈등의
극복과 소통의 출발은 정치집단 간의 타협에서 시작되어야 한다는 것이
다.

둘째, 소통의 회복을 위해서는 구체적인 정책을 입안하고 실행하여
야 한다는 것이다. 갈등의 종식이 이루어진다고 하더라도 이것이 곧바
로 사회적 소통의 증대로 이어지지 않는다. 남아프리카공화국의 경우 아
파르트헤이트의 종식과 정권교체의 합의로 기존의 흑백갈등은 극복되
었다고 할 수 있지만, 흑백 간의 사회적 갈등은 여전히 유지되고 있다고
볼 수 있다. 이러한 맥락에서 TRC의 구성과 활동은 과거의 상처를 치유
하고 새로운 통합을 위한 구체적이고 적극적인 정책적 개입이라고 할 수
있다. TRC의 성과에 대해서는 논란의 여지가 있지만, 중요한 것은 적극
적인 정책 입안을 추진하였다는 점이다. 이와 더불어 갈등의 종식과 소
통의 확대를 위한 남아프리카공화국에서 수행한 교육정책도 유의해서
볼 필요가 있다.

적극적인 정책의 중요성은 사회적 소통의 확대 과정에서 국가가 구

---

35 이우영, 「북한관과 남남갈등: 여론조사와 신문기사를 중심으로」, 경남대학교 극동문제연구
  소 편, 『남남 갈등 진단 및 해소방안』, 경남대학교 출판부, 2004. 참조.

체적인 정책을 제기할 필요가 있다는 것을 의미한다. 사회적 소통이라고 하지만 현재 갈등의 한 축이 국가라는 점에서도 국가가 소통에 적극적으로 나서야할 필요가 있다고 할 수 있다. 그리고 이보다 더 중요한 것은 정책의 주체가 국가이기 때문이다. 소통을 위한 구체적인 정책의 입안과 추진은 국가가 주도할 수밖에 없다는 것이다. 또한 교육에 소통의 문제를 적극적으로 반영하는 것이 중요하기 때문에 교육자치단체들도 사회적 소통문제에 관심을 기울일 필요가 있다고 할 수 있다.

셋째, 상황에 적합한 갈등 해결과 소통 확대를 위한 정책을 추구하여야 한다. 아일랜드가 일반인 다수결 민주주의가 아니라 일종의 지분을 보장하는 협의제로 정치제도를 구축한 것이나 남아프리카공화국의 새로운 국가건설에서 가장 먼저 과거의 상처를 극복하는 것에 주안점을 둔 것은 각 국가의 특수한 역사적 경험과 인구비례와 같은 현실적 조건에서 비롯되었다고 할 수 있다. 구교도가 소수인 북아일랜드에서 권력분점을 위해서는 일방적인 다수결이 아닌 협의제가 불가피하였다. 민주주의 원칙에 어긋나 보이지만 협의제는 인종이나 다문화적인 문제를 경험한 나라들에게 일반적으로 나타나는 것으로서 벨기에의 경우도 여기에 해당된다고 할 수 있다

그리고 인종차별의 아픈 역사가 있었지만 동시에 백인의 협조가 불가피한 남아프리카공화국의 현실에서 처벌보다는 진실규명과 피해자에 대한 심리적 보상이 현실적인 정책이었다는 것이다.

따라서 한국의 경우에도 역사적 경험과 현실적 조건을 고려한 정책이 입안될 필요가 있다. 예를 들어 현재의 남남갈등이 대북정책과 연관되어 있으며, 장기적으로 통일 이후 남북의 사회갈등과 결합될 여지가 많다는 점에서 소통의 문제와 통일정책 혹은 대북정책을 같이 고려할 필요가 있다는 것이다. 또한 근대화 이후 장기간에 걸친 권위주의적 군사

정권의 유산으로 갈등해소의 경험이 부족한 한국사회의 현실을 생각할 때, 갈등해소 교육을 추진하는 것도 상황과 조건을 고려한 정책이 될 수가 있다.

VII. 결론: 통합을 위한 소통의 과정

남아프리카공화국이나 북아일랜드 모두 극심하게 분열된 사회에서 통합과 소통을 시도한 경험을 보여주고 있다. 남아프리카공화국이나 북아일랜드는 정치사회적 약자를 물리적으로 억압하는 것이 아니라 상대를 배려하는 것에서부터 출발하였고, 결과적으로 폭력을 종식하고 타자를 인정하는 방식으로 그 기반을 마련하였다는 점에서 공통적이라고 할 수 있다. 그러나 구체적인 과정이나 결과는 차이가 있다고 할 수 있다. 남아프리카공화국에서는 다수결이라는 일반적인 민주주의적 원칙에 따라 흑인정권이 수립되었다. 그러나 흑인정권은 정치적 약자가 된, 과거 인종차별의 주역이었던 백인들의 비도덕적 행위에 대한 진상규명을 추구하였지만, 궁극적으로 화해를 지향하면서 갈등을 극복하였다고 할 수 있다. 반면 북아일랜드는 과거 탄압의 대상이었던 가톨릭계의 권리 회복과 보장을 위해서 협의주의 체제를 발족하였다. 이것은 구교가 정치사회적 약자였을 뿐만 아니라 숫자에 있어서도 소수였기 때문에 비롯된 결과라고 할 수 있다.

남아프리카공화국의 경우 악명 높았던 아파르트헤이트의 종식을 추구하는 국제적 압력이 강했지만 갈등의 극복과 해결은 피부색이 다른 남아프리카인들 스스로가 주도하였다고 볼 수 있다. 반면 북아일랜드는 영국과 아일랜드공화국이라는 외부 세력의 일정한 개입이 갈등 극복 과정에 있었다고 할 수 있다. 이러한 차이들은 사회적 갈등이 형성된 역사적 배경의 차이와 갈등의 정도와 빈도의 차이, 그리고 인구구성을 포함한 사회적 조건의 차이에서 비롯되었다고 할 수 있다.

현재 남아공과 북아일랜드의 사례는 완성되거나 완벽한 것은 아니다. 남아프리카공화국의 경우 백인중심의 경제구조는 여전하고, 정치적 권력을 잡았다고는 하지만 대다수 흑인들의 사회경제적 지위는 취약하다. TRC의 활동에 불만을 가진 사람들은 흑인과 백인 양쪽에 존재하고 있다. 북아일랜드에서 권력분점을 보장하는 협의주의의 존재 자체가 사회적 통합이 지극히 어렵다는 것을 보여준다고 볼 수 있다. 신교와 구교인들은 유사인종주의 정도로 차별적 정체성을 가지고 있다. 법적으로 통치권을 갖고 있는 영국과 바로 옆에 붙어 있는 아일랜드 공화국은 언제든지 원심력을 제공하여 분열을 촉진할 수 있다.

그러나 중요한 것은 여전한 어려움들과 불안요소가 남아 있는 미래에도 불구하고 과거 경험하였던 갈등을 되풀이하지는 않아야 하겠다는 생각이 갈등의 주축들에게 공유되고 있다는 사실이다. 이를 위하여 다양한 소통을 시도하였고, 굴곡을 경험하면서도 협상을 포기하지 않았다는 것이다. 이러한 맥락에서 장기적인 시각에서 본다면 이들 국가는 소통의 확대를 통한 사회적 통합으로 나아갈 가능성이 크다고 할 수 있다.

두 나라의 경험을 검토하면서 주목하여야 할 것은 균열되어 있는 집단 간 힘의 균형을 맞추는 것이 소통의 전제조건으로서 매우 중요하다는 사실이다. 그리고 획일적으로 어떠한 제도를 마련하는 것이 해결책이 아니라, 사회마다 적절한 소통의 환경을 구성해 나가는 것이 관건이 될 것이라는 사실 또한 중요한 함의라고 할 수 있다. 이는 제도적인 뒷받침과 더불어 사회 집단 간의 인식구조를 변화시켜 나가는 끈기 있는 노력이 필요한 과정이 될 것이다.

현재 남한은 여러 가지 쟁점을 둘러싸고 사회적 갈등이 심화되고 있다고 할 수 있다. 1980년대의 사회적 갈등이 국가와 시민사회의 단선적 갈등이었다면 민주화를 이룩한 1987년 이후, 특히 2000년대 들어서 경험하고 있는 사회적 갈등은 다층적이고 복합적이라고 할 수 있다. 그리고 북한과의 화해협력과 갈등심화가 파동적으로 반복하면서 남한 내 갈등과 남북한 갈등은 접합되는 경향도 있다. 따라서 통일을 지향하는 과정에서 남북한 간에 일어날 수 있는 사회적 갈등은 지금까지 경험하였던 갈등들보다 한층 더 심각할 수 있다. 따라서 현 단계의 사회적 갈등을 극복하고, 장기적인 차원에서 통일을 준비하기 위해서도 소통을 증진시키는 구체적인 노력이 절실하다고 할 수 있다. 이러한 차원에서 갈등을 경험하고 극복하고 있는 남아프리카공화국이나 북아일랜드가 우리의 경험과 다소 다른 점이 있다고 하더라도 이들의 사례에 보다 더 많은 관심을 가질 필요가 있다는 것이다. 또한 이들 국가뿐만 아니라 이스라엘-팔레스타인의 갈등과 소통, 그리고 캐나다의 영국계-프랑스계 주민들 간의 갈등과 화해 등 더 많은 사례들을 살펴보는 것도 한국사회의 바람직한 사회적 소통과 남북한 간의 화해를 위해서 필요할 수 있다.

제7장

중국 국유기업 구조조정과 노동자 마음: 몫을 잃은 자들의 마음

장윤미(동서대학교 중국연구센터)

I. 문제제기

2009년 7월 25일 지린 퉁화시에 있는 국유기업 퉁화철강(通鋼)의 노동자 만여 명이 회사의 민영화 방침에 반대하며 시위를 벌이다가 이 회사를 인수·합병하려던 민간기업 젠룽(建龍)철강의 임원 천궈쥔(陳國軍)을 구타해 숨지게 한 사건이 발생했다. 전날인 7월 24일 젠룽 그룹에서는 51년의 역사를 지닌 국유기업 퉁강의 경영권 인수를 발표했고, 이에 막 임명된 퉁강 총경리 천궈쥔이 분노한 노동자들의 구타와 공격을 받아 사망에 이르게 된 것이다. 이 충격적인 소식은 인터넷을 통해 순식간에 퍼졌고 이틀 뒤인 7월 27일 지린성 정부에서 사건에 대한 공식 발표를 한다. 그런데 지린성 국자위(國資委) 부주임 왕시둥(王喜東)은 사건의 경위를 발표하면서 "퉁강의 일부 내부퇴직자들과 직원들이 퇴직자들이 갖고 있는 '국유정서(國有情結)'를 이용하여 기업이 안고 있던 문제와 모순을 격화시키고 '진상을 알 수 없는 사람들(不明眞相的群衆)'을 자극하여 퉁

강 사무지역 내에 모였다"라고 말한다.[1]

　이 말은 즉각 퉁강 주민들을 분노하게 만들었다. 국유자산을 지켜야
할 조직의 관리가 오히려 적대적인 태도로 국유노동자를 조롱했다는 사
실에 격분한 것이다. 또한 왕 부주임이 부정적으로 사용한 '국유정서'라
는 말은 그의 의도와는 달리 노동자들에게는 과거에 대한 향수, 현재 변
화에 대해 느끼는 불만, 미래에 대한 불안감 등의 마음을 가장 정확하게
표현하는 말로 바뀌어 다가왔고, 즉각 사회적 논쟁을 일으켰다. 과거 국
유기업체제에서 살아왔고 개혁 이후에도 여전히 국유체제에서 심리적
안정감과 귀속감을 느껴온 노동자들에게 이 말은 오히려 노동자의 심리
를 대변해주는 가장 정확한 말이었다. 국유체제에는 생존과 경제활동을
보장해주는 공식적 제도뿐 아니라 소속단위에 의존하며 그 일원으로서
자부심을 느끼게 해주는 심리와 마음이 내포되어 있다. 중국어로 '情結'
이라는 말은 영어로 'complex'로 번역되거나 때로는 '열등감'이나 '마
음의 병'이라고 해석되지만, 이는 단순히 콤플렉스가 아니라 생각이나
감정, 행동에 영향을 미치는 감정복합이고, 마음 속 깊이 간직하고 있는
애착이나 지향, 정서를 포괄하는 개념이다. 따라서 관료가 '콤플렉스'라
는 부정적인 의미로 사용한 단어는 오히려 노동자들에게 '국유'에서 느
끼는 애착이나 정서 등의 감정을 불러일으킨 것이다. 노동자들의 입장에
서 볼 때 이 단어는 국유콤플렉스보다는 '국유정서' 혹은 '국유마음'이라
고 부르는 것이 더 가깝다고 할 수 있다. '국유체제' 자체에 대한 관료와
노동자의 마음이 다르기 때문이다.

　국유기업 개혁에 대한 노동자들의 저항은 이미 1990년대 후반 본
격적인 국유기업 구조조정과 더불어 시작되었다. 가장 큰 규모로 진행된

1　楊琳, "通鋼事件是我國勞資關係發展的標志性事件", 〈瞭望新聞周刊〉 2009年32期

것은 이보다 앞선 2002년 동북지역에서였다. 2002년 3월 베이징에서 양회(兩會)가 열리는 동안 랴오닝성 랴오양(遼陽)에서는 철합금 공장의 노동자들을 중심으로 대규모 노동자 시위가 발생했다. 십여 개의 공장, 수만 명의 노동자들은 마오쩌둥(毛澤東)의 초상화를 어깨에 매고 "궁상우(龔尙武, 당시 랴오양시 당서기) 파면, 랴오양시 해방", "우리는 밥을 원한다! 빚진 돈을 갚아라" 등의 플랫카드를 높이 들고 지방 부패관료의 처벌, 국유자산 보호, 노동자 기본 권리의 보호 등을 요구했다. 11일부터 20일까지 9일 동안 지속된 노동자들의 시위는 결국 정부의 폭력 진압으로 끝났고 시위를 주동했던 4명의 노동자 대표가 잡혀갔으며 그중 2명이 '국가정권 전복죄'로 실형을 선고받았다. 이와 동시에 철합금 공장의 공장장은 직무유기죄로 실형을 선고받았고, 그동안 체불되었던 노동자들의 임금과 양로금(연금), 의료비가 모두 지급되었다. 그러나 그 뒤 공장은 사유화된다.[2]

작년 2016년 3월 역시 양회(兩會)가 열리는 동안 헤이룽장성의 대표적 국유기업인 솽야산(雙鴨山) 룽메이(龍煤) 그룹의 노동자들과 가족들이 대규모 시위를 벌였다. 이미 몇 개월 간 임금과 연금이 체불되어 있던 솽야산 노동자들은 이 지역의 노동자 임금이 체불되지 않았다고 단언한 루하오(陸昊) 성장의 발언에 분노했다. 광산 노동자들은 '루하오가 눈 뜨고 거짓말을 한다(陸昊睜眼說瞎話)'고 적힌 플래카드를 들고 거리를 행진했다. 솽야산 지역 노동자 시위에서는 "우리는 살고 싶다, 밥을 먹고 싶다(我們要活着, 我們要吃飯)"라는 구호 외에도 "부패범죄분자를 타도하자", "공산당은 돈을 돌려달라(共產黨還我們錢)"라는 플래카드가 등장했다. 룽메이 그룹의 또 다른 광산이 위치한 허강(鶴崗)과 치타이허(七台

2   老嚴, "遼陽鐵合金廠的改制過程和工人的反腐維權鬪爭", http://www.workerdemo.org.hk/0004/0100-0116T.htm

河) 지역에서도 4월 퇴직노동자들이 연금 삭감과 난방비 미지급에 대해 항의하며 시위를 벌였다.[3] 이후 이 지역은 외부인의 출입이 제한되며, 모든 언론의 보도가 차단되었다.

이렇듯 2002년, 2009년, 2016년 7년마다 동북지역 국유기업 노동자들에 의한 대규모 시위나 사건이 있었다. 1990년대 후반부터 국유기업 구조조정이 본격적으로 진행되었고, 이와 동시에 거의 20년 동안 국유기업이 밀집되어 있는 동북, 산시, 허난 지역에서 많은 노동자들이 일자리를 잃었다. 국유기업 개혁 문제가 지금까지도 해결되지 못한 현안인 것처럼, 국유기업 노동자들의 집단행동 역시 언제든 다시 들고 일어날 수 있는 민감한 문제이다. 국유기업 노동자들의 집단행동은 중국 당국의 언론통제로 인해 많이 알려지진 않았지만, 국유기업 문제의 쟁점뿐 아니라 중국 사회의 분열과 갈등의 지점을 정확히 보여준다. 국자위 관료나 헤이룽장 성장의 발언이 단순히 개인의 생각이 아니라 해당 정부의 공식적인 입장이라고 보았을 때, 지도부의 생각이 얼마나 노동자들의 인식과 동떨어져 있는지 알 수 있다. 중국 공산당 집정의 정당성은 민심을 제대로 파악하고 민심을 위한 정책을 펴는 것에서 온다. 그러나 이 사건들은 중국 지도부가 얼마나 '인민의 마음(民心)'을 알지 못하는지 단적으로 보여준다. 1980년대 중반부터 국유기업 개혁에 관한 논의가 지속되어 왔음에도 불구하고 30여 년의 시간이 흐른 지금까지도 왜 해결되지 못하는가? 왜 국유기업 노동자들은 지속적으로 비슷한 구호를 외치며 당국에 항의하는가? 국유기업 노동자들은 왜 공산당에게 자신들의 돈을 돌려달라고 하는가? 공산당은 노동자들에게 무슨 빚을 졌는가?

이 글에서는 국유기업 개혁으로 인해 해고된 혹은 불안한 일자리에

---

3   "黑龍江省礦工示威此起彼伏, 鶴崗上萬礦工連日游行討薪" http://www.rfa.org/mandarin/yataibaodao/renquanfazhi/xl2-04102015105352.html

서 힘겹게 살아가는 국유기업 노동자들의 마음을 살펴보려 한다. 기존의
연구대상으로서 '국유기업'은 중국 사회의 맥락으로부터 분리되고 국유
기업이 걸어 왔던 역사적 경로와 단절한 채 어떻게 더 효율적이고 현대
적인 조직으로 개혁할 것인가에 초점을 맞춰왔다.[4] 노동의 관점에서 진
행된 연구 역시 대부분 시장전환이 야기한 국유기업 노동자 신분의 변화
및 재형성에 초점을 맞춰왔다.[5] 그러나 사회주의 체제 중국에서 국유기
업은 먹고사는 문제를 해결하는 단순한 '일터'가 아니라 일정한 지역을
기반으로 자부심을 갖고 자신들의 문화를 만들며 살아왔던 노동자들의
삶의 터전이자 뿌리이며, 그들의 평생이고 모든 것이다.[6] 경제적 측면에
서 볼 때 국유기업 문제는 전체 산업구조의 조정, 국가산업에 대한 전략
적 고려, 새로운 도시화 정책에 따른 노동력 재배치 등 전반적인 중국경
제 구조조정의 틀 안에서 고려되어야 하는 문제이다. 또한 국유기업 노
동자들의 집단행동은 과거 사회주의 시기 국유기업이 밀집해 있던 지역
을 중심으로 발생하고 있기 때문에 전국적인 이슈로 볼 수는 없다. 그러
나 사회주의체제 중국에서 국유기업은 향후 지속적인 개혁을 이끌어나

---

4 路風, "國有企業轉變的三個命題", 『中國社會科學』 2000年第5期; 李培林, 張翼, "走出生活
逆境的陰影: 失業下崗職工再就業中的'人力資本失靈'研究", 『中國社會科學』 2003年第5期.

5 Lee Ching Kwan, 1998, "The Labor Politics of Market Socialism: Collective Inaction
and Class Experiences among State Workers in Guangzhou", *Modern China* 24(1);
Lee Ching Kwan, 1999, "From Organized Dependence to Disorganized Despotism:
Changing Labour Regimes in Chinese Factories", *The China Quarterly* 157; Lee Ch-
ing Kwan, 2005, *Livelihood Struggles and Market Reform: (Un)making of Chinese
Labour after State Socialism*, Geneva: UNRISD; 沈原, "社會轉型與工人階級的再形成",
『社會學研究』 2006年第2期; 佟新, "社會變遷與工人社會身份的重構: '失業危機'對工人的
意義", 『社會學研究』 2002年第6期.

6 국유기업 노동자들의 계급적 관점이 아니라 문화적 신분의 의미를 따라 분석한 기존 연구
로는 다음을 참고할 것. 郭偉和, "身份政治: 回歸社區後的北京市下崗失業職工的生計策
略: 沃爾瑪中國玩具供應廠的經驗研究", 『開放時代』 2008年第5期; 佟新, "延續的社會主
義文化傳統: 一起國有企業工人集體行動的個案分析", 『社會學研究』 2006年01期.

가야 하는 중심축이면서도, 지역의 사회관리 재편을 통해 체제안정을 유지하고 개혁에 대한 지지와 민심을 얻어야 하는 중요한 정치적 장소이기도 하다. 이러한 측면에서 동북 지역 국유기업의 문제를 해결하고 이를 통해 노동자들의 마음을 얻는 일은 향후 지속적인 개혁 동력을 얻을 수 있느냐의 여부를 판가름하는 핵심적인 이슈라 하겠다.

　이 글에서는 국유기업에 대해 노동자들의 어떠한 마음이 담겨 있는지, 또한 노동자들은 국유기업 개혁과정을 어떻게 받아들이고 이해하는지, 노동자들의 관점에서 국유기업에 대한 이들의 '마음'을 살펴보겠다. 마음이란 "집합적 마음의 구조화된 질서"로 감정이나 정서뿐 아니라 인지, 문화 등을 포함한다.[7] 일정한 집단 사회의 지배적 가치를 구성하는 삶의 태도, 윤리적 지향, 감정의 구조, 미학적 취향 등을 모두 포괄하며, 다양한 사회적 현상을 발생시키는 '에너지'이기도 하다. 중국 국유기업 노동자들의 '마음'에는 국유기업 단위라는 관계 네트워크를 통해 형성된 감정뿐 아니라, 국유기업 소유권을 포함하여 향후 개혁 방안에 대한 인지적, 도덕적 판단까지 담겨 있다. 이러한 노동자 마음을 다양한 인터뷰 속에 나타난 그들의 언어와 서술로 알아본다. 인터뷰 자료는 퉁강 사건이 발생했을 때 인터넷에서의 노동자들의 반응과 노동자 상황을 모아 책으로 엮은 『국유마음(國有情結)』[8]과 2000년대 전후 동북지역 해고노동자에 대해 진행된 조사연구들,[9] 영화 〈24시티〉의 국유기업 노동자들의 인

7　김홍중, 『마음의 사회학』, 문학동네, 2009, p. 7.
8　中國工人硏究網編, 『通鋼事件與國有情結』, 中國文化傳播出版社, 2009.
9　孟韜, 于立, "恣原型國有企業的改制重組: 來自東北三省的調硏", 『社會科學戰線』 2006年 第5期; 于立, 孟韜, "國有企業'買斷工齡'的問題與規範: 以東北老工業基地資源枯竭型國有 企業爲例", 『社會科學戰線』 2004年06期; 張子林, 黃藝紅, "保障東北下崗失業職工基本生 活問題的再思考" 『社會科學戰線』 2007年第1期; 嚴元章, "東北地區下崗工人基本狀況訪 談錄", 『中國與世界 2001年第51期, http://www.zazhi2.org/2003/2001/zs0101a.html

터뷰를 엮은 책,[10] 국유기업 해고노동자가 자신의 체험을 바탕으로 쓴 소설,[11] 그리고 필자가 2005~2006년 '문혁과 노동자의 기억의 정치'라는 주제로 공동연구자로 참여하며 진행했던 국유기업 노동자 인터뷰 등을 참고했다.

II. 국유기업 개혁 담론과 개혁에 동원된 노동계급

상하이에서 대학을 졸업하고 한국에 유학 온 청년에게 국유기업 노동자 시위에 대한 생각을 묻자, "그 사람들은 게으르고 배우지도 못했고 정부에 늘 뭔가를 요구하는 사람들이에요"라는 답변이 돌아왔다. 이러한 인식은 단지 중국에서 가장 부유한 지역 중 하나인 상하이인의 인식이 아니라, 현재 중국 사회가 국유기업 노동자들에게 갖고 있는 주류적 인식을 대표하는 말일 것이다. 이 말은 국유기업 노동자들은 게으르고 능력이 없고 시대에 적응하지 못했기 때문에 가난하고 못 사는 것이 당연하다는 의미를 내포하고 있다. 언제부터 국유기업 노동자들에 대한 이러한 인식이 형성된 것인가? 이러한 평가에 대해 당사자들인 국유기업 노동자들은 어떠한 마음을 갖고 있을까?

혼히 담론은 정치적 효과 또는 목적을 위해 의식적이거나 무의식적

---

10 賈樟柯, 『中國工人訪談錄: 二十四城記』, 山東畵報出版社, 2009.

11 趙劍斌, 『鋼城改制變局』, http://blog.sina.com.cn/0451zhaojianbin. 이 소설을 쓴 저자는 하얼빈시 3대 동력공장(하얼빈의 주요 기간산업을 맡아왔던 3개 공장을 말함)에서 일했던 노동자 출신의 작가이다. 이 소설에서는 동북지역의 낙후된 공업지대에 있는 둥강(東鋼) 노동자들이 국유기업에 대한 깊은 애착과 감정을 가지고 헌법과 법률에 근거하여 자신들의 국유기업을 지켜내는 불굴의 투쟁과정을 그려냈다. 이 소설은 바로 둥강사건을 모델로 하여 집필한 작품이다.

으로 생산되고 유통된다. 낡고 비효율적이라는 '국유기업 이미지' 역시
이러한 활동의 결과물이다. 덩샤오핑(鄧小平)은 개혁 초기 '사상해방(思
想解放)'과 '실사구시(實事求是)'라는 슬로건으로 사회의 주요 임무를 경
제건설로 바꾸는 데 성공했다. 그런데 어떠한 '사상'이 어떻게 '해방'되
었는가? '사회주의가 가난은 아니다'라는 슬로건으로 알 수 있듯이 개
혁 시기 '사상해방'이란 더 많은 물질적 이익을 추구하기 위한 사상해방
이었고, 더 잘 살기 위한 사상해방이었다. 이를 위해 기존 체제의 핵심적
위치를 차지하고 있던 도시 국유기업에 대한 개혁이 불가피할 뿐 아니라
동시에 도시 노동자들을 동원할 필요가 있었다. 이에 따라 중국 정부는
도시 지역 노동계급에게 생산력 제고를 위한 역사적 책임이 있고 이들이
근대화 건설의 주력군이라는 점을 강조함으로써 개혁의 최전선에 이들
을 동원하였다.[12] 이로써 '사상해방'이란 모든 금기를 타파하고 원래 이
데올로기가 지니고 있던 포용적 세계관으로서의 역할을 발휘하게 하는
것이 아니라, 오로지 현실 문제를 조정하고 단기적인 정책목표의 형식을
실현시켜 주기 위한 기능적 역할로서 출발했다는 점을 알 수 있다.[13] 또
한 '실사구시'와 '사상해방'의 과정은 국가-사회 간의 민주적 의결과정에
의해 이루어진 것이 아니라 국가의 선언에 의해 시작되었고, '해방되는
사상'에 대한 해석권과 지배권 역시 국가에 의해 조절되고 독점되어 왔
다. 이러한 과정에서 노동자는 개혁이데올로기의 절대적인 우위를 수용
하는 것 이외에 다른 선택지가 없었으며, 중국 노동자들은 시장체제에서

12　중국 공산당은 1983년 1월 전국직공사상정치공작회의를 개최하여 《국영기업 직공사상정
치공작강요(國營企業職工思想政治工作綱要(試行)》를 발표하는데, 주 내용은 애국주의,
집단주의, 사회주의, 공산주의에 대한 사상교육과 일상적인 사상정치교육으로 나누어진다.
사상정치 사업을 경제사업과 결합하여 운용하는 것을 원칙으로 하고 있다.

13　Gordon White, *Riding the Tiger: The Politics of Economic Reform in Post-Mao Chi-
na*, California: Stanford University Press, 1993, p. 162.

일방적 '적응'의 수동적 존재로 간주되어 왔다.

도시 개혁은 1980년대 중반부터 시작되었지만, 국유기업 개혁이 본격화된 것은 1997년 15차 당대회부터이다. 이 회의에서 중국 공산당은 국유 경제의 중요성을 강조하는 동시에 시장경쟁 원리에 따라 경쟁력 없는 기업은 모두 정리한다는 전략적 방침을 결정한다. 특히 1998~2000년까지 중앙정부에서는 "국유기업 3개년 활성화"를 제기하며 출자전환(債轉股)이나 정책적인 파산 등의 형식을 통해 소수의 자원독점형 대기업을 제외하고 대부분의 중소형 국유기업에 대한 소유제 개혁을 단행했다. 이에 따라 3천만 명이 넘는 산업노동자가 해고된다. 당시에는 사회보장시스템도 없어 대부분 자신의 근속연수(工齡)을 파는 방식으로 보상이 이루어졌다. 보상비는 지역마다 다른데, 동북지역의 경우 대개 1년에 2천 위안 정도로 20년 일한 노동자는 4만 위안 정도 받고 거리로 내쫓겼다. 남쪽 지역은 시장화가 어느 정도 진행되어 국유기업 노동자들이 빨리 일자리를 찾을 수 있었지만, 개혁 이후에도 기존 사회주의 국유단위체제를 유지해왔던 동북지역의 경우에는 그렇지 못했다. 대개 한 집안 두 대에 걸쳐 모두 같은 공장에서 일하고 과거 수십 년간 스스로를 '공장의 주인'이라고 여겨 왔던 사람들이다. 소속 단위를 떠나 스스로 생을 도모할 기술이나 교육을 받아본 적이 없으며, 일단 일자리를 잃으면 아무것도 할 수 없는 상황이었다. 영화 '피아노(鋼的琴, The Piano in a Factory)'에 나오는 주인공과 동료들처럼 아무 준비도 없는 상황에서 갑자기 버려진 노동계급이 된 것이다.[14]

퉁강 사건이 일어나던 때는 지린성에서 대대적인 국유기업 개혁이 일어나던 시기였다. 당시 당서기였던 왕민(王珉)은 지린성으로 부임하

---

14   吳曉波, "從〈鋼的琴〉看中國工人階級的憂傷", 〈金融時報〉 2011/7/21

기 전인 2002~2004년 쑤저우시 당서기와 장쑤성 부성장을 겸임하면서
국유기업의 개혁을 대대적으로 추진했다. 국유기업 매각은 그의 주요 업
적으로, 그는 1년 반의 기간 동안 1,034개 국유기업의 소유제 개혁을 완
성하는 신기록을 세웠다. 그는 지린성에서 재직하던 5년의 기간 동안 이
른바 "쑤저우 속도(蘇州速度)"로 지린성 지역의 국유기업 개혁을 이어
간다는 방침을 세웠다. 지린성 국유기업 소유제 개혁의 주요 책임자였던
왕민은 구체적으로 1년 안에 816개 성 소속 국유기업의 소유제 개혁을
완성하다는 계획을 세운다. 그는 "우리는 관례를 뛰어넘는 방법을 채택
하여 국유기업개혁 돌격계획(國企改革攻堅計劃)을 실시했다. 내 표현에
따르면 '솥바닥까지 박박 긁는(連鍋底抄)' 방식이다. 가장 어려운 것을
해결하고 어떠한 문제도 남기지 않는 것이다. 이는 지린 국유기업개혁의
최대 특징이다"라고 회고한다.[15] 이러한 사유화의 광폭 행보는 노동계급
권익을 심각하게 침범하고 결국 비극적인 '통강 사건'을 초래하게 된다. 중
국 당국은 동남연해지역에서 진행되었던 기업개혁의 경험을 살려 북부 지
역 국유기업에 대한 개혁도 어려움 없이 추진할 수 있으리라고 보았지만,
개혁개방 이후 산업화된 동남지역과 사회주의 시기인 1950년대부터 이미
산업화된 북부 지역의 상황과 조건은 매우 달랐다. 특히 동북지역은 중공
업 분야의 국유기업을 중심으로 오랫동안 '단위(單位)체제'를 형성해온 지
역으로,[16] 공장은 노동자들에게 평생 '직장'이자 '집'이었다.

15 王忠新, "王珉落馬主要源於吉林'通鋼事件'", 〈新民学社〉 2016/3/15
16 단위체제의 특성과 변화에 관해서는 다음을 참고할 것. 백승욱, 『중국의 노동자와 노동
    정 책: '단위 체제'의 해체』, 문학과 지성사, 2001. 개혁 이후에도 지역과 산업의 특성으
    로 인해 이러한 단위체제의 특성이 지속된다는 연구로는 다음을 참고할 것. Tom Cliff,
    "Post-Socialist Aspirations in a Neo-Danwei", The China Journal, Vol. 73, January
    2015. 단위체제 이후 도시공동체 재건의 정치적 역학을 다룬 연구로는 다음을 참고할 것.
    Thomas Heberer and Christian Göbel, The Politics of Community Building in Ur-
    ban China, Routledge, 2011.

노동자들의 인식을 바꿔놓기 위해 중국 정부는 우선 개혁의 역사적 필연성을 강조하며, 실업 역시 개혁과정에서 나타나는 필연적 현상임을 강조한다. 중공 선전부와 노동사회보장부가 공동으로 제정한 〈국유기업 하강(下崗)직공의 기본생활보장과 재취업사업 선전제강〉에서는 노동자들이 개혁의 전체적인 시각에서 실업 문제를 인식하도록 교육시키고, 노동자 실업은 공급이 수요보다 많은 장기적인 노동시장 조건에서 만들어진 객관적 현상이자 계획경제 조건에서의 경제전환 과정에서 나타나는 필연적인 현상이며, 경제발전의 불가피한 추세라는 점을 강조하고 있다.[17] 시장경제 체제의 정립과 경제구조의 변화에 따른 노동자 이동과 일자리 재배치는 피할 수 없는 정상적인 현상이라는 것이다. 물론 '실업'이 아니라 3년간 기본생활비를 지급해주는 '면직(下崗)'이라는 과도기적 형태를 두었지만, 재취업에 실패할 경우 이는 실업이나 다름없었다. 과거 비정상적이었던 실업은 이제 정상적인 것이 되었다.

또한 실업을 정상적인 현상으로 인식하도록 하기 위해 공식 노조(工會)를 동원한다. 그 논리는 개인의 이익보다 국가 전체의 이익이 우선한다는 것이다. 1999년 10월 8일 전총 13기 2차 주석단회의에서 노조주석인 웨이젠싱(尉建行)은 "노동자들이 개혁과정에서의 이익관계 조정을 정확히 인식하도록 교육하여, 개인이익을 국가와 집단이익에 복종시키고 부분이익을 전체이익에 복종시키며, 단기적 이익을 장기적 이익에 복종하도록 하여 노동자대오 보호와 사회정치적 안정에 노력하여 국유기업 개혁과 발전을 위한 좋은 조건을 만들어야 한다"고 역설한다.[18] 노조가 노동자들에게 개혁이데올로기의 정당성과 전체이익을 위해 자신의

---

17 "國有企業下崗職工基本生活保障和再就業工作宣傳提綱"(中宣發〔1999〕2号), http://www.51wf.com/law/1128957.html

18 〈工人日報〉 1999/10/9

이익을 양보해야 하는 필요성을 교육시키는 역할을 맡게 된 것이다. 노조는 인원감축을 통해 효율을 증대시켜야 기업이 경쟁력을 확보하고 위기에서 벗어나 활력을 되찾을 수 있음을 분명히 강조하고 있다. 기업의 개혁과 활력은 결국 사회에 유리한 일이며 이것은 노동계급의 장기적인 이익에도 유리하다는 논리이다. 또한 실업 노동자의 인식이 바뀔 수 있도록 교육시켜 자립적이고 적극적인 취업관을 심어주고 있다. 개혁과정에서 실업은 어쩔 수 없는 현상이라 주장하면서 마침내 이러한 고통을 감내하는 것이 "영도계급의 새로운 시대적 과제"라고 갈파한다. 중국 전총 산하 언론매체인 「공인일보(工人日報)」에서는 "개혁이 하나의 혁명이라면 일정한 대가를 치러야 한다. 노동자들로 하여금 개혁을 이해하게 하고 개혁을 지지하고 개혁에 참여하며 개혁의 최종적인 승리를 위해 개혁과정에서 나타난 고통을 참아내도록 해야 한다. 이것이 현 시대가 '주인'들에게 부여한 새로운 시대적 의미다"[19]라고 강조한다.

이와 같이 개혁이 노동자들에게 큰 손실을 미치더라도 노동자들은 이러한 개혁을 수용하길 원해야 한다고 역설하고 있다. 국가의 이데올로기적 공세에 독립적인 조직을 갖지 못한 노동자들은 이러한 정책에 도전할 수 없었고 묵인과 적응 외에 별다른 선택의 방법이 없었다. 이러한 과정에서 노동자들은 자원의 시장 배분을 정당한 것으로 받아들였고 노동문제를 개인 차원의 문제로 귀결시킨다. "오로지 하나밖에 없는 길" 위에서 각자 스스로의 생존을 도모할 수밖에 없는 것이다. 어차피 바뀐 세상이기 때문에 여기에 적응해야 하고, 만약 문제가 있다면 자신이 사회변화에 적응하지 못한 결과라고 생각하면서 문제의 원인을 자신의 운명으로 귀결지었다.

---

19 李寶瑾, 『繼承與超越: 工人日報探析』新華出版社, 1997, pp.112-113.

개혁 담론을 둘러싼 조직적인 선전 속에서 국유기업은 이후 "큰 밥그릇(大鍋飯)", "게으름뱅이를 키운다(養懶漢)", "생산수단의 심각한 낭비(生産資料嚴重浪費)", "생산효율의 저하(生産效率低下)", "인재 억제(扼制人才)" 등의 부정적인 평가가 따라붙는다. 국유기업 노동자가 게으르고 의존적이라는 이미지는 개혁이 단행되던 1990년대 말 정부의 문건에서 확인할 수 있다. 1998년 6월 9일 중공중앙과 국무원이 발표한 〈국유기업 하강직공 기본생활보장과 재취업사업에 관한 통지〉에 의하면, 노동자들의 "기다리고, 의존하고, 요구하는(等, 靠, 要)" 사상을 포기하도록 지도하며, 올바른 직업선택관을 수립할 수 있도록 도와줄 것을 강조하고 있다. 노동자들이 국가정책과 법률이 허용하는 범위 내에서 무슨 일을 하든지 모두 귀천의 구분이 없으며 어떤 직업에 종사하든지 모두 영광스럽고 사회주의 시장경제의 요구에 적극 적응하는 것이라고 인식하도록 교육시킬 것을 강조하고 있다.[20]

이 문건은 중국의 정책결정자가 국유기업 노동자에 대해 갖고 있는 인식을 적나라하게 보여준다. 이러한 인식은 최근 지지부진한 동북지역 경제의 원인을 진단하는 데에도 그대로 적용되고 있다. 즉, 동북경제 지체의 근본적 원인은 계획경제의 흔적과 국유기업 단위체제의 성격이 여전히 강하게 남아 있고 어려운 경제 상황을 해결하는 과정에서 중앙정부의 정책이나 재정적 지원만을 '기다리고 의존하고 요구하는' 타성에 젖어 있기 때문이라는 것이다.[21] 이를 해결하기 위해서는 오직 시장에 의해 화폐, 자본, 토지, 노동력, 기술 등 각종 생산요소의 효율적 배치를 실현하고 민간자본에 더 공평한 경쟁적 환경을 제공해 주어야 한다고 주장하

20   勞動和社會保障部編, 『新時期勞動和社會保障重要文獻選編』, 中國勞動社會保障出版社, 2002, p.326.
21   降蘊彰, "靠什么拯救東北經濟?" 〈財經〉 2016/10/3

는데, 국유기업 노동자들의 의존적 특징은 이러한 주장에 힘을 실어주는 주요한 근거로 사용되고 있다.

또한 제도적인 측면에서 국유기업 비효율의 주요 원인으로 모호한 재산권 형식을 지적하는 의견이 있다. 관련된 대표적인 논쟁이 최근까지도 반복적으로 등장하고 있는 '국진민퇴(國進民退)' 논쟁이다.[22] 국진민퇴란 말 그대로 국유부문의 비중이 확대되고 민간부문의 비중이 축소된다는 의미이다. 주류 경제학자들은 민간기업에 대한 국유기업의 인수합병이 시장에 의해서가 아니라 국가 자본과 은행대출을 통해 이루어지고 있으며, 이러한 자원 배분은 건강한 경제발전과 산업구조조정에도 합리적이지 않고 결국 시장화의 후퇴를 가져오게 될 것이라고 경고하고 있다. 대표적인 경제학자인 우징롄(吳敬璉) 역시 정부의 지원정책은 국유기업의 행정적 독점을 강화하지만 시장경쟁의 기초를 약화시키고 있다고 비판한다. 또한 재산권론자들은 국유부문의 독점 강화를 '관료 시장모델'이라고 우려하며 소유구조를 사적 재산권의 형태로 보다 분명하게 해야 한다고 주장하기도 있다. 이러한 논쟁으로 인해 사실의 진위를 차치하고 국유기업에 대한 독점적인 이미지가 강해졌다. 즉 국유기업은 원래 '전인민소유제'로 '인민을 위한 기업'이며 이러한 기업 성과의 혜택은 전 인민에게 돌아가야 한다. 그러나 '국(國)이냐 민(民)이냐'라는 프레임으로 인해 국유기업은 민간과 이익을 다투는 기업이라는 이미지와 시장을 독점한다는 이미지가 강해졌다. 국유기업은 더 이상 인민을 위한 기업이 아니라 민간 기업의 발전을 저해하는 기득권의 상징으로 부각된 것이다. 이는 시장의 역할을 중시하고 국유기업의 독점적 성격을 비판

---

22 红旗文稿, "'國進民退'主要分岐綜述", http://news.xinhuanet.com/theory/2013-01/11/c_124217958.htm

해온 시장주의자들에게 국유기업이 개혁되어야 하는 정당한 이유를 제공하는 중요한 근거가 되었다.

퉁강 사건의 경우 중국의 주류 매체에서는 국유기업 내부의 이익공동체를 사건 원인의 하나로 꼽는다. 즉 기존 국유기업 모델에서 이익을 보는 내부인들이 기업합병을 저지하고자 노동자들의 불만정서를 이용하여 왜곡된 소문을 퍼뜨려 기업 개혁을 방해한다는 것이다. 특히 노동자들에게 불리한 임금 삭감이나 대규모 감원이라는 왜곡된 소문을 퍼뜨리고 노동자들을 선동하여 노동자들의 집단행동을 유발하고, 게다가 좌파 여론에서는 하층 노동자들을 동정한다는 명목으로 선동적인 정보를 퍼트리고 국유기업의 개혁에 반대하는 여론전을 벌인다는 것이다.

이처럼 과거에는 공유제가 국민경제 회복과 발전을 위해 결정적인 역할을 한다고 평가받아왔지만, 개혁 이후 지지부진한 개혁 과정을 거치면서 부정적인 이미지가 만들어졌다. 이는 '개혁' 신화의 완성을 위해 중국 정부가 의도적으로 생산하고 유통시킨 정치적 선전과 활동의 결과이다. 정리해보면 국유기업에 대한 현재 중국사회의 주류적 인식은 다음과 같다. 첫째, 국유기업은 비효율적이다. 국유기업을 효율적으로 개혁하기 위해서는 더 이상 국유기업에게 독점적 지위를 부여해서는 안 된다. 둘째, 국유기업은 더 이상 인민을 위한 기업이 아니며, 오히려 민간기업과 이익을 다투는 존재다. 셋째, 국유기업 노동자는 자립적이지 못하며 정부에 의존하는 심리를 버리지 못한다. 넷째, 국유기업 노동자 해고는 어쩔 수 없다. 능력주의 시대에 능력을 갖추지 못하면 도태될 수밖에 없다. 운명으로 받아들여야 한다.

이러한 주류적 사회인식은 과연 사실일까? 공유제 형식의 기업이 비효율적인지의 여부는 경제성장 실적뿐 아니라 사회적 기여와 공공재 제공 등 다각적인 측면에서 평가가 이루어져야 한다. 이는 자본주의 사회에서의 '공기업의 민영화' 논쟁과 비슷한 측면이 있다. 이 글에서는 이러한 문제의 진위 여부를 따지고자 하는 것이 아니다. 이 글의 관심은 국유기업 개혁에 관한 주류적 담론에 대해 바로 그 국유기업에서 종사하는 노동자들이 어떠한 생각을 갖고 있는지에 있다. 국유기업 노동자들에게 국유기업이란 어떤 존재이고, 또한 이들은 국유기업 개혁에 대해 어떠한 마음을 갖고 있는지에 관한 것이다. 중국 사회주의를 떠받치는 국유기업은 바로 그 사회주의 체제의 '지배성'이 어떻게 구현되고 이데올로기 지배구조가 어떻게 작용하는지 규명할 수 있는 장소이다. 이 기업 안에서 일하고 살아가는 사람들의 마음을 살핌으로써만이 이들이 국유체제에 포섭되는 논리와 동시에 저항하는 원인도 함께 진단할 수 있다. 이러한 포섭과 저항이라는 이중적 마음이 작동되는 장소가 바로 국유기업이다.

III. 노동의 시각에서 바라본 국유기업 개혁: 몫을 잃은 자들의 마음

국유경제와 관련된 앞의 서술에서 알 수 있듯이 중국 노동자들은 시장 개혁 과정에서 일방적 '적응'의 수동적 존재로 간주되어 왔다. 급격하게 변화된 환경 속에서 자신들의 목소리를 제대로 내지 못했고, 배우지 못하고 게으르며 의존적이라는 사회적 낙인까지 찍히게 되었다. 그러나 이들에게 '국유' 혹은 '국유체제'란 단순히 생계를 유지하는 수단이 아니라 심리적 귀속감과 안정감을 주고, 사회를 위해 헌신을 다했다는 도덕적 우월감을 느끼게 해주며, '영도계급'이라는 정치적 상징성을 부여함으로써 자부심을 안겨주었던 곳이다. 또한 더 좋은 대우와 조건이 있는 곳으로 옮길 수 있는 '직장'의 개념이 아니라 대를 이어 성실히 삶을 일궈 나

간 삶의 뿌리이자 '대가정(大家庭)'이었다. 그러나 개혁의 과정에서 노동자 스스로가 개혁의 대상이 되면서 '주체의 소외과정'을 겪는다. 이 장에서는 국유기업 개혁의 지연과 실패의 원인을 주류적 시각에서가 아니라, 노동자들의 시각에서 살펴보고 평가해보고자 한다. 요컨대 국유기업 개혁에 관한 노동자들의 '마음'을 통해 국유기업의 문제와 그 해결책을 새롭게 보는 계기를 마련하고자 한다. 이를 위해 이 장에서는 우선 노동자들에게 국유기업이란 어떠한 의미인지를 알아보고, 개혁 이후 중국 경제성장의 커다란 걸림돌로 부상한 국유기업 문제의 원인을 노동자들은 어떻게 파악하고 있는지 살펴본 뒤 마지막으로 국유기업 개혁 과정에 대한 노동자들의 실망과 분노의 마음을 알아본다.

1. 노동자들에게 국유기업이란 무엇인가? – "공장은 집이다"

국유기업과 관련된 기존 연구들은 '재산권' 혹은 '소유권'이라는 문제를 중시하지만, '장소'의 문제는 거의 무시해왔다. 자본주의 사회에서 기업과 소유권 행사 지역은 시장과 자본의 논리에 따라 언제든지 이동할 수 있는 것이지만, 사회주의 체제에서 기업 단위는 노동자들의 주거공간과 결합되어 있고, 소유에 대한 권리 역시 그 지역과 장소를 떠나서는 행사할 수 없는 것이다. 노동자들에게 국유기업은 세대를 거쳐 땀으로 일궈낸 일터이자 특별한 마음과 감정이 담긴 자신의 '집'이자 움직일 수 없는 장소이다. 퉁강 노동자들은 "퉁강은 돈을 버는 기기가 아니다. 광대한 노동자 대중의 집이다. 재물을 긁어 모으려고 주인까지 집에서 내쫓는가?", "여기에 우리의 집이 있고, 우리의 친척이 있다. 퉁강이 무너지길 바라는 퉁강 노동자는 한 명도 없다. 우리는 이곳을 떠나거나 밖으로 나가 살 길을 도모할 수 없다. 우리보다 더 이 기업을 아끼는 사람은 있을 수 없다!"라고 외친다. 이들에게 '국유자산 보호'란 공유제가 사회주의 본질을 유지하는 핵심적 성격이기 때문이라는 이론적 관점에서 주장되는 것이 아니며, 또한 자신들의 밥그릇과 경제적 이익을 지키기 위한 목적에서 주장하는 단순한 경제적 이기주의의 발로만도 아니다. 국유기업은 자신의 평생을 일궈온 일터이자 자식을 낳고 키운 집이다. 자신의 삶과 존재를 증명하는 현장이며, 자신의 정체성을 형성해온 장소다. 이러한 국유기업에서 쫓겨난다는 것은 자신의 집을 송두리째 빼앗기는 것이나 마찬가지이며 이는 곧 마음이 무너지는 일이다.

중국 국유기업은 하나의 '단위'를 중심으로 일자리와 복지를 제공하는 이른바 '단위체제'를 형성해왔기 때문에, 다른 단위에 소속된 동일 업종 노동자에 대해 느끼는 감정보다 같은 단위에 소속된 관리층에게 더 의존한다.[23] 기업단위는 노동자에게 소속감과 안전감을 제공해준다. 따라서 중국 도시 노동자들은 동일한 계급으로서의 정체성보다는 일정한 단위와 지역을 바탕으로 형성된 집단정체성이 더 강하게 나타난다. 퉁강 노동자는 "우리 모두 훈강(渾江) 물을 마시며 자란 퉁강인이다. 대대로 여기서 뿌리를 내리고 자식을 낳고 다음 세대를 길러낼 것이다. 우리는 퉁강에 의지해 생존하고 퉁강에 의존해 밥을 먹었다. 퉁강이 이룬 오늘날의 성과는 얼다오장(二道江)구 사람들의 땀과 지혜의 결정이다. 우리는 어떠한 자도 이를 해치는 것을 용납할 수 없으며, 사기꾼이 와서 이래라저래라 하며 국유자산을 개인 주머니에 채워 넣는 일은 더욱 용납할 수가 없다!"라고 말한다. 적지 않은 퉁강 노동자들은 1958년 공장 설립 당시 역사까지 거슬러 올라간다. 대를 이어 해온 노동 그 자체는 노동자 스스로의 투쟁을 정당화시키는 강력한 자원이다. 이들이 보기에 젠룽 그

---

23   Andrew G. Walder, *Communist Neo-traditionalism: Work and Authority in Chinese Industry*, University of California Press, 1988.

룹의 죄악은 노동자들에 대한 착취뿐만 아니라 "우리 집을 약탈한 강도(掠奪我們家園的强盜)"라는 점에 있다. 여기서 '국유자산 보호'란 '노동자 터전의 보위'라는 '장소성'과 따로 분리할 수 없는 의미를 지니며, 이는 '노동자 이익 보호'와 분리할 수 없다. 이들에게 장소를 떠난 이익이란 상상할 수 없으며 이는 매우 실제적인 것이고 생존 문제와 관련된다. 그러나 노동자들의 이러한 의식은 또한 협애하고 지역적이며 개별 기업에 국한된 특징을 띤다. 사회적으로 노동계급은 영도계급이라 선전되지만, 일상생활 속에서 노동자는 '퉁강인'이고 '얼다오장인'이다. 이러한 소단위 중심의 폐쇄적인 국유기업 모델은 위계적인 구조와 계급분화라는 특징을 갖고 있으며, 국유기업 노동자들의 "공장이 집(以廠爲家)"이라는 관념은 이러한 구조를 더욱 강화시켰다.

이렇게 볼 때 중국 국유기업 노동자들은 '계급 정체성'보다는 '지역 정체성'을 강하게 느낀다. 국유기업 노동자들은 동일한 계급이지만 지역, 단위 규모, 업종, 소유제(국유 혹은 집체)에 따라 위계적이고 등급적인 계급분화가 형성되어 있다.[24] '계급성'보다 '지역성'이 우선하기 때문에 다른 지역이나 단위와의 연대는 어렵지만, 또한 자신의 집에서 쫓겨날 수 없다는 생각이 바로 노동자들을 끝까지 버티며 저항할 수 있게 만들어주는 힘이기도 하다. 공장을 가정의 연장선상에서 바라보기 때문에, 노동자들에게 국유기업이란 단순히 일을 하고 그 대가로 보수를 받아 생활하는 일터가 아니라, 자신의 감정과 마음이 담겨 있

---

24 노동자들의 자부심은 자신이 속한 공장의 등급이나 업종과 관련이 있었다. 대형 국유기업 노동자들의 경우 소속 기업에 대한 자부심과 긍지, 만족감이 매우 높았지만, 상업기업이나 집체기업 노동자의 자부심은 이처럼 강하지는 않았다. 그럼에도 불구하고 공장 내 관리직이나 노동자 등 거의 모든 사람들은 과거 사회주의 시기 공장 내에 인간미가 있었고 상호 존중과 돌봄(關懷)의 관계가 있었다고 회고한다. 郭偉和, "身份政治: 回歸社區後的北京市下崗失業職工的生計策略: 沃爾瑪中國玩具供應廠的經驗研究", 『開放時代』 2008年第5期.

는 곳이다. 허난성 카이펑시의 한 노동자는 "공장은 노동자들이 황무지 위에 벽돌 하나 기와 하나씩 쌓아 올린 겁니다. 모두가 공산주의 교육을 받았고 사사로운 대가나 보수를 바라지 않았죠. 노동자들이 직접 세운 공장인데 어떻게 감정이 없을 수 있겠어요. 노동자들은 진정으로 공장이 자신의 것이라고 생각하고, 자신과 밀접한 관련이 있다고 여깁니다"[25]라고 말한다.

공장이 바로 집이기 때문에 소속감과 안전감뿐 아니라 생활에 필요한 모든 것을 제공해주는 사회적 기능을 담당했다. 그것이 바로 '기업의 사회적 역할(企業辦社會)'이라는 것이다. 기업단위 안에는 학교, 병원, 탁아소뿐 아니라 일상생활에 필요한 모든 복지시설을 갖추고 있다. 이러한 사회적 복지기능은 개혁 이후 퇴직자가 늘어남에 따라 점차 부담이 커졌고, 국유기업 개혁을 위해서는 이러한 사회적 부담을 털어내야 한다는 주류적 담론이 형성된다. 그러나 노동자들은 역사적 과정에 대한 고려없이 경제적인 관점에서만 평가하는 것 자체에 동의하지 않는다. 퉁강 노동자는 다음과 같이 말한다. "경제적 효율이나 시장경제, 자본가의 관점에서만 보면 '기업의 사회적 역할'이란 확실히 부담을 증가시키는 것입니다. 사영기업이나 외자기업과 비교하여 불리한 위치에 놓이게 되죠. 그러나 과거 역사로 돌아가서 보면 이 제도는 당시 상황에 부합하는 것이었습니다. 건국 초기 모두가 가난했고 노동자 스스로 생계문제를 해결할 방법이 없었어요. 국가 역시 전혀 사회보장을 부담할 수도 없었고 보장의 기능을 사회에 넘기는 것도 비현실적이었습니다. 기업에서 맡아 할 수밖에 없었죠. 단순히 시장경제의 '경제적 효율'이라는 관점에서만 고려하는 것은 적절하지 않습니다."

25   水火難容, "工人眼中的國企改革", 五四青年網 http://blog.sina.com.cn/s/blog_413fc3d60102e7jc.html

뿐만 아니라 국유기업 노동자들은 스스로의 공헌을 얘기하며 복지 대우의 정당성을 주장한다. 퉁강 노동자는 이렇게 증언한다. "우리가 누렸던 복지는 우리 스스로 만들어 낸 것입니다! 복지는 그중 한 부분일 뿐이고요. 이것은 노동자들이 창조해 낸 노동성과에 비할 바가 못 됩니다. '기업의 사회적 역할'이란 표현은 모두 계획경제를 비방하기 위해 만들어낸 겁니다. 지금 자본가들의 생각은 노동자에게 복지를 주지 않는 것이지요. 예전에는 공장에 모든 것이 있었습니다. 도서, 열람실 등 모든 것이 다 있었고, 노동자 농구단을 조직하기도 했지요. 여가생활도 다양하게 했고 의식주 걱정 없이 매우 활기찼습니다." 카이펑시의 노동자 역시 다음과 같이 회고한다. "우리의 복지대우란 모든 분야에 보장이 있는 것을 말합니다. 당시에는 병이 났을 때 진료를 못 보거나 기다리는 일도 자살하는 일도 없었습니다. 의식주 어떠한 측면에서 말한다 해도 노동자 인민들은 걱정이 없었습니다. 그래서 안심하고 일할 수 있었고 열심히 일했습니다. 먹고사는 일이나 해고당할 일을 걱정할 필요가 없었습니다."

노동자들의 증언에서 엿볼 수 있듯이 기업은 경제적 활동 뿐 아니라 의식주에 대한 돌봄이 있는 곳이며, 기업이 그래야 하는 이유는 그것이 정부의 역할이어야 한다는 어떤 이념적 사고에서 나온 것이 아니라, 기업 내의 모든 결과물은 바로 자신들이 스스로 만들어낸 것이라는 생각 때문이다. 이러한 주장에는 국유기업에서 실행된 각종 보장이 국유체제에서 누려왔던 특권이나 공짜 밥이 아니라 자신들이 만들어낸 '정당한 몫'이라는 생각이 깔려 있다. 이러한 시각에서 노동자들의 국유기업에 대한 마음은 한마디로 "생로병사에 보장이 있다는 마음(生老病死有保障的情结)"이다. "국유마음에서 중요한 것은 노동계급이 주인이라는 점입니다. 당시 노동자들은 길들여진 '게으름뱅이'들이 아니었습니다. 국가 건설의 주력군이고 사심 없이 각고분투하며 헌신한 사회적 주류였습니

다. 누구든지 게으름 피우며 먹고 노는 것이 용납되지 않았습니다. 생로
병사를 보장해 주는 것은 인민에 대한 당의 약속이었습니다. 어려운 시
절에도 병이 있으면 병원에 갔고 아이들도 학교에 갔으며 의식주의 차이
가 크지 않았습니다. 지금처럼 유난히 부자이거나 특별히 어렵지도 않았
습니다. 간부들도 비교적 대중에게 가까웠습니다. 국유정서에서 더욱 중
요한 것은 이런 것들입니다. 겪어 보지 않은 사람들은 노동계급의 마음
을 이해할 수 없습니다." 퉁강 노동자의 말 속에는 '우리는 기업의 주인
으로 최선을 다해 열심히 일했으며 이에 대한 생활과 복지 보장을 해주
는 것이 바로 당의 약속'이라는 마음이 담겨 있다.

또한 노동자들은 이렇게 말한다. "국유정서란 국유기업 노동자들의
당과 정부에 대한 일편단심입니다. 노동자들은 각자의 위치에서 자신의 직
분을 다했어요. 바로 기업에 대한, 국가에 대한 공헌입니다", "그 당시 우
리 모두는 국유기업을 영광스럽다고 느꼈습니다. 당시 노동자들은 열심히
일할 줄만 알았지 공장장이 횡령하는지는 몰랐어요. 지금 공장 경영층의
부패로 아이들이 해고되었습니다. 지금은 많이 배웠어도 좋은 일자리 구
하기 어렵고 못 배운 사람들은 더 어렵습니다. 국가가 이들에게 관심을 가
져주길 바랍니다."[26] 국유기업 노동자들의 말 속에는 한편으로는 공장이
자신들의 것이라고 생각했기 때문에 대가를 바라지 않고 열심히 일했다는
'자립의 마음'과 함께, 여전히 당과 정부가 자신들에 대한 돌봄의 의무를
다해야 한다는 '의존적 마음'이 담겨 있다. 사실 이러한 '자립'과 '의존'이라
는 양가적 마음은 중국 사회주의 체제를 떠받치던 중요한 원리라 할 수 있
다. 당은 노동인민들의 자발성과 적극성을 독려하고 이들에 의존하여 국가
를 건설해나갔고, 노동인민은 당이 자신들의 생활을 보장해줄 것이라는 믿

---

26 "從'國有情結是什么情結'談起", http://www.8848hr.com/px/club/open.
asp?classid=7&bbspid=5089

음이 있었기에 최선을 다해 일했던 것이다. 이러한 마음과 마음이 이어지던 곳이 바로 국유기업 공장이라는 '집'이었다.

2. 국유기업 문제에 대한 진단 – 누구의 책임인가?

2008년 세계금융위기 이후 중앙정부는 4조 위안 규모의 시장부양정책을 써서 수출 감소로 인한 단기적인 리스크를 피할 수 있었다. 그러나 이 과정에서 생겨난 대규모 채무와 생산과잉 문제는 갈수록 심각해졌다. 또한 부동산 시장 거품과 주식시장의 투기현상이 반복적으로 일어나 중국 경제구조의 고질적인 문제는 더욱 악화되어 왔다. 이에 따라 한편에선 내수확대 전략에 따라 임금 상승을 통해 소비가 가능한 잠재 계층을 확대해야 하지만, 또 다른 한편으로 강력한 기업 구조조정을 위해서는 대규모 실업이 불가피한 상황에 놓이게 되었다. 특히 석탄, 석유 등 에너지 자원형 기업과 장비제조, 자동차제조, 철강, 석유화학 등 중화학공업 업종이 대부분을 차지하는 국유기업들은 대량 해고를 앞두고 있다. 현재 국유기업 정리 해고 대상은 대개 4~50대 노동자들이지만, 1990년대 후반 진행되었던 제1차 대량해고(下崗潮) 사태에 대한 기억이 아직 남아 있어 노동자들은 이를 절대 용인하지 않고 있으며 최근 노동자 항쟁도 지속적으로 일어나고 있다.[27] 이번 국유기업의 2차 해고사태를 앞두고

---

27 현재 많은 노동자들이 제1차 해고사태 당시 간부들이 속이고 협박하여(被忽悠被嚇唬的!) 적은 보상금에 자신의 근속연수를 팔았다고 생각한다. 당시 각 기업단위의 간부들이 "지금 돈을 받고 나가지 않으면 나중에는 임금도 못 받아 더욱 비참해질 것", "이 기회를 놓치면 향후에는 근속연수를 보상해 줄 돈도 없다"고 거짓 선전을 하며 기업과의 노동관계를 단절하라는 분위기를 만들었다는 것이다. "20세기 90년대 해고물결은 어떻게 된 일인가(20世紀90年代的下崗潮是怎么回事)?"라는 주제로 네티즌들의 경험담과 반응을 모아놓은 글은 다음을 참고할 것. https://www.zhihu.com/question/21051140

일차적으로 전국 6천만 비정규직이 희생물이 되고 있다. 2008년 〈노동계약법〉 실시 이후 국유기업 단위에서 급증한 파견노동자들과 1차 해고 사태 당시 국유기업의 기업분할로 만들어진 하청기업에서 불안정한 고용형태로 힘들게 일해 온 50대 노동자들이 이번 2차 해고의 우선적 정리해고 대상자이다.

현재 공식적으로 '감원'이나 '해고'라는 말은 잘 쓰지 않으며, 아직 1차 구조조정의 상처가 남아 있는 상황에서 '면직(下崗)'이나 '대강(待崗, 일자리를 기다림)'이란 용어 대신 '일자리 전환(轉崗)' 혹은 '인력재배치(分流安置)'란 말을 쓴다. 그러나 일자리를 다시 얻을 때까지는 실제로 실직을 의미한다. 2016년 랴오닝 안산철강 그룹의 1차 감원 계획은 5만 명 규모이며, 향후 2년 이내에 총 10만 명을 감원한다고 발표했다. 헤이룽장 룽메이 그룹은 2015년 9월 향후 1년간 10만 명을 감원한다고 발표한 바 있는데, 이는 기존 24만 명 직원의 41.7%에 달하는 규모이다.[28] 해고, 노동시위, 파견노동자 등 비정규직 노동자 차별에 관한 기사 통제가 심해서, 최근 몇 년간 많은 글들이 올라왔다 모두 삭제되었다. 대표적으로 중국취업연구소 소장의 "제2차 해고사태를 맞을 준비를 해야 한다"는 글이 인터넷에 올라오자 순식간에 이슈가 되었지만,[29] 이와 관련된 논의는 대부분 삭제되었다.

그렇다면 이러한 국유기업 사태는 누구의 책임인가? 국유기업 파산

---

28 "1個在職養2個退休, 東北最大煤企10萬人分流自救", 〈21世紀經濟報道〉 2015/10/10
29 최근 중국 관련부문의 책임자는 앞으로 대량해고는 없을 것이라고 발언했지만, 인민대학 중국취업연구소의 쩡샹취안(曾湘泉) 소장은 한 포럼에서 "노동시장의 신호가 이미 사실과 다르다. 통계국이 발표하는 등록실업률은 연구자에게 아무 소용없다. 제2차 해고사태를 맞아야 할 것이다"라고 발언하여 인터넷에서 화제를 불러왔다. '해고사태(下崗潮)'라는 말은 1990년대 말 대대적인 해고사태를 기억하는 사람들에게 저항감과 불안감을 가져다주었다. "제2차 해고사태는 정말로 올 것인가(第二輪下崗潮眞的來臨了嗎)?"라는 주제로 진행된 네티즌들의 글은 다음을 참고할 것. https://www.zhihu.com/question/37309165

원인에 관한 주류적 설명 중 하나는 국유기업 재산권이 불명확하기 때문이라는 것이다. 주류 매체에서는 '전민소유제'란 '전 인민이 아무것도 가지지 못한 것(全民所有, 全民所無)'이라고 하면서 국유기업의 '소유자 부재(所有者缺位)', '재산권의 형식적 배치(産權虛置)' 등의 문제로 인해 비효율이 발생한다고 지적한다. 모호한 재산권으로 인해 필연적으로 부패가 생겨나고 제도적 경직성으로 인해 시장체제에 적응하지 못하고 결국 파산된다는 것이다. 이러한 지적에 대해 노동자들은 "이러한 말에 대해 절대 찬성 못합니다. '모두가 소유하는 것'이란 무엇인가요? 당시 사람들은 모두 일자리가 있었고 먹을 수 있었습니다. 기본적으로 법정 근로연령이 되면 노동부에서 개인의 능력에 따라 일자리를 배분해 주었죠. 오늘날처럼 해고되거나 쫓겨나는 일은 없었습니다. 다시 말해 노동자들의 생활에는 모두 보장이 있었습니다"라고 반박한다. 즉, 노동자들이 이해하는 전민소유제란 바로 누구나 일이 있고 먹을 수 있는 것을 의미한다. 재산권의 소유나 사용에 관한 이론적이고 법적인 문제가 아니라 노동자들의 실제 생활과 밀접하게 관련되어 있는 것이다.

또한 '전민소유제'라는 형식에는 기업 개혁에 관한 의사결정 과정에 참여할 수 있는 권리가 함께 포함되어 있다. 그러나 국유기업 구조조정 과정을 살펴보면 직공대표대회(職工代表大會)라는 제도를 통해 의사결정에 참여할 수 있는 노동자의 권리가 전혀 발휘되지 못했음을 알 수 있다.[30] 국유기업 1차 구조조정 과정은 불량자산과 비핵심업무, 시장 상황이 좋지 않은 부분을 핵심적인 기존 기업으로부터 떼어내어 독립시키

---

30 2004~2005년 동북3성 해고노동자를 조사한 한 연구에 따르면, 국유기업 개혁 과정에서 노동자들의 정책참여 기회가 처음부터 박탈당했고, 노동자들에게 전달된 정보조차 정확하지 않아 노동자들의 이익에 손해를 끼쳤다고 보고한다. 張子林, 黃藝紅, "保障東北下崗失業職工基本生活問題的再思考"『社會科學戰線』2007年第1期.

는 방식으로 이루어졌지만, 이러한 과정에서 노동자들은 철저히 배제되었다. 퉁강 노동자는 "과거 퉁강 노동자들의 지위는 상대적으로 높았습니다. 소득이 다른 공장의 노동자들이나 현지 공무원보다도 높았지요. 간부와 노동자 사이는 비교적 평등했습니다. 도서관, 체육관, 병원, 신문, 방송국, 교육기관, 건설회사 등 사회서비스 시설을 모두 갖추고 있었어요. 그러나 이러한 시설들은 모두 '사회 직능의 이관과 보조업 분리(輔業剝離)'라는 명분으로 소유제 개혁을 당했습니다. 돈을 벌 수 있는 항목(수영장)은 가격을 올렸고, 돈을 내서 수리해야 하는 항목(광장, 체육관)은 부담으로 생각해 구 정부로 넘겼지요. 구 정부 역시 수리할 돈이 없어 저 지경으로 무너져 버렸습니다"[31]라고 증언한다. 기업 분할에 대한 의사결정과정에서 노동자들은 철저히 배제되었고 아무런 정보도 알지 못한 채 결과만을 통보받게 된 것이다.

전민소유제의 '이익 공유'라는 원칙 역시 전혀 지켜지지 않았다. 헤이룽장성의 대표적인 국유기업인 룽메이 그룹의 경우 최근 사태와 관련하여 노동자들이 "룽메이에 열 가지를 묻다(十問龍煤)"[32]라는 글을 통해 시장상황이 좋을 때 거둔 수익이 누구에게 돌아갔는지에 대해 의문을 제기한 바 있다.[33] 퉁강 사건이 발생했던 중요한 배경에는 역시 소유제 개

---

31 王健君, "通鋼悲劇的邏輯", 〈瞭望新聞周刊〉 2009年32期
32 그 내용은 다음과 같다. "석탄시장 황금기인 10년 동안 수익은 모두 어디로 갔는가? 룽메이의 상장 계획은 몇 차례 무산되었는데 이 과정에서 얼마나 썼고 어디에 썼는가? 수익이 좋지 않아 임금을 삭감하는 것은 이해할 수 있지만, 왜 너희 룽메이 그룹의 임금은 내리지 않는가? 석탄이 잘 팔릴 땐 판매권을 가져가고 안 팔릴 땐 판매권을 이양하며 50%를 상납하라 한다. 잘 팔리는 제품은 자기들이 도맡으면서 시장 개척은 우리더러 하라고 한다. 누가 판매할 수 있겠는가? 석탄 때문에 빚진 돈은 누구 때문인가? 누가 석탄을 외상으로 팔았는가?" 룽메이 그룹 각 지역의 노동자들이 의문을 제기하며 인터넷에 관련 글을 올렸지만 이후 모두 삭제되었다. http://tieba.baidu.com/p/3546671201
33 룽메이의 경우 1980년대 초반 광산 사장 임금은 99위안, 탄갱노동자 임금은 47위안으로 2배 정도 차이가 났지만, 1990년대 후반부터 관리직 임금이 급상승하기 시작하여 기업 관리

혁 이후 나타난 일선 노동자와 경영 관리층 간의 막대한 소득 격차가 있었다.[34] 퉁강 사건을 모델로 한 소설을 쓴 작가 자오젠빈이 35명의 인사들과 함께 발기한 '국유기업 노동자 처우 개선에 대한 건의서'에서도 경영층이 국유자산을 사적으로 전횡하면서 손실부담은 노동자 책임으로 전가시키는 문제를 분명히 밝히고 있다.[35]

노동자들의 지적처럼 국유기업 소유제 개혁 이후 기업의 핵심 부분에 남아 있던 경영자와 관리직은 더 많은 혜택과 이익을 누려왔고, 대다수의 노동자들은 기존 국유기업 아래 설립된 하부기업에서 불안한 고용 지위와 저임금, 열악한 노동환경에서 일하며 도시의 빈곤층으로 전락하게 된다.[36] 이러한 사실로 볼 때 그동안 진행되어 왔던 국유기업의 개혁이란 실은 '이익과 책임의 분리', '혜택과 위험의 분리'라는 형식으로 끊

직과 생산노동자의 임금격차가 갈수록 커졌다. 석탄 가격이 가장 좋을 때 일선 노동자의 임금은 1만 위안에 불과했지만 부사장급 이상의 경영진은 최소 20만 위안 이상의 연봉을 받았다. 솽야산 광산의 경우 2000년대 들어 10년간 석탄총생산량이 14배 증가하여 2011년 판매수입과 총이윤에서 최고기록을 달성했지만, 이 광산에서 20여년을 일한 50대 노동자의 경우 생활수준이 크게 나아지지 않았다. 임금이 감소되진 않았으나 물가 상승으로 생활의 질은 오히려 하락하였다.

34 "吉林通鋼事件始末: 磚頭鋼快齊飛警察衝不進去", 〈人民網〉 2009/8/4
35 "체제개혁이 상대적으로 지연되고 있는 조건에서 국유기업 경영층은 자신의 권력을 이용해 마음대로 거액을 대출받고 대형 공사 수주과정에서 수수료를 챙기며 대출을 이용해 개인의 이익을 챙기는 데 유리한 경영을 해왔다. 이로 인해 경영이 크게 악화되고 기업에 커다란 손실을 초래했다. 그러나 기업의 적자에 상관없이 경영층은 마음대로 국유자산을 처분해왔다. 이들이 재임 기간 동안 국유자산을 먹어치우고(吃光) 나눠가지는(分光) 바람에 많은 국유자산이 유실되고 말았으며, 또한 뇌물을 바쳐 승진하기도 했다. 상환해야 하는 대출의 책임은 노동자들에게 전가시켜버렸으니 그야말로 국유자산 사용권은 사유화하면서 국유자산 손실부담은 공적인 책임으로 떠넘기는 모순을 초래하고 말았다. 이러한 현상은 국유기업 구조조정 과정에서 보편적으로 나타났던 문제였다." "哈爾濱工人作家趙劍斌等35人就國企改制職工安置問題發出倡議書", http://bbs.tianya.cn/post-no01-75287-1.shtml
36 季洁, "通鋼群體性事件引發的思考", 『黑河學刊』 2011年第1期; 繩子, "我所親歷的一家國企改制", 『天涯』 2016年第4期; 趙文英, "徘徊在'人民'和'人口'两个不同的概念中: 最低生活保障的实地调查研究", 『開放時代』 2011年第1期.

임없는 기업 내부 분할과 위험과 책임 전가의 방식을 통해 대규모의 '중국식 비정규직'을 양산해왔던 과정이라 할 수 있다. 시장의 황금기였던 10여 년간의 수익은 노동자들이 아닌 소수의 관료계급에게 돌아갔다. 국유기업의 위기를 두고 낡은 계획경제식의 사고가 남아 있고 여전히 정부에 의존하는 관행이 지속된다는 분석이 지배적이지만, 근본적인 국유기업 위기의 원인은 바로 기업 소유제 개혁과정에 대한 의사결정 참여와 이익 공유라는 국유기업의 원칙이 무너졌기 때문이라고 할 수 있다. 이러한 기준에서 볼 때 공유제라는 형식은 공유제 원칙에 따라 제대로 실행된 적이 없는 셈이다.

또한 노동자들은 국유기업 부실화의 제도적 요인으로 공장장에게 전권을 준 '공장장책임제'나 이개세(利改稅) 등의 정책을 지목한다. "공장의 쇠락은 공장장책임제를 실행하면서부터 실시된 일련의 정책으로 인한 것입니다. 개혁이라는 것은 사실 우리를 막다른 골목 안으로 몰고, 온 몸을 병들게 만드는 겁니다. 우리 철강공장에 2천여 명이 있었는데 공장장 도급제(承包制)를 하면서 전부 공장장 마음대로 해버렸어요. 우리 공장장이 일정액의 이윤을 국가에 상납하겠다고 약속한 뒤 많은 일감을 (고용노동자들이 일하는) 노동복무공사로 떠넘겼지요. 그러고선 자기 부인에게 노동복무공사를 관리하게 했어요. 국유기업 역시 자기들 마음대로 도살하는 양처럼 돼 버려서 그만 5년 뒤 공장이 무너지고 말았어요." "공장이 파산되고 주변으로 밀려난 것은 실제로 계획경제 시대에 만들어진 게 아닙니다. 문혁 시절 중국경제가 붕괴 직전까지 갔다고들 하지만, 그 시절 쓸모없는 공장이 어디 있었습니까? 하나도 없었습니다! 모두 왕성하게 생산을 하고 있었죠. 이후 이거 바꾸고 저거 바꾸면서 1989년 삼각채(三角債)가 나타나고 국유기업의 부채가 쌓이게 된 겁니다. 그건 경제정책의 문제인데, 어떻게 국유기업에게 원인을 돌릴 수 있나요? 노동자들이 공장에서 일궈놓은 부를 국가가 모두 가져가버렸고, 새로운 것은 투입되지 않았습니다. 공장은 대출에 의존해서 혁신을 해야 했고, 대출은 또 이자를 내야 하지요. 퇴직 노동자들은 국가를 위해 부를 창출했습니다. 원래 국가가 부양해야 합니다. 지금은 전부 기업 스스로에게 부담을 지게 합니다. 이들 기업들은 절대 해결할 수 없습니다. 그건 기업이 생존할 수 없게 만들어놓았기 때문입니다."

노동자들은 역사적인 과정을 고려하지 않고 국유기업과 비국유기업을 동일한 조건에서 경쟁하게 한 정책의 불합리성을 지적한다. "효율 저하는 개혁이 초래한 겁니다. 국유기업과 사영기업이 동일한 출발선에 있지 않습니다. 왜냐하면 사영기업은 세금을 내지도 않고 노동자의 연금이나 의료를 떠맡을 책임도 없습니다. 그러면서 '국퇴민진(國退民進)'을 외치고 있어요. 정말로 불평등한 대우입니다. 의식적으로 국유기업을 망하게 하는 겁니다." "원래 공장에 판로가 없고 공장이 잘 되지 않던 게 아니에요. 인위적으로 무너진 겁니다. 이개세(利改稅), 발개대(撥改貸)[37] 등 때문이죠. 원래 공장에서는 국가에 이윤을 상납하고 국가가 총괄적으로 공장에 자금과 노동자 복지를 분배했습니다. 개혁 이후 국가가 돌보지 않게 된 것이죠. 세수제로 바뀐 뒤 흑자를 보든 말든 제품을 생산하기만 하면 세금을 거둬갔어요. 지금 국가의 지원이 없어도 기업은 스스로 기술개혁도 책임지고 노동자 복지와 퇴직자 연금도 책임져야 합니다." 이렇게 노동자들이 마음속에서 꺼내놓은 말들은 모두 국가 정책과 제도의 불합리성을 지적하고 있다.

37 　기업에 대한 국가지원이 원금과 이자를 갚을 필요가 없는 재정보조에서 원금과 이자를 갚아야 하는 정책성 은행대출로 전환된 것을 말한다. 국가가 부실채권문제를 해결하기 위해 점차 은행대출에 대한 규제를 강화하자 국유기업 파산이 증가되기 시작했다.

3. 국유기업 개혁에 관한 마음 - 몫을 빼앗긴 주인계급

2009년 7.24 통강 사건 발생 당시 노동자들은 왜 사람을 죽일 만큼 분노에 이르게 되었을까? 정부의 발표대로 기존 구조에서 이득을 보는 일부 내부인의 선동에 의한 것이 사실이라 하더라도, 왜 평범한 노동자들이 이에 동조했을까? 이 사건에 대해 당시 중국 언론에서는 다양한 분석을 내놓았다. 대부분의 언론에서는 '성사성자(姓社姓資: 중국이 사회주의냐 자본주의냐라는 논쟁을 의미함)'라는 이념적 이유보다는 사회 불공정에 대한 문제제기가 폭력적 충돌로 이어진 사건이라고 진단했다. 즉 통강 노동자들이 폭력적인 수단으로 반대한 것은 국유자산의 퇴출이나 민간자본의 진입이 아니라, 오히려 구조조정 과정에서 나타난 불투명성과 불공평성 때문이었다는 것이다.[38] 실제로 통강 주식매각 과정에서 직공대표대회의 표결을 거치지도 않았고 사전에 직공대표에게 통지하지도 않았다. 과정이 불투명했던 원인은 바로 노동자 스스로 권리를 주장할 수 없는 비조직화의 문제라는 진단도 있었다.[39] 구조적 시각에서 소득 격차 확대에 대한 불만이 도화선이 되었다는 분석도 있었다. 고위직은 높은 연봉의 혜택을 누리고, 일반 직원들은 임금삭감 및 해고의 불안에 시달리며 2008년 이후 간부와 노동자 관계가 악화되었고 이에 따라 주변화된 노동자들이 목소리를 내기 시작한 것이라는 분석이다.[40] 한발 더 나아가 통강 사건의 교훈은 노동자가 스스로의 운명을 지배할 수 있는 모든 권리를 상실한 데 있고, 자본과 권력이 마음대로 나눠먹다 결국 노동

---

38 王健君, "通鋼悲劇的邏輯", 〈瞭望新聞周刊〉 2009年32期
39 "如何與工人對話", 〈財經〉 2009年第16期
40 "林鋼改制'違法博弈'的背後", 〈時代周報〉 2009/8/27

자의 폭동을 불러일으킨 것이라는 분석도 있었다.[41] 바로 오늘날 중국이 공개적인 논의를 금지하는 '관상카르텔(管商勾結)' 현상을 지적한 것이다.[42]

2009년 7.24사건이 발생하기 전까지 퉁강 그룹에서는 두 번의 커다란 구조조정이 있었다. 첫 번째 방식은 2001년 출자전환(債轉股)으로, 은행에 빚진 채무를 화융(華融)자산관리공사의 17.16%의 주식으로 전환하여 이자부담을 덜었다. 화융과 퉁강이 협정을 통해 기존에 퉁강이 맡고 있었던 행정, 병원, 학교 등의 단위를 분리하여 1,500여 명의 직원들이 기업단위로부터 떨어져나갔다. 2005년 3월 퉁강의 두 번째 구조조정에서 또 다시 수 십 개 단위가 분리되어 나와 16,000여 명의 직원이 기존 단위로부터 분리되어 나왔다. 이들 단위를 분리하기 위해 15.7억 위안이 지출되었고, 그중 5.7억은 직원들의 연공매입(買斷工齡) 명목의 경제보상금으로 쓰여졌다.

이러한 개혁 과정에서 퉁강의 고위층 관리자들(당시 당위 구성원, 이사회 구성원, 경영층)은 9,990만 위안의 상여금을 받았고, 이 인센티브는 등록 자본으로 하여 재편 뒤 퉁강 그룹으로 편입되었다. 이사장을 필두로 한 고위층은 이로써 회사 주식의 2.57%를 보유하게 되었고(배당권만 있고 처분권은 없음), 일반 노동자들, 특히 연공매입한 노동자들에게는 기대에 크게 못 미치는 이익보상이 이루어졌다. 이에 따라 이미 퉁강에

41   "建龍通鋼事件眞相調査", 〈環球企業家〉 2009/8/25
42   2013년 중국 공산당은 각 대학에 '보편적 가치, 언론자유, 공민(시민)사회, 공민의 권리, 당의 역사 오류, 귀족자산(權貴)계급, 사법독립'을 논하지 말라는 이른바 '7가지 말하지 말아야 할 것(七不講)'이란 지침을 내린 바 있다. 여기서 말하는 '귀족자산계급'이란 바로 권력과 자본이 결합된 특권계층을 말한다. 이러한 내용은 2013년 4월 중공의 '9호 문건'인 〈현 단계 이데올로기 영역 상황에 관한 통보〉로 하달된 바 있다. 이 문건의 주요 내용은 *New York Times* 2013년 8월 19일자에 소개되었고, 전문은 『明鏡月刊』 2013년 9월호에 게재되었다.

서는 상방(上訪)이 끊이지 않고 일어나 지린성의 '상방대호(上訪大戶)'라
는 별칭이 붙여진 상태였다. 두 번의 개혁을 거치면서 기업이 슬림해진
뒤 지린성은 외부자금을 끌어들여 국유독자형식을 재산권이 한층 더 다
원화된 기업으로 개편하려 했고, 이에 따라 2005년 10월 민간기업인 젠
룽 그룹이 퉁강에 들어오게 된 것이다.[43]

퉁강 그룹의 한 중간 관리직원은 2005년 퉁강 소유제 개혁 이후 직
원들의 임금이 오른 적이 없었고 오히려 삭감되었다고 증언한다. 퇴직
노동자들의 연금은 근속연수에 따라 매달 200위안에서 600위안 수준이
었고, 일선 노동자들의 임금은 1천 위안 정도였다. "젠룽이 오기 전에는
부부가 한 달에 4천여 위안을 벌었지만, 젠룽이 오고 난 뒤 1,500여 위안
벌었다"는 증언도 나왔다.[44] 젠룽이 퉁강의 주식을 매입한 뒤로 노동자
들의 소득이 뚜렷하게 감소하고 많은 직원들이 주변으로 밀려나는 상황
을 목격하게 되면서, 퉁강 노동자들은 국유기업 사유화는 국유자산의 심
각한 손해를 가져올 뿐 아니라 자신들의 경제이익도 크게 줄어든다는 인
식을 공유하게 된다.

1990년대 말 본격적인 국유기업 소유제 개혁이 시작할 때만 해도
노동자들은 그것이 무엇을 의미하는지 제대로 알지 못했고, 단순히 피할
수 없는 시대적 흐름이라고 생각했다. 그러나 2천년대 들어 대대적으로
단행된 사유화의 과정 속에서 국유 노동자들은 시장경쟁과 사유화가 노
동자에게 무엇을 가져다주었는지 절실하게 깨닫게 된다. 특히 개혁이 진
행될수록 누구에게 이익이 돌아가고 누구의 생존 기반을 파괴시키는지
점차 또렷해졌다. 전민소유제란 형식에서 노동자들에게 마땅히 돌아와
야 하는 몫이 돌아오지 않고, 소수의 관료와 자본가들이 부와 권력을 독

43 "通鋼改制之殤", 〈財經〉 2009年 第17期
44 "陳國軍之死: 建龍退出通鋼事件調查", 〈21世紀經濟報道〉 2009年 7月 28日

점하는 현상이 더 분명해졌다. 요컨대 개혁의 과정과 담론에서 "노동자들의 몫이란 없었다(沒有工人的份儿)." 여기서 '몫이 없다는 것'이란 열심히 일하고 헌신한 것에 대한 정당한 대가가 없다는 것을 의미한다. 퉁강노동자들은 "관료들과 자본가들은 종종 국유기업을 '정부의 부담'이라고 말하며, 경직된 체제, 노동자들이 큰 밥그릇을 먹고, 정부에 의존하여 대출을 받거나 보조금을 받아야 생존할 수 있다고 말합니다. 이들의 논리에 따르면 노동자가 국가(정부)와 관료를 먹여 살리는 것이 아니라, 정부가 국유기업과 노동자를 먹여 살린다는 겁니다. 그러나 퉁강 역시 다른 국유기업과 마찬가지로 노동자들이 세운 기업일 뿐 아니라 오랫동안 '고축적, 저소비' 모델을 실시해왔습니다. 퉁강의 설비는 모두 낡은 설비로 노동자들이 일을 할 땐 정말로 힘들었습니다. 모두 중노동을 했고 너무나 힘들었어요. 국유 기업인 퉁강과 퉁강 노동자들은 '공헌자'들이지 결코 '짐'이 아닙니다"라고 항변한다. 실제로 소유제 개혁 이전인 2004년까지만 해도 퉁강 그룹의 실제 생산량은 252만 톤, 이윤세 15억 위안, 이윤 8.5억 위안에 이르는 성과를 거두고 있었다.

이렇게 되자 젠룽이 과연 정당한 방법으로 퉁강을 인수했는지에 관한 의문이 제기되었다. 2005년 퉁강의 구조조정을 진행했던 근거인 '퉁화철강 자산평가보고서'에 따르면 퉁강의 당시 총자산이 38억 위안, 부채가 10억 위안이었고, 그중 생산설비 가치를 900만 위안, 무형자산과 토지사용권 가치를 0이라고 평가하고 있다. 국유자산 가치에 대한 이러한 터무니없는 저평가에 대해 퉁강 노동자들은 모두 분개했다. 게다가 이 평가보고서를 제출한 회사는 젠룽과 밀접한 관계가 있는 회사였다. 중국의 좌파경제학자 줘다페이(左大培)는 젠룽이 퉁강에 투자했다는 이른바 6억 위안이 실제로는 퉁강의 국유자금이라고 주장한다.[45] 이렇게 보면 2005년의 이른바 '구조조정'이란 실제로 젠룽 그룹에게 국유기업 주주권을 공짜로 준 셈으로, 이는 명백한 국유재산 절도 행위에 해당한다.

뿐만 아니라 퉁화그룹의 구조조정은 해당 지역 거의 모든 주민의 생활에 심각한 영향을 끼쳤다. 퉁화철강 그룹은 대형국유기업으로 여타 지역의 대형 국유단위와 마찬가지로 관련 하부산업이 모두 퉁강이라는 이름 아래 퉁강에 의존하여 생산 활동을 벌인다. 퉁강을 둘러싸고 기계가공, 내화재료, 광석가공, 금속가공 등의 연관산업이 형성되었고, 장거리 운송, 강재무역, 폐철 전매 등의 산업까지 포함한다. 이러한 '철강 주변 산업'은 퉁강에 의존하여 생존해왔고, 퉁강 내부인과 매우 긴밀한 연계를 갖고 있다. 퉁화시에서 공장지역까지 이어지는 거리에는 도처에 폐철강 수거회사를 볼 수 있는데, 그중 일부는 내부인이 직접 파는 것이다. 따라서 퉁강의 소유제개혁은 퉁강 직원들의 이익뿐 아니라 내부인이 통제하는 '철강주변산업'의 이익까지 건드리는 셈이다.[46]

노동자들은 국유기업의 "소유제 개혁이란 실제로 노동자의 피와 땀을 약탈하는 것(改制改制, 實際上就是掠奪工人的血汗)"이라고 생각하며, 관료 엘리트층에 대한 분노의 마음을 감추지 못한다. 룽메이 그룹 노동자들 역시 "광산 노동자는 천 미터 아래 갱도로 들어가 한 삽 한 삽씩 4대 석탄 도시를 일구었고, 땀과 피로 너희들을 먹여 살렸다. 이제 늙었고 소용없어졌다고, 게다가 벼룩의 간까지 짜내려 하면서 문밖으로 쫓아내려 한다. 너희들이 늑대와 무슨 차이가 있는가?"라고 외친다. 많은 네티즌들도 "소위 국유기업 개혁에서 바뀐 것은 (국가노동자로서의) 도시 노동자를 해고하고 다시 자본가의 일자리로 배치한 것으로 정부는 자본의 뒤에서 총연출을

45   左大培, "通化鋼鐵公司私有化: '陽光下的改制'同樣黑幕重重", 〈中國新聞周刊〉 2009年08月 04日

46   "通鋼改制之殤", 〈財經〉 2009年第17期

담당했다. 가장 피해를 본 것은 일선 노동자들이다. 기업 관료들은 경영책임을 지지 않았으며 오히려 이 기회를 활용하여 공개적으로 국유기업 자산을 착복하더니, 순식간에 사회개혁엘리트라는 이미지를 수립했다"라며 국가노동자 지위의 상실을 계급적 시각에서 평가한다.

개혁의 과정에서 자신에게 돌아와야 할 정당한 몫을 빼앗겼다는 노동자들의 마음은 2016년 3월 쌍야산 룽메이 노동자들의 "공산당은 돈을 돌려달라"는 외침 속에 정확하게 나타난다. 노동자들이 말하는 정당한 몫에는 경제적 몫뿐만 아니라 자신들의 노력과 헌신에 대한 인정과 이를 통해 느끼는 존엄의 정서도 포함된다. 또한 노동자들이 말하는 몫이란 기업 경영 및 미래와 관련하여 발언권을 갖는 것도 포함한다. 이들은 예전에는 작업장 안에서 노동자들의 의사가 적극 반영되었고 노동자 발언권을 인정했다는 점을 회고한다. "마오시대 공장의 중대한 결정은 기본적으로 모두 직대회에서 토론으로 결정했습니다. 공장장의 말대로 한 것이 아니었어요. 73, 74년도 공장과 지역 상황에 맞지 않은 증산 계획은 직대회에서 모두가 반대하여 결국 무산됐지요. 기술개조 문제는 대부분 노동자들이 현장에서의 지혜를 발휘하여 집단적으로 창조해낸 것입니다. 당시 노동자에게는 결정권이 있었고, 노동자 역시 스스로 성취감을 느꼈습니다."[47]

이처럼 노동의 관점에서 본 국유기업 문제의 원인은 노동자들의 '의존을 바라는 심리'에 있는 것이 아니라 국유기업 개혁 과정 자체에 있었다. 개혁 이후 도시 개혁이 시작된 지 이미 30년이 넘었고, 본격적인 국유기업 개혁이 진행된 지도 20년이 되었다. 노동자들의 분노는 이러한 국유기업 개혁 과정에서 자신들에게 돌아와야 할 정당한 '몫'을 빼앗겼

---

47   水火難容, "工人眼中的國企改革", 五四靑年網 http://blog.sina.com.cn/s/blog_413fc3d60102e7jc.html

다는 사실에 대한 것이다. 시대가 바뀌어 어쩔 수 없이 개혁을 수용해
야 한다는 마음도 있지만, 국유기업 개혁에 관한 논의와 집행의 과정에
서 노동자들의 몫은 철저히 배제되었다는 소외와 상실의 마음이다. 이러
한 마음은 과거 사회주의 시기 생존권 보장과 존엄을 지키는 노동에 대
한 자부심이 있었던 기억과 대비되어 나타난다.[48] 개혁 이후 국유기업 구
조조정 과정에서의 노동자 밀어내기와 국유기업 문제에 대한 책임을 모두
노동자들에게 전가시키는 것에 대해 분노를 느낀다. 또한 노동자들은 국유
기업이 잘 개혁되지 않는 주요한 이유가 바로 정책과 제도의 문제라는 점
을 정확히 인지하고 있었다. 요컨대 노동의 관점에서 보았을 때 국유기업
사태는 경영층에게 전권을 주는 제도와 국유기업에게 대부분의 책임을 떠
넘기는 정책들, 그리고 경영층의 부실 경영과 시장 수급상황에 대한 예측
실패, 이익은 독식하고 위험과 책임은 노동자에게 전가하는 기득권층의 담
합과 공공자원에 대한 약탈 등이 주요 원인이라 할 수 있다.

IV. '박리(剝離)된 마음'을 이을 수 있을까? – 노동자 국가의 미래, 어디로?

노동자들 마음속에서의 국유기업이란 대를 이어 살아온 삶의 터전이자
뿌리로 해당 지역의 '장소성'을 떼어놓고 생각할 수 없는 '집'이다. 스스
로 이 집의 주인이었다는 자부심이 강했고 '노동자 사부(工人師傅)'라는
호칭에서 엿볼 수 있듯이 전통적으로 내려오는 사회적 존경도 한 몸에
받아왔다. 공장은 병이 났을 때 따뜻한 돌봄과 치료를 받는다는 안전감

---

48 백승욱 편, 『중국 노동자의 기억의 정치: 문화대혁명 시기의 기억을 중심으로』 폴리테이아,
    2007

과 최소한의 생존과 생활을 보장받을 수 있는 귀속감을 주는 곳이었다. 국가를 위해 사심없이 공헌했다는 자부심도 강하고 이를 인정받고 싶어 하는 마음도 강하다. 자신의 땀과 노력으로 일군 국가재산인 만큼 이를 어느 사적인 개인에 의해 독점하게 만들 수 없다는 마음도 강하다. 이것 이 과거 국유기업을 거쳐 왔던 노동자들에게 공통적으로 나타나는 집단 적 정서이자 마음이다.

이러한 공통의 기억과 집단적 정서를 갖고 있기 때문에 이들은 과거 와는 다른 현재 상황에 분노한다. 일자리가 없고 아파도 보장받지 못하며 편안히 쉴 집이 없고 자식이 취업되지 못하는 상황에 대한 분노다. 급변하 는 현실 상황에서 자신의 쓸모와 용도가 다 쓰여지고 버려지는 현실에 대 한 분노다. 개혁 추진을 위해 노동자가 동원되었지만, 개혁으로 인한 혜택 에서 정작 노동자의 몫은 없다는 것에 대한 분노이다. 관료와 자본가 등 소 수의 특권계층에게 부와 권력이 집중되는 현상에 대한 분노다.

1990년대 말부터 본격적으로 진행되었던 국유기업 구조조정이란 노동의 관점에서 보면 '중국판 고용 털어버리기'라 할 수 있다. 지난 20 년간 기업 이익과 직결된 핵심역량만 남기고 부수적인 기능들을 외부로 이전하는, 일명 '균열전략'이 성공적인 경영전략으로 평가되면서 기업들 의 비용 절감 경쟁이 가속화되어 온 것이다.[49] 이러한 세계적인 흐름 속 에서 중국의 국유기업 역시 주보분리(主輔分離: 주력사업과 보완사업의 분리를 의미함)를 통해 경쟁력 없는 부분을 끊임없이 털어내 버렸다. 이 에 따라 국유기업 노동자들의 마음 역시 '박리(剝離)', 즉 떨어져 나갔다. 중국 공산당은 개혁을 위해 노동자를 동원해 왔지만, 정작 개혁 과정에 서 사회주의 체제 지배의 주력계급인 노동자의 마음을 잃어버렸고, 계층

49 데이비드 와일, 송연수 역, 『균열일터: 당신을 위한 회사는 없다』, 황소자리, 2015

간 갈등과 불화의 골이 깊어지면서 중국 사회가 떠안아야 할 사회적 비용은 거침없이 치솟았다.

이러한 변화된 현실에 대해 중국 지도부 역시 문제의 심각성을 인지하고 있다. 노동자의 기본적인 생존권 보장과 안정적이고 대안적인 사회관리 시스템을 구축하지 않고 진행되는 국유기업 구조조정은 중국 사회에 더 큰 갈등과 혼란을 가져다줄 것이라는 점을 인식하고 있다. 이에 따라 향후 몇 년간 노동자의 생존권보장 문제가 체제안정을 위한 매우 중요한 정책적 고려대상이 될 것으로 전망된다. 최근 발표된 중앙7호 문건의 민생 보장 부분에서는 사회보험과 취업의 문제를 중점적으로 해결하여 민생의 최저선을 지켜야 한다고 밝히고 있으며, 특히 동북지역 기업 노동자들의 기본 연금에 대한 중앙재정의 지원을 지속적으로 확대하여 생활이 어려운 노동자들의 사회보장문제를 해결해나갈 것이라고 확정했다.[50]

이와 더불어 안정 유지를 위한 오래된 정치적 수사와 방식도 다시 강조되고 있다. 시진핑 주석은 2015년 5.1노동절 기념사에서 노동계급에 대한 당의 기본적인 방침을 강조하며, "앞으로의 여정에서 우리는 시종 인민의 주체적 지위를 견지하고 노동계급의 적극성, 주동성, 창조성을 충분히 동원해야 한다. 시대가 어떻게 변하든지, 사회가 어떻게 변하든지 우리는 '전심전력으로 노동계급에 의존한다(全心全意依靠工人階級)'는 기본방침을 잊어서도, 약화시켜서도 안된다. 노동계급의 지위와 역할은 결코 흔들릴 수도, 소홀히 다뤄서도 안 된다"라고 설파한다.[51] 동

50　"中共中央國務院關於全面振興東北地區等老工業基地的若干意見", 2016/4/26, http://www.gov.cn/zhengce/2016-04/26/content_5068242.htm

51　"習近平在慶祝"五一"國際勞動節大會上的講話", 2015年4月28日, http://cpc.people.com.cn/n/2015/0428/c64094-26919561.html

시에 이러한 방침을 실현하기 위한 군중노선과 노조의 역할을 강조한다. "군중노선은 당의 생명선이자 근본적인 업무노선이다. 노조는 반드시 당의 중대한 부탁을 깊이 새겨 노조의 직책을 잊지 말고 노동자 대중에 대한 감정(感情)을 강화시켜야 한다. 노동자 대중과의 연계를 밀접하게 하고 그들의 어려움을 해소해주어야 하며 시종일관 노동자 대중과의 마음을 이어야 한다(心連心)"고 강조하였다.[52] 과연 노동자들의 마음은 당과 지도부의 마음과 같을까?

---

52   "習近平同中華全國總工會新一屆領導班子集體談話", 〈人民日報〉 2013/10/24. 시진핑은 전 총의 새로운 지도부와의 간담회 자리에서 지금이 최근 35년 이래 가장 도전적인 심화 개혁의 고비라고 말한다. 또한 수억에 달하는 중국 노동자들이 어떻게 하면 경제발전의 성과의 혜택을 누릴 수 있게 하는가의 문제가 다음 개혁의 거대한 동력이 될 것이라고 강조한다.

제8장

통일 이후 독일주민의 이주민에 대한 태도: 삶의 만족도와 스트레스의 영향을 중심으로[1]

양계민(한국청소년정책연구원)

I. 문제제기

1990년 10월 베를린 장벽이 무너지고 동서독이 통일된 지 올해로 27년이 되었다. 독일은 오랫동안 단일민족국가를 지향하였고, 동서독으로 분단되었던 국가였다는 점에서 한국과 매우 유사한 특성을 지니며, 현재는 이미 통일을 이루었다는 점에서 앞으로 통일을 이루어야 하는 한국사회에 많은 시사점을 제공하고 있다. 통일 후 독일의 사회통합 영역은 정치, 경제, 행정, 사회·문화 등 사회 전반에 걸쳐서 이루어졌다고 볼 수 있는데, 그 중 가장 본질적이고도 어려운 문제 중 하나는 아마도 동서독 주민의 심리적 통합 문제일 것이다. 상이한 사회적 경제적 체제를 지닌 두 집단이 갑자기 통합을 시도한 결과, 독일은 통일 초기 엄청난 사회적 갈등을 유발하였고, 이에 대해 연방정부는 재정적 지원을 통한 경제적 격차

1   이 논문은 2014년 정부(교육부)의 재원으로 한국연구재단의 지원을 받아 수행된 연구임
     (NRF-2014S1A3A2043571).

해소를 통해 갈등을 완화하고자 노력하였다. 그럼에도 불구하고 동독인들이 느끼는 상대적 박탈감과 후유증은 간단하지 않았으며, 서독주민 역시 통일 이후 증가한 세금부담과 동독이주민으로 인하여 발생되는 주택, 범죄문제 등으로 사회적 안정이 침해되는 현실에 불만을 가지기도 하였다.[2] 이 중 특히 동독주민들이 느끼는 상대적 박탈감은 통일후 상황에 대한 과도한 기대와 서독주민과의 경제적 격차에 기인한 것으로, 통일은 동독주민들이 기대했던 만큼의 생활수준 향상을 가져다주지 않았던 점, 그 결과 서독주민들의 생활수준에 도달하지 못했던 점, 통일 초기 동독주민들이 경험한 실업과 그로 인한 불안감 등이 심리적 박탈감의 주요 원인이었을 것이다.[3]

실제 2009년 당시 동독지역 주민의 42%가 스스로를 2등 시민이라고 느끼고 있었던 것으로 조사되었고,[4] 2007년 조사에서는 동독주민의 경우 구매가능성, 주거, 여행, 여가시간의 활동 등에서는 기대 이상으로 자신의 욕구를 충족시켰다고 응답하였지만 삶의 질과 급여의 측면에 대해서는 기대보다 만족스럽지 못하다고 응답을 했으며 사회적 정의, 연대감, 사회적 안전 등에 대해서는 실망스럽다고 응답한 것으로 보고되고 있다.[5]

한 사회에서 특정한 집단이 소외되었다고 느낄 때 그들이 경험하는

2   김관호(2010). "독일 통일과정에서의 갈등사례가 한반도에 주는 시사점". 『북한학연구』 6권 1호, pp. 71-94.

3   고상두(2010). "통일 이후 사회통합 수준에 대한 동서독 지역주민의 인식". 『유럽연구』, 제28권 2호. pp. 269-288.

4   Frankfurt Allemeine Sonntagszeitung, (2010. 4. 4), p. 47; 황병덕, 여인곤, 김면회, 김학성, 랄프 하베르츠, 송태수, 안숙영, 윤덕룡, 이무철, 장준호, 정상돈, 정흥모(2011). "독일의 평화통일과 통일독일 20년 발전상". 『KINU 통일대계연구 2010-03』 재인용·

5   Berlin Zeitung, 2009; 황병덕, 여인곤, 김면회, 김학성, 랄프 하베르츠, 송태수, 안숙영, 윤덕룡, 이무철, 장준호, 정상돈, 정흥모(2011). "독일의 평화통일과 통일독일 20년 발전상". 『KINU 통일대계연구 2010-03』. 재인용

열등감과 하락한 자아존중감(self-esteem)을 회복하기 위한 심리적 방안으로 선택하는 전략 중 하나는 외집단에 대한 차별이다. 특히 자기보다 사회 내에서 더 지위가 낮은 대상에 대해 깎아내리고 부정적 평가를 하며,[6] 부정적 평가는 부정적 감정과 차별적 행동으로 이어진다. 심한 경우 그들을 희생양으로 삼아 물리적 폭력이 가해지기도 하는데, 통일 후 구 동독주민들이 경험한 상대적 박탈감과 그로 인한 열등감은 외국인에 대한 적대감과 폭력행동 등으로 나타나기도 하였다.[7]

독일의 경우 세계에서 두 번째로 이민자가 많은 이민국으로 독일 주민 5명 중 1명이 이주배경을 지닌 국가이다.[8] 따라서 통일 후 동서독 주민간의 통합도 중요한 문제이지만 이 못지않게 이주민과의 통합의 문제도 중요한 문제라고 볼 수 있다. 본 연구에서 이 주제를 다루는 이유는 한국 역시 탈북자의 문제가 있고, 동시에 다문화배경을 지닌 사람들이 증가하는 등 독일의 과거 역사에서 나타난 현상들과 유사한 상황들이 나타나고 있고, 독일이 통일과정에서 보인 현상들이 미래 통일 한국사회에서도 충분히 나타날 수 있다는 가능성이 있다고 생각되기 때문이다. 즉, 한국의 경우도 남북한이 분단되어 있고, 향후 언젠가는 통일을 이루어야하며, 이를 위해 준비가 필요한 상황인데, 최근 들어 이주배경을 지닌 사람들이 증가하고 있고, 현재에는 북한이탈주민과 다문화집단이 함께 공존하고 있는 상황이라는 점에서 한국도 통일 후 유사한 사회적 갈등을

---

6   Tajfel, H. (1978). "Social categorization, social identity and social comparison". In H. Tajfel, *Differentiation between social groups: Studies in the social psychology of intergroup relations.* London: Academic Press.

7   이기식(2008). 『독일통일 15년의 작은 백서』, 고려대학교 교양총서 5. 서울: 고려대학교출판부.

8   고상두, 기주옥(2014). "프랑스 이민자 폭동의 배경요인: 독일과의 비교". 『세계지역연구논총』 제32집 1호, pp. 279-300.

다루어야 할 가능성이 존재한다고 볼 수 있다. 물론 독일의 사례가 한국의 이주민과 북한이탈주민의 관계, 나아가 통일 후 북한주민과 남한주민 그리고 이주배경을 지닌 집단간의 관계에 직접적인 답을 줄 수는 없을 것이다. 그러나 독일의 사례를 이해함으로써 한국적 상황에 대한 이해와 통찰의 기초자료로 활용할 수 있을 것으로 생각된다.

이에 본 연구에서는 크게 두 가지 측면을 분석하고자 하였다. 첫째는 통일 후 구 동독출신과 구 서독출신들이 이주민에 대한 태도에 차이가 있는지 살펴봄으로써 통일 된 지 30년이 되어 가는 시점에서 이주민에 대한 태도 및 가치 측면에서 통합이 이루어졌는지를 보고자 하였다. 둘째는 독일주민의 이주민에 대한 태도에 영향을 미치는 요인을 분석함으로써 통일 후 한국사회에 대한 시사점을 도출하고자 하였다.

II. 이론적 배경

1. 통일 후 동서독 주민의 사회통합

독일은 통일 이후 정치, 경제, 행정, 사회 등 사회 전 영역에 대하여 빠른 통합을 위하여 노력해왔으나, 40년간 서로 다른 체제 속에서 서로 다른 삶을 살다가 아무런 갈등 없이 통합이 된다는 것은 사실상 불가능한 일로, 통합과정에서 독일은 많은 한계와 어려움을 경험하였다. 통일 이후 내적 통일에 대한 독일의 평가는 다양한데, 한편에서는 내적 통일이 이미 완수되었다고 평가하기도 하고, 다른 한편에서는 완성은 아니어도 상당한 진전을 이루었다고 평가하기도 하며, 또 다른 한편에서는 여전히 동서독 주민 간의 차이는 크다고 평가하기도 한다.[9] 이러한 논의들에서 내적 통일을 평가하는 기준은 경제적 사회적 생활수준, 상호 간의 인식 등으로 연구자들마다 서로 다르다. 독일의 통합정책은 경제적 자립을 통해 궁극적으로 사회통합에 이르게 하는 방식으로, 생계능력이 경제적 자립 뿐 아니라 사회적 교류에서도 가장 핵심적인 사항이라고 보고 사회경제적 통합의 기초전략으로 직업통합을 중시하였다.[10] 또한 통일운동 당시 독일사회가 동서독 주민 간의 내적인 통합을 이루기 위해 부르짖었던 것이 '우리는 한겨레'라는 민족의식이었고,[11] 통일 후에는 독일인으로서의 자긍심을 강조하는 새로운 뉴라이트 지식인층이 형성되어[12] 독일인의 정체성을 강조하면서 새로운 독일민족주의를 고양시키려고 하기도 하였다.[13]

따라서 독일 통일은 동독인에게 동등한 권리를 가진 존재라는 의식을 갖게 만들었지만, 현실적으로 존재하는 동서독인 간의 위상에는 차이가 있었다.[14] 통일 후 나타난 동서독 간의 경제적 불균형과 상호 이해부족, 편견, 동독인들의 새로운 체제에 대한 적응 지체현상 등이 통합의 걸

9   김상무(2009). "통일독일 학교교육의 내적통일문제 인식에 관한 연구 -중등학교 역사교과서 내용분석을 중심으로-", 『한국교육학연구』, 15권 3호, 35-57.

10 허준영(2012). "서독의 동독이탈주민 통합정책에 관한 연구", 『한국행정학보』, 제46권 1호 (2012 봄), pp. 265-287.

11 진행남(1997). "동서독의 사회적 통합문제: 눈에 보이지 않는 장벽들 서서히 극복". 『통일한국』, 165권, pp. 97-99.

12 이용일(2016). "독일의 뉴라이트와 복지국가위기론: 틸로 자라친, 「독일이 사라지고 있다」". 『서양사론』, 129호, pp. 77-103.

13 Friedemann Schmidt. *Die Neue Rechte und die Berliner Republik: Pralle laufende Wege im Normalisierungsdiskurs*(Wiesbaden, 2001); 이용일(2016). "독일의 뉴라이트와 복지국가위기론: 틸로 자라친, 「독일이 사라지고 있다」". 『서양사론』, 129호, pp. 77-103. 재인용

14 서정일(2008). "구동독 주민의 동독 이탈 및 서독 사회 적응과정에 관한 사회문화적 고찰". 『독일언어문학』, 제42집, pp. 189-211.

림돌이 되었고,[15] 동독인들은 서독출신들이 지배하는 공동체 내에서 외국인 같은 존재로 인지되기도 하였다.[16]

통일 후 가치 통합에 대한 동서독 주민들의 태도를 비교해 보면 그 상대적 박탈감을 가늠할 수 있는데, 2008년 GMF의 동서독 주민 대상 조사에 따르면 '통일이 서독/동독 주민에게 많은 손해를 가져다주었다'는 문항에 대하여 서독주민은 55.9%가 '그렇다'고 응답한 반면, 동독주민은 57.3%가 '그렇다'고 응답하였고, '동독의 재건을 위해 힘쓴 서독/동독주민의 노력이 평가 받지 못했다'는 응답에 대해서는 서독주민의 경우 53.9%가 '그렇다'고 응답한 반면 동독주민의 경우는 75.3%가 '그렇다'고 응답을 하였고, '서독/동독 주민의 상대지역 주민에 대한 이해심이 부족하였다'는 문항에 대해서도 서독주민은 44.1%가 '그렇다'고 응답한 반면 동독주민의 경우는 72.4%가 '그렇다'고 응답을 하여 통일로 인한 손해에 대한 인식은 동서독 주민의 인식수준이 유사하나, 상호간의 이해의 부족이나 동독주민의 보이지 않는 노력에 대한 간과의 측면에 대한 불만의 수준은 두 집단 간 차이가 매우 크고 동독주민의 상대적 박탈감의 수준이 매우 높았음을 알 수 있다.[17]

즉, 통일 후 동독주민의 삶과 지위는 과거에 비해 향상되었음에도 불구하고 동독주민들이 느끼는 불만과 불안감 등은 최근까지도 여전히 존재하고 있다[18]는 것이 일반적인 평가라고 할 수 있다. 그러나 다른 한

---

15   진행남(1997). "동서독의 사회적 통합문제: 눈에 보이지 않는 장벽들 서서히 극복". 『통일한국』, 165권, pp. 97-99.

16   이동기(2016). "독일통일 후 동독정체성: 오스탈기는 통합의 걸림돌인가?". 『역사와 세계』, 50, pp. 29-61.

17   고상두(2010). "통일 이후 사회통합 수준에 대한 동서독 지역주민의 인식". 『유럽연구』, 제28권 2호. pp. 269-288.

18   황병덕, 여인곤, 김면회, 김학성, 랄프 하베르츠, 송태수, 안숙영, 윤덕룡, 이무철, 장준호, 정상돈, 정흥모(2011). "독일의 평화통일과 통일독일 20년 발전상". 『KINU 통일대계연구

편에서는 동서독 주민들의 가치정향이 흔히 추측하고 있는 것보다 훨씬 접근해 있으며, 젊은 세대에 있어 이러한 현상이 두드러진다는 시각도 있다.[19] 아마도 이러한 가치의 통합 정도는 어떤 영역이냐에 따라 다르게 나타날 것으로 생각되는데, 현재는 통일을 이룬 지 30년이 가까워지는 시점으로 과거에 비해 동서독 주민 간의 유사한 측면들이 더 많아졌을 가능성이 있다.

2. 독일의 이주민 현황

독일은 미국에 이어 세계 2위의 이민국가로, 독일연방통계청에 따르면 2014년 독일 이민자는 전년 대비 39만 명 증가한 1,090명으로, 2011년에 비해서는 100만 명이 증가하여, 주민 5명 중 1명이 외국출신인 것으로 보고되고 있다.[20] 사실상 독일 이주노동자의 역사는 매우 오래된 것으로, 19세기에 산업화가 됨에 따라 농촌지역의 인력이 부족하게 되어 농업 부문에 이탈리아와 폴란드로부터 이주노동자를 받아들였고, 제1차 세계대전과 나치시대에는 외국인 노동력을 강제 징용하여 전쟁산업에 투입하였으며, 제2차 세계대전 후 1950년대 고도의 경제성장과 함께 산업부문의 노동력이 부족하게 되자 1955년부터 '손님노동자(Gastarbeiter)'라는 이름으로 인접국가의 인력을 불러들였다.[21]

그러나 1970년대 초 경제불황이 지속됨에 따라 독일 사회에 실업자

2010-03」.

19 Gransow, 2005. p. 884; 김상무(2009). "통일독일 학교교육의 내적통일문제 인식에 관한 연구 ─중등학교 역사교과서 내용분석을 중심으로─", 『한국교육학연구』, 15권 3호, 35-57, 재인용.

20 영남매일신문(2015. 8. 4). 독일 작년 이민자수 사상최대...주민 5명 중 1명 외국출신.

21 강정숙(2001). "독일이민자 동화정책의 현황과 문제점". 『민족연구』, 7권, pp. 153-160.

가 증가하는 등 문제가 발생하자 외국인 노동자의 유입을 중단하고 장기적인 체류를 막기 위하여 본국으로 돌려 보내려는 정책들을 시도하였다. 그러나 이러한 정책은 오히려 이주노동자들의 장기체류, 가족초청, 외국인 2세대 및 3세대 출생 등의 결과를 야기하였고, 뒤이어 독일계 재외동포의 귀환, 망명자의 증가 등으로 독일사회의 이민자 비율은 지속적으로 증가하게 되었다. 비교적 동질적인 단일인종 국가였던 독일이 외국으로부터 부족한 노동력을 수입하게 되는 과정에서 독일이 스스로 원하지 않는 이민국이 된 것이다.[22]

부족한 노동력의 문제는 불가피하게 이방인의 도움으로 해결하지만 국가만은 민족적으로 순수하게 유지하고자 했던 것이 독일사회가 이주민에 대해 가지고 있는 태도라고 할 수 있다.[23] 그 근거로 앞에서 언급했듯이 독일 주민 5명 중 1명이 외국출신일 정도로 많은 이민자를 가지고 있지만, 독일은 오랫동안 이민국가임을 부인해 왔고, 이주민 정책을 노동력 공급이나 치안과 관련한 사항에만 초점을 맞추어 왔다.[24] 그러다 2005년 이민법을 제정하면서 경제적 통합뿐 아니라 사회적인 통합을 추진하게 되었고, 기존에 개별적으로 추진되던 인구정책, 노동시장정책, 사회정책이 종합적인 이주민 정책으로 연결되었다.[25]

22 정용숙 (2013). "병존에서 공존으로?: 독일의 이주민 문제와 '다문화'전쟁". 『학림』, 34권 pp. 59-75.(연세사학연구회).

23 윤용선(2015). "독일의 이주민 정책: 모델인가, 반면교사인가?" 『독일연구』, 30, pp. 149-152.

24 고상두, 기주옥(2014). "프랑스 이민자 폭동의 배경요인: 독일과의 비교". 『세계지역연구논총』, 제32집 1호, pp. 279-300.

25 박명선(2007). "독일 이민법과 통합정책의 외국인 차별에 관한 연구", 『한국사회학』, 14권 2호, pp. 271-303; 고상두, 기주옥(2014). "프랑스 이민자 폭동의 배경요인: 독일과의 비교". 『세계지역연구논총』, 제32집 1호, pp. 279-300, 재인용

3. 독일의 이주민에 대한 태도

전 지구적인 세계화로 국가 간 이동은 매우 일반적이 되었고, 이주민으로 인한 각종 문제는 전 세계적으로 나타나는 현상으로, 이주민의 사회통합 문제는 거의 모든 국가가 당면하고 있는 과제라고 볼 수 있다. 독일의 경우는 위에서 보았듯이 이주의 역사가 비교적 오래 되었고, 2005년 이민법을 제정하면서 이주민의 사회통합을 위한 노력을 하고 있다.[26] 현재 독일에서는 이주자들에게도 의료보험, 실업보험, 사회복지보조금, 연금, 자녀들의 의무교육 등 사회복지의 기본혜택을 제공하고 있고, 이민자들도 부족한 독일의 노동력을 지원하고 있어 독일사회에 기여하고 있다고 볼 수 있으나,[27] 최근 독일사회에서 나타난 자라친(Sarrazin)과 같은 뉴라이트가 보이는 독일 주류사회의 불편한 심정과 불안감[28]은 독일의 사회통합정책이 크게 성공적이지 못했음 보여주고 있다.[29]

독일의 주류사회가 불편감과 불안감을 느끼는 주요 이주민 집단은 터키계로, 아마도 독일 내 이주민의 숫자가 가장 많은 집단이기 때문인 것으로 생각된다. 터키계 이주민은 1960년대에 본격적으로 독일에 들어와서 서부 공업지대의 석탄, 철강, 건설, 섬유, 화학 분야의 노동자로 시작하여, 당시 독일의 경제호황으로 독일 노동자들은 중산층으로 상승하

---

26 고상두, 하명신(2012). "독일 거주 이주민의 사회통합 유형 : 터키, 이탈리아, 그리스 출신 이주민 집단의 비교분석", 『국제정치논총』, 52권 5호, pp. 233-256.

27 강정숙(2001). "독일이민자 동화정책의 현황과 문제점". 『민족연구』, 7권, pp. 153-160.

28 이용일(2016). "독일의 뉴라이트와 복지국가위기론: 틸로 자라친, 「독일이 사라지고 있다」". 『서양사론』, 129호, pp. 77-103.

29 독일의 연방은행 이사였던 틸로 자라친(Thilo Sarrazin)은 2010년 『자멸하는 독일: 우리가 어떻게 독일을 위험에 빠뜨렸나』라는 책을 출간하였는데, 그 책에서 그는 이주민의 증가와 사회통합의 실패로 독일사회의 미래가 암울하다고 전망하였으며, 그 원인을 이주민, 특히 무슬림 이주민의 독일사회에 대한 통합의지 및 능력부족으로 돌려서 엄청난 여론의 반향을 불러일으켰다(고상두, 하명신, 2012, p. 234).

고 독일의 노동자 계층이 떠난 빈자리를 이들이 메꾸면서 사회 계층의
가장 아래 부분으로 편입되었다.[30] 터키 이주민에 대해 독일 사회가 가
지고 있는 선입견은 대체로 부정적인데, 높은 출산율과 이슬람교도라는
특성이 핵심이라고 볼 수 있다. 즉, 독일의 인구는 점점 감소하는 데 비
해 터키 이주민의 출산율은 높아서 미래의 독일을 터키인들이 접수할 것
이라는 인종주의적 공포와 서구 근대의 가치와 다른 이슬람 문화에 대
한 거부감이었다.[31] 대체적으로 이민자들에 대한 주류 사회의 고정관념
은 교양과 거리가 멀고, 사회적 약자이고, 범죄자이며, 신분상승의 기회
가 적고, 통합의 의지가 없다는 등 부정적인 것이지만,[32] 수입된 최하층
이주민 중 특히 무슬림 이주민의 낮은 교육율, 낮은 사회통합 의지, 높은
출산율, 높은 복지부담 등이 향후 국가경쟁력을 상실하게 할 것이라는
것이다.[33] 사실상 이주노동자들을 대상으로 한 독일의 귀국 장려 조치 정
책도 다수를 차지하는 터키 노동자를 염두에 둔 정책이었다고 할 수 있
다.[34]

　　이러한 편견과 차별은 터키계에만 해당되는 것은 아니다. 베트남인,
중국인, 한국인 등과 같은 아시아계 독일인의 경우는 극단적인 폭력이나
테러의 희생자가 되지는 않으나 일상의 삶 속에서 보이지 않는 배제와
차별을 경험하고 있다.[35] 한국인의 경우 유럽 최대의 한인 교포사회를 이

30　정용숙 (2013). "병존에서 공존으로?: 독일의 이주민 문제와 '다문화'전쟁". 『학림』, 34권
　　pp. 59-75. (연세사학연구회).

31　위의 책, p. 64.

32　최윤영(2017). "독일 한인2세들의 정체성과 인종적 제노포비아 문제 - 마르틴 현의 두 텍
　　스트 예 분석". 『인문논총』, 14권 1호, 서울대학교인문학연구원. pp. 369-401.

33　이용일(2016). p.91

34　윤용선(2015). "독일의 이주민 정책: 모델인가, 반면교사인가?". 『독일연구』, 30, pp. 149-
　　152.

35　최윤영(2017). p. 375

루고 있는 집단으로 독일 내에서 모범적 이민자로 꼽히고, 대체로 성실하고 범죄를 저지르지 않으며 사회통합의 의지가 강하다는 긍정적인 이미지를 가지고 있어 일반적인 외국인 이민자에 대한 고정관념과는 다르게 평가되고 있다. 그럼에도 불구하고 한국인 역시 독일사회에서 타자나 이방인으로 간주되는 경험을 하고 있다.[36]

이주민에 대한 태도는 독일의 사회경제적 상황과 매우 관련성이 높은 것으로 보이는데, 예를 들면 1950년대부터 1960년대까지 독일이 경제호황을 누리던 시기에 독일인들이 하지 않던 고강도 저임금 노동을 맡아서 하던 외국인노동자들은 경제호황이 끝나면서 독일인의 배타적 대상이 되었고, 독일 내 실업률이 증가하면서 그 배타성은 더욱 심화되었다.[37] 특히 통일이 되면서 오랫동안 사회 밑바닥에 깔려 있던 이주자들에 대한 거부와 배척의 심리가 이민자에 대한 과격한 폭력행위로 나타나게 되었는데, 한 예로 1982년 극우파의 폭력행위가 80건이었으나, 통일을 즈음하여 1990년에 390건, 2000년에는 998건으로 매우 증가한 것으로 보고된 바 있다.[38]

이주민에 대한 배타성은 통일 후 동독주민들에게서 보다 더 뚜렷하게 나타났다. 1992년 구 동독지역인 작센주의 14세에서 25세 청소년을 대상으로 외국인 대상 적대감을 조사한 Fridriech-Ebert-Stiftung의 연구(1993)에 따르면 조사대상 청소년 10명 중 4명이 외국인에 대한 거부감을 가지는 것으로 나타났는데, 1990년의 연구결과와 비교했을 때 거부감의 수준이 더욱 증가한 것으로 보고되어, 외국인에 대한 적대감의 문제가 통

36 최윤영(2017). "독일 한인2세들의 정체성과 인종적 제노포비아 문제 – 마르틴 현의 두 텍스트 에 분석". 『인문논총』, 14권 1호, 서울대학교인문학연구원. 14권 1호, pp. 369-401.

37 정용숙 (2013). "병존에서 공존으로?: 독일의 이주민 문제와 '다문화'전쟁". 『학림』, 34권 pp. 59-75. (연세사학연구회).

38 강정숙(2001). "독일이민자 동화정책의 현황과 문제점". 『민족연구』, 7권, pp. 153-160.

일 후 더 심화되었음을 보여주었다. 또한 2007년 실시한 한 여론조사에서
도 40%의 구동독지역 주민들이 '독일에 외국인이 너무 많고 이들이 실업
과 주거상황을 더 좋지 않게 만들고 있다'고 응답한 것으로 나타났다.[39]

이는 통일 후 동독출신 주민들의 새로운 가치체계에 및 사회적 변
화에 대한 부적응,[40] 미래사회에 대한 불안,[41] 실업에 대한 공포심,[42] 통일
후 동서독 간의 경제적 격차와 그로 인한 상대적 박탈감[43] 등으로 해석될
수 있는데, 통일 후 젊은 노동력이 서독으로 이주하게 되자 동독지역의
인구가 감소하게 되었고, 동독지역의 실업률이 높아졌으며, 서독에 비해
상대적으로 부당한 처우를 받고 있다는 느낌은 소수집단과 더 열악한 조
건을 가진 집단에 대해 가혹하게 함으로써 자신의 가치를 상대적으로 높
여 보이려는 심리적 시도로 표출되고, 이때 일자리를 놓고 경쟁관계에
있다고 여겨지는 외국인의 경우 그러한 시도의 희생자가 되기 쉽다는 것
이다.[44]

결론적으로 독일 사회에서 이주민은 역사적으로 오랜 동안 차별과
배제의 대상이었고, 사회적 상황이 혼란스럽거나 경제적으로 악화될 때
이들에 대한 부정적 태도는 더욱 강화되고 공격적 행동으로까지 이어졌
으며, 통일 직후에는 이런 현상이 더욱 심화되었던 것으로 보인다.

---

39 Drucksache(2007). "Zum Stand der deutschen Einheit und der perspektivischen
    Entwicklung bis zum Har 2020"(Drucksache 16/5418 vom 23.05.07); 손기웅(2009).
    『독일통일 쟁점과 과제』. 서울: 늘품플러스. 재인용.
40 박영정(2011). "북한이탈주민의 문화적응방안 연구". 『한국문화관광연구원 기본연구 11-
    62』. 서울: 한국문화관광연구원.
41 이용일(2016). p. 89.
42 송광성(1994). "독일 통일과정에서 나타난 청소년 문제". 『청소년학연구』, 2권 1호, pp.
    173-189.
43 김국현(2003). "통일 이후 남북한 주민의 실미적 통합을 위한 반편견 교육방안". 『통일정
    책연구』, 제12권 2호(통일연구원, 2003), p. 142.
44 손기웅(2009). 『독일통일 쟁점과 과제』. 서울: 늘품플러스.

4. 이주민에 대한 태도를 설명하는 이론들

앞에서 언급한 독일의 이주민에 대한 태도는 심리학적으로 현실갈등인
식이론(Realistic Conflict Theory)과 사회정체감이론(Social Identity
Theory), 또는 희생양 메커니즘(Scapegoat mechanism)으로 설명할 수
있다. 현실갈등이론에서는 집단간 갈등이 발생하는 원인은 사회적으로
가치 있는 자원은 한정되어있고, 모든 사람들이 원하는 만큼 소유할 수
없기 때문에 서로 경쟁관계에 있는 집단들 간에 경쟁심과 적개심이 생기
고 부정적 평가가 편견으로 자리 잡게 되어 이것이 갈등으로 이어진다는
이론이다.[45] 따라서 한 사회 내에서도 모든 집단이 현실갈등을 인식한다
기보다는 소수집단과 경쟁의 관계에 있는 비교적 교육수준이 낮은 단순
노동자 계층이 현실갈등인식의 수준이 높고 따라서 갈등의 관계를 형성
하게 된다고 본다. Heitmeyer(2010)의 연구에서, 독일의 경우 농촌지역
의 사람들, 나이든 사람들, 교육수준이 낮은 층과 낮은 소득계층에서 이
주민에 대해 더 적대적인 것으로 나타났고,[46] 1991년 1월부터 1992년 4
월 사이에 독일연방 각주에서 발생한 외국인 대상 범죄행위를 분석한 연
구[47]에서도 외국인에 대한 적대행위자의 절반 이상은 학생이거나 직업훈

---

45 Sherif, M. (1966). *Group conflict and co-operation: Their social psychology.* Lon-
   don: Routlege & Kegan Paul.

46 Heitmeyer, W. (2010). "Disparate Entwicklungen in Krisenzeiten, Entsolidarisierun
   und Gruppenbezogene Menschenfeindlichkeit", in W. Heitmeyer(ed.), *Deutsche
   Zustände.* Fologe 9 (Frankfurt am Main/Berlin: suhrkamsp(2010). pp. 13-38, 박채
   복, 2016, p. 73 재인용)

47 Helmut Willems, Stefanie Würtz, Roland Eckert, "Fremdenfeindliche Gewalt: Eine
   Analyse von Täterstruren und Eskalationsprozessen", in *Rechtsradikale Gewalt im
   vereinigten Deutschland*(ed Hans-Uwe Orro, Roland Merten), Leske + Budrich,
   1993. pp. 432-449; 송광성(1994). "독일 통일과정에서 나타난 청소년 문제". 『청소년학
   연구』, 2권 1호, pp. 173-189, 재인용

런생들이었다는 결과를 볼 때 현실갈등인식이론으로 설명이 가능하다.

이에 비해 사회정체감이론은 사람들이 기본적으로 자신을 높임으로써 자아존중감을 유지하고자 하는 동기를 가지는데, 자신의 자아존중감을 높이기 위해서 자신이 속한 내집단을 선호하고 외집단을 차별하는 현상이 나타난다고 설명하고 있다.[48] 통일 후 서독주민과 사회경제적 격차를 경험하면서 스스로를 2등 시민이라고 느끼게 된 동독주민들은 동독의 고위직이 서독사람으로 교체된 것을 식민지배로 여기기도 하였는데,[49] 이는 집단적 자존심이 하락하는 사건이었을 것으로 생각된다. 특히 동독에 남아있던 젊은 세대는 대개 학력이 낮거나 직업훈련을 받지 못한 사람들이었고, 이들이 고향에 남아 극우파적인 가치와 행동을 보이며 자신의 무능함을 극복하고 스스로에 대한 존중감을 가지기 위한 방법으로 외국인에 대한 무시와 극단적 행동을 보이기도 하였다고 해석된다.[50] 통일로 인하여 경험하게 된 자존감의 추락을 사회적 소수집단인 이주민에 대한 부정적 인식을 강조함으로써 열등감을 극복하고자 한 동기의 발현이라고 보는 것이다.

그러나 단순히 이주민에 대한 부정적 인식과 태도에 그치지 않고 이것이 폭력적 행동으로 발전할 때 이는 희생양 메커니즘으로 설명하는 것이 더 적합할 수 있다. 희생양 메커니즘은 르네 지라르(Girard)의 개념

48 Tajfel, H. (1978). "Social categorization, social identity and social comparison". In H. Tajfel, *Differentiation between social groups: Studies in the social psychology of intergroup relations*. London: Academic Press.; 양계민(2015). "북한이탈주민이 국내 다문화집단에 대하여 지니는 태도에 영향을 미치는 요인". 『한국심리학회지: 사회 및 성격』, 29권 3호, pp. 165-193, 재인용.

49 진행남(1997). "동서독의 사회적 통합문제: 눈에 보이지 않는 장벽들 서서히 극복". 『통일한국』, 165권, pp. 97-99.

50 이기식(2008). 『독일통일 15년의 작은 백서』, 고려대학교 교양총서 5. 서울: 고려대학교출판부.

으로 폭력적 성향의 집단적 전이현상을 설명하고 있는데, 공동체가 갈등으로 인하여 와해될 위기에 처하게 될 때, 이를 해소하기 위하여 서로에 대한 증오심을 힘없는 개인이나 소수집단에 쏟아 부어 공동체 내부의 긴장과 불만을 해결하는 방식을 말한다.[51] 사회적으로 위기의식이나 불안감, 위협이 유발될 때 이를 해소하기 위한 방법으로 이방인을 희생양으로 찾는 경향이 있는데, 2008년 이후 나타난 유럽 경제의 위기, 실업율 증가, 테러, 시리아 난민 대량 이주 등으로 불안감이 증폭되면서, 이 불안의 원인으로 이주민을 지목한 것,[52] 독일에서 1차 세계대전에 패배한 후 상처입은 독일의 민족적 자존심을 세우고 게르만 민족사회주의를 탄생시키는 과정에서 무고한 유태인을 희생양으로 삼은 것 등이 그러한 예라고 볼 수 있다.[53]

지금까지 독일사회가 이주민에 대해 보이는 현상과 이를 설명하는 이론에 대해 기술하였는데, 어떤 기제에 의해 나타나는 현상이든 공통적으로 보이는 것은 사회적 혼란과 경제적 불황이라는 심리적 스트레스 상황이었다는 것이다. 즉, 자신의 심리적 스트레스가 높고 삶에 대한 만족도가 떨어질 때 그것은 외부 자극에 대한 부정적 평가를 유발하게 될 수 있고, 특히 사회적 소수집단인 이주민에 대한 태도에 영향을 미칠 수 있을 것이라고 가정할 수 있는데, 기존의 주관적 안녕감(subjective well being) 특성에 비추어 볼 때 그렇다. 주관적 안녕감(subjective well being)이란 자신의 삶 전반에 대한 주관적 평가를 말하는데, 인지적 요소에 해당하는 '삶의 만족'과 정서적 요소에 해당되는 '긍정적, 부정적 정

---

51 이종원(2015). "희생양 메커니즘과 폭력의 윤리적 문제". 『철학탐구』, 40권, 273-301.
52 구연정(2016). "통합유럽의 정체성과 이주민". 『독일어문화권 연구』, 25권, pp. 7-33.
53 이종원(2015). "희생양 메커니즘과 폭력의 윤리적 문제". 『철학탐구』, 40권, 273-301.

서경험'으로 구성되어 있다.[54] 주관적 안녕감이 높은 것은 타인에 대한
복합적 이해를 증가시키고,[55] 자신과 세상에 대한 폭넓은 통찰을 제공하
며 그에 대해 긍정적 관점을 취하게 함으로써 낙관주의와 같은 자원을
형성할 수 있게 한다고 알려져 있다.[56] 따라서 독일 주민이 이주민에 대
해 지니는 태도에 그들이 느끼는 주관적 안녕감이 영향을 미칠 수 있고,
이와 반대로 삶의 과정에서 느끼는 생활스트레스 역시 부정적 방향에서
영향을 미칠 수 있다고 가정할 수 있다.

따라서 본 연구에서는 다음과 같은 세 가지를 분석하고자 하였다.
첫째, 이주민에 대한 태도에서 구 동독주민과 구 서독주민 집단 간에 차
이가 있는지를 살펴보고, 둘째, 사회인구학적 배경에 따른 이주민에 대
한 태도양상을 살펴보며, 셋째, 독일주민의 이주민에 대한 태도에 미치
는 삶의 만족도와 스트레스와 배경변인의 효과성을 살펴보고자 하였다.
또한 이를 통해 향후 통일 한국사회에서의 시사점을 도출하고자 하였다.

54   Diener, E. (1984). "Subjective well-being". *Psychological Bulletin*, 95, 542-575. ;
      Diener, E., Suh, E. M., Lucas, R. E., & Smith, H. L. (1999). "Subjective well-being:
      Three decades of progress". *Psychological Bulletin*, 125, 276-302.; 양계민(2010).
      "현실갈등인식과 지각된 경제수준이 이주노동자에 대한 태도에 미치는 영향: 주관적 안녕
      감의 상호작용효과를 중심으로". 『한국심리학회지: 사회 및 성격』, 24권 1호, pp. 111-128,
      재인용.

55   Waugh, C. E., & Fredrickson, B. L. (2006). "Nice to know you: positive emotions,
      self-other overlap, and complex understanding in the formation of a new relation-
      ship". *The Journal of Positive Psychology*, 1, 93-106.

56   구재선 (2009). "행복은 심리적 자원을 형성하는가". 『한국심리학회지: 사회 및 성격』, 23
      권 1호, 165-179; 양계민(2010). "현실갈등인식과 지각된 경제수준이 이주노동자에 대한
      태도에 미치는 영향: 주관적 안녕감의 상호작용효과를 중심으로". 『한국심리학회지: 사회
      및 성격』, 24권 1호, pp. 111-128. 재인용.

III. 연구방법

1. 조사대상

조사대상자는 현재 독일에 거주하는 독일인 총 465명으로 이 중 동독출신이 230명, 서독출신이 235명이었다. 출신배경은 출생지를 기준으로 구분하였는데, 1차로 본인의 출생지가 동독이면 동독출신자로, 본인의 출생지가 서독이면 서독출신자로 구분하였다. 다만, 본인의 출생지가 서독이지만 부모의 출생지가 동독인 20대 이하는 동독출신자로 구분하였고, 본인의 출생지와 부모의 출생지가 모두 서독인 경우만 서독집단으로 구분하였다. 이들의 현재 거주지를 보면, 동독 출신이라고 응답한 사람들 중 97.0%인 223명은 현재 서독에 거주하고 있었고, 서독출신이라고 응답한 사람들은 동독과 서독에 거주하는 비율이 거의 반반이었다.

집단별로 보았을 때, 동독출신 남자는 114명(49.6%), 여자는 116명(50.4%)이었고, 연령별로는 20대부터 50대 까지 집단별로 약 25% 내외로 분포하였다. 주관적 경제수준은 '보통이다'라고 응답한 비율이 43.0%로 가장 많았고, '어려운 편이다'라는 응답이 61명(26.5%), '잘사는 편이다'라는 응답이 40명(17.4%), '아주 어렵다(22명, 9.6%)', '아주 잘산다(8명, 3.5%)'의 순이었다. 학력수준의 경우 '실업학교/직업학교졸업'인 사례가 37%로 가장 많았고, '전문대재학/졸업'이 16.1%, '대학재학/졸업'이 15.2%, '석사과정재학/졸업'이 17.4%, '박사과정재학/졸업'이 2.2%였다. 초등학교 졸업자는 한 명이었다. 또한 직업 유무를 분석한 결과 73%인 163명이 직업을 가지고 있었고, 27%만이 직업이 없는 상태였다. 서독출신자들의 경우도 표 1에 나타난 바와 같이 동독출신자들과 성별분포, 연령분포, 주관적 경제수준, 학력, 직업 등의 분포가 거의 유사하였다.

표 1. 조사참여자의 배경적 특성　　　　　　　　　　　　　　　　　　　　　빈도(%)

변인		동독출신	서독출신
성별	남자	114(49.6)	115(48.9)
	여자	116(50.4)	120(51.1)
연령집단	20대	55(23.9)	54(23.0)
	30대	58(25.2)	62(26.4)
	40대	56(24.3)	56(23.8)
	50대 이상	61(26.5)	63(26.8)
주관적 경제수준	아주 어렵다	22(9.6)	15(6.4)
	어려운 편이다	61(26.5)	70(29.8)
	보통이다	99(43.0)	102(43.4)
	잘사는 편이다	40(17.4)	37(15.7)
	아주 잘산다	8(3.5)	11(4.7)
학력	초등학교졸업	1(.4)	1(.4)
	중등학교졸업	27(11.7)	23(9.8)
	실업학교/직업학교졸업	85(37.0)	113(48.1)
	전문대재학/졸업	37(16.1)	26(11.1)
	대학재학/졸업	35(15.2)	31(13.2)
	석사과정재학/졸업	40(17.4)	36(15.3)
	박사과정재학/졸업	5(2.2)	5(2.1)
직업	있음	168(73.0)	179(76.2)
	없음	62(27.0)	56(23.8)
현 거주지	동독	6(2.6)	120(51.1)
	서독	223(97.0)	115(48.9)
	미분류	1(.4)	-
전체		230(100)	235(100)

2. 측정도구

1) 배경변인

배경변인은 출신배경(동서독), 성별, 연령, 학력수준, 주관적 경제수준 등으로, 학력수준은 독일의 교육체제에 근거하여 그룬트슐레, 김나지움, 레알슐레/하우프트슐레, 파흐호흐슐레, 대학교, 대학원 석사, 대학원 박사 등 총 7개로 구분하였다. 주관적 경제수준은 총 5점 척도로 '아주 어렵다', '어려운 편이다', '보통이다', '잘사는 편이다', '아주 잘산다'의 총 5점 척도에 표시하도록 하였다.

2) 이주민에 대한 태도

이주민에 대한 태도는 유럽국가의 인종적 편견을 비교하기 위해 개발된 종족배제주의 척도(ethnic exclusionism)의 문항 중 황정미 외(2007)가 수정한 12개 문항에서 총 10개의 문항을 선정하여 독일인 대상 연구에 맞게 수정하여 사용하였다. 하위 요인은 '이주의 위협', '이주자 송환', '이주자시민권', '다문화사회의 긍정성' 등 총 4개 하위 항목으로 구성되었다. '이주의 위협' 요인은 이주민들이 본국에 들어오게 됨에 따라 느끼는 위협의 개념으로 '외국인 근로자들은 독일인의 일자리를 빼앗아 간다', '외국인 근로자가 많이 사는 지역은 지저분하다', '외국인 근로자가 늘어나면 범죄율이 올라간다'는 총 3문항이었다. '이주자 송환'은 이주자 송환정책에 대한 찬성을 의미하는 개념으로 '합법적 이주민이라도 근로계약이 종료되면 본국으로 돌아가야 한다', '모든 이주민은 본국으로 돌아가야 한다' 등의 총 2개 문항이었고, '이주자 시민권'은 이주자의 시민권을 찬성하는 개념으로, '합법적 이주민은 독일시민과 동등한 사회적 권리를 지녀야 한다', '합법적 이주민은 가족들을 데려올 권리가 주어져야 한다'의 총 2개 문항이었으며, 마지막으로 '다문화사회의 긍정성'은 다문화사회가 되는 것이 가져오는 긍정적 결과에 대한 수용의 의미로, '어떤 사회든 서로 다른 인종, 종교, 문화가 공존하는 것이 바람직하다', '우리나라의 인종, 종교, 문화적 다양성이 확대되면 국가 경쟁력에 도움이 된다', '우리나라와 다른 인종, 종교, 문화를 가진 사람들을 받아들이는 데에는 한계가 있다 (역코딩)'의 총 3개 문항으로 구성되어 있었다. 각 문항에 대해 '전혀 그렇지 않다(1)'부터 '매우 그렇다(5)'까지 총 5점 척도 상에 응답하도록 되어 있었다.

이와 더불어 '사회적 수용도'는 Bogardus(1925)의 사회적 거리감 척도를 적용한 양계민의 연구[57]에서 사용한 척도를 사용하였는데, 그 내용으로는 이주민을 '이웃주민으로 받아들일 수 있다', '직장 동료로 받아들일 수 있다', '친한 친구로 받아들일 수 있다', '연인으로 받아들일 수 있다', '결혼할 수 있다', '내 자녀와 결혼시킬 수 있다'의 총 6개 문항이었고, 각 문항에 대해 역시 '전혀 그렇지 않다(1)'부터 '매우 그렇다(5)'까지 총 5점 척도상에 응답하도록 하였다.

3) 삶의 만족도[58]

삶의 만족도는 김신영 등(2006)이 수정 보완한 척도를 사용하였는데, '나는 사는 게 즐겁다', '나는 걱정거리가 별로 없다', '나는 내 삶이 행복

---

57 양계민(2010). "현실갈등인식과 지각된 경제수준이 이주노동자에 대한 태도에 미치는 영향: 주관적 안녕감의 상호작용효과를 중심으로". 『한국심리학회지: 사회 및 성격』, 24권 1호, pp. 111-128.

58 본 연구에서는 주관적 안녕감의 인지적 영역인 삶의 만족도만을 측정하였는데, 그 이유는 정서적 경험은 상황적 영향을 많이 받을 수 있을 것으로 생각하여 비교적 지속적인 인지적 영역만을 사용하였다.

하다고 생각한다'의 총 세 문항이었고, 각 문항에 '전혀 그렇지 않다(1)'
부터 '매우 그렇다(5)'까지의 5점 척도상에 응답하였다.

4) 생활스트레스

생활스트레스는 Sarason, Johnson과 Siegel(1978)이 제작한 Life Ex-
periences Survey(LES)를 이영호(1993)가 번안하여 사용한 생활경험
조사 중 13개 문항을 선정하여 사용하였다. 문항은 심한 질병이나 상처,
법 위반, 경제적 상황, 진로 문제, 가족 간 갈등. 연인과의 관계, 친구와
의 갈등, 직장 동료와의 갈등, 실업, 직장의 업무부담, 따돌림, 무시 등의
이유로 최근 3개월 간 얼마나 스트레스를 받았는지 '전혀 없었음(1)'에
서 '매우 심했음(5)'까지 총 5점 척도상에 표시하도록 하였다.

IV. 연구결과

1. 동서독 출신 집단 간 차이

우선 첫 번째로 동서독 출신 집단간 이주민에 대한 태도와 심리요인 및
배경요인에서 차이가 있는지 파악하기 위하여 집단간 t검증을 실시하였
다. 그 결과 표2에 나타난 바와 같이 이주민에 대한 태도의 네 가지 하위
요인과 사회적 수용성, 심리요인인 삶의 만족도와 생활스트레스, 그리고
배경요인인 연령, 학력, 주관적 경제적 수준 등 모든 변인에서 동서독 출
신 집단간 유의미한 차이가 나타나지 않았다. 따라서 두 집단이 배경특
성과 심리요인 및 이주민에 대한 태도에서 동질적이라고 볼 수 있었다.

표 2. 집단별 주요 변인의 평균차이

	변인	동독출신	서독출신	t
이주민에 대한 태도	이주위협	2.85(1.08)	2.85(1.07)	0.07
	이주자송환	2.80(1.16)	2.75(1.16)	0.48
	이주자시민권	3.23(1.09)	3.27(1.07)	-0.44
	다문화긍정성	3.23(.98)	3.35(1.00)	-1.31
	사회적 수용도	3.32(1.14)	3.26(1.05)	0.55
심리요인	삶의 만족도	3.15(.76)	3.20(.76)	-0.7
	생활스트레스	2.40(.99)	2.51(.98)	-1.2
배경요인	연령	42.00(12.65)	42.53(12.54)	-0.46
	학력	5.77(2.38)	5.56(2.62)	0.85
	주관적 경제수준	2.79(.96)	2.83(.93)	-0.44

2. 배경변인에 따른 차이

위에서 동서독출신 집단간 배경요인과 심리요인, 이주민에 대한 태도요
인 등 모든 변인에서 통계적으로 유의미한 차이가 나타나지 않았기 때문
에 두 집단이 동질적인 것으로 간주하고, 두 집단의 이주민에 대한 태도
와 심리요인을 배경변인에 따라 차이가 있는지 살펴보았다. 첫째로, 성
별 차이를 분석한 결과 표 3에 나타난 바와 같이 이주민에 대한 태도와
심리요인에서 성별차이가 나타나지 않았다.

두 번째로는 연령집단에 따라 이주민에 대한 태도와 심리요인의 차
이가 있는지 살펴본 결과, 사회적 수용도와 생활스트레스 두 가지 변인
에서 통계적으로 유의미한 차이가 있었고, 그 외 변인에서는 통계적으로
유의미한 차이가 나타나지 않았다. 사회적 수용도의 경우는 연령이 낮을

표 3. 성별에 따른 각 변인의 평균차이

	변인	남	여	t
이주민에 대한 태도	이주위협	2.87(1.11)	2.83(1.04)	0.46
	이주자송환	2.81(1.18)	2.75(1.15)	0.5
	이주자시민권	3.29(1.06)	3.21(1.10)	0.74
	다문화긍정성	3.24(1.04)	3.35(.95)	-1.19
	사회적 수용도	3.35(1.09)	3.22(1.11)	1.27
심리요인	삶의 만족도	3.19(.76)	3.17(.75)	0.3
	생활스트레스	2.44(.98)	2.48(.99)	-0.43

수록 평균값이 높아지는 것으로 나타났고, 동시에 생활스트레스 역시 연령이 낮을수록 평균값이 높아지는 것으로 나타났다. 좀 더 자세히 살펴보면, 20대의 이주민에 대한 사회적 수용도가 가장 높고, 30대와 40대가 그 다음으로 높으며, 50대 이상의 사회적 수용도가 가장 낮은 것으로 나타났다. 또한 생활스트레스의 경우는 20대, 30대, 40대에 비해 50대 이상의 스트레스가 유의미하게 낮은 것으로 나타났다.

표 4. 연령집단에 따른 각 변인의 평균차이

	변인	20대	30대	40대	50대 이상	F
이주민에 대한 태도	이주위협	2.65(1.01)	2.86(1.14)	2.88(1.06)	2.98(1.06)	1.98
	이주자송환	2.52(1.11)	2.80(1.15)	2.91(1.20)	2.87(1.16)	2.59
	이주자시민권	3.31(1.02)	3.24(1.12)	3.29(1.08)	3.17(1.12)	0.37
	다문화긍정성	3.22(.95)	3.24(1.02)	3.38(.92)	3.31(1.08)	0.61
	사회적 수용도	3.50(1.06)^a	3.30(1.08)^{ab}	3.30(1.29)^{ab}	3.08(1.09)^b	2.80*
심리요인	삶의 만족도	3.14(.69)	3.26(.79)	3.15(.85)	3.15(.68)	0.65
	생활스트레스	2.67(.90)^a	2.63(1.00)^a	2.44(.98)^a	2.13(.97)^b	7.76***

* $p<.05$, *** $p<.001$, Duncan: a>b

표 5. 학력수준별 집단에 따른 각 변인의 평균차이

변인		중등학교 졸업이하	실업학교 /직업학교졸 업	전문대재학 /졸업	대학재학/졸 업	석사과정 이상	F
이주민에 대한 태도	이주 위협	$2.61(1.06)^{bc}$	$3.07(1.04)^{a}$	$2.95(1.01)^{ab}$	$2.74(.99)^{abc}$	$2.51(1.15)^{c}$	5.39^{***}
	이주자 송환	$2.53(1.05)^{b}$	$2.92(1.14)^{ab}$	$2.95(1.20)^{a}$	$2.67(1.21)^{ab}$	$2.56(1.16)^{ab}$	2.60^{*}
	이주자 시민권	$3.42(1.02)^{ab}$	$3.12(1.06)^{ab}$	$3.07(1.22)^{b}$	$3.48(1.03)^{a}$	$3.40(1.05)^{ab}$	2.71^{*}
	다문화 긍정성	$3.52(.84)^{ab}$	$3.13(1.02)^{c}$	$3.28(.95)^{bc}$	$3.17(.90)^{c}$	$3.64(1.02)^{a}$	5.14^{***}
	사회적 수용도	$3.55(.96)^{a}$	$3.15(1.09)^{bc}$	$2.95(1.10)^{c}$	$3.38(1.04)^{ab}$	$3.63(1.13)^{a}$	5.39^{***}
심리 요인	삶의 만족도	$3.28(.73)^{ab}$	$3.12(.74)^{b}$	$3.11(.69)^{b}$	$3.04(.82)b$	$3.40(.82)^{a}$	3.19^{*}
	생활 스트레스	$2.50(.91)$	$2.42(.97)$	$2.42(.93)$	$2.64(.98)$	$2.42(1.11)$	0.73

* $p<.05$, *** $p<.001$, Duncan : a〉b〉c

　　세 번째로, 이주민에 대한 태도와 심리요인이 학력수준에 따라 다른
지 평균을 비교해보았다. 표 5에 나타난 바와 같이 생활스트레스를 제외
한 모든 변인에서 집단간 차이가 나타났다. 그러나 평균을 살펴본 결과
학력수준과 이주민에 대한 태도 및 심리요인은 선형적인 양상이 아니고,
포물선의 관계인 것으로 나타났다. 즉, 이주의 위협과 이주자의 송환정
책에 대한 찬성태도의 경우 '실업학교/직업학교졸업자'와 '전문대재학/
졸업자'가 높고, '중등학교졸업 이하'와 '석사과정 이상' 집단이 낮은 경
향을 나타내었다. 반대로 이주자에 대한 긍정적인 태도인 이주자 시민권
과 다문화긍정성, 사회적 수용도의 경우는 '실업학교/직업학교졸업자'와
'전문대재학/졸업자'집단이 낮고, '중등학교졸업 이하'와 '석사과정 이

표 6. 주관적 경제수준별 집단에 따른 각 변인의 평균차이

변인		아주어렵다	어려운 편이다	보통이다	잘사는 편이다 이상	F
이주민에 대한 태도	이주 위협	3.20(1.11)^a	3.03(1.07)^{ab}	2.76(1.02)^{bc}	2.65(1.11)^c	4.24**
	이주자송환	2.92(1.20)	2.97(1.84)	2.69(1.10)	2.65(1.24)	2.1
	이주자시민권	3.19(1.14)	3.13(1.14)	3.28(1.00)	3.38(1.14)	1.04
	다문화긍정성	3.05(1.01)^c	3.09(1.07)^{bc}	3.39(.93)^{ab}	3.46(.95)^a	4.17**
	사회적 수용도	3.11(1.19)	3.20(1.14)	3.30(1.08)	3.46(1.02)	1.44
심리요인	삶의 만족도	2.42(.85)^d	2.81(.66)c	3.32(.59)^b	3.65(.70)^a	49.04***
	생활스트레스	2.68(.88)	2.52(.96)	2.38(.96)	2.47(1.11)	1.19

** $p\langle.01$, *** $p\langle.001$, Duncan: a⟩b⟩c⟩d

상' 집단이 더 높은 것으로 나타났다. 삶의 만족도도 '실업학교/직업학교졸업자'와 '전문대재학/졸업자'가 낮고, '중등학교졸업 이하'와 '석사과정 이상' 집단이 높은 것으로 나타나 전체적으로 볼 때 '실업학교/직업학교졸업자'집단과 '전문대재학/졸업자'집단이 '중등학교졸업이하'와 '석사과정 이상' 집단에 비해 삶의 만족도는 떨어지고 이주민에 대한 태도가 부정적이라고 볼 수 있다.

마지막으로 주관적 경제수준별 집단에 따라 통계적으로 유의미한 차이가 있는지 살펴본 결과 이주민에 대한 태도 중 이주위협, 다문화긍정성 두 개 변인에서 통계적으로 유의미한 차이가 있었고, 삶의 만족에서 차이가 있었는데, 주관적으로 경제수준이 어렵다고 지각할수록 외국인의 이주에 대한 위협은 높게 경험하고, 다문화사회에 대한 긍정성은 낮게 지각하는 것으로 나타났다. 또한 삶의 만족도의 경우 주관적으로 지각하는 경제수준이 높은 집단의 삶의 만족도가 높은 것으로 나타났다.

3. 각 변인들 간의 상관관계

다음으로 본 연구에 포함된 이주민에 대한 태도, 심리요인 및 배경요인들 간의 상관관계를 분석하였다. 우선 이주민에 대한 태도를 살펴보면, 이주로 인한 위협을 지각하는 수준이 높을수록 이주자 송환에 찬성하는 정도는 높아지고, 이주자의 시민권에 대한 보장, 다문화사회의 긍정성, 이주자에 대한 사회적 수용도 등은 낮아지는 것으로 나타났다. 또한 이주자에 대한 부정적 태도, 즉, 이주의 위협과 이주자 송환에 대한 찬성의 강도가 높을수록 사회적 수용도는 낮아지고, 반대로 이주자 시민권 보장과 다문화긍정성에 대한 인식의 수준이 높을수록 이주자에 대한 사회적 수용도도 높아지는 것으로 나타났다.

다음으로 이주자의 삶의 만족도와 이주민에 대한 태도를 살펴보면, 개인이 주관적으로 지각하는 삶의 만족도가 높을수록 이주의 위협을 낮게 지각하고 다문화사회의 긍정성과 사회적 수용도는 높은 것으로 나타났으며, 반대로 일상생활에서 경험하는 생활스트레스의 수준이 높을수록 이주의 위협에 대한 지각수준이 높고 이주자의 송환정책에 찬성을 하는 것으로 나타났다.

마지막으로 배경요인과 이주민에 대한 태도와 관련해서는 주관적 경제수준이 높을수록 이주에 대한 위협을 낮게 지각하고, 이주자 송환정책에 찬성하는 수준이 낮아지는 반면, 다문화사회의 긍정성에 대해서는 높게 지각을 하고 이주민에 대한 사회적 수용도의 정도도 높은 것으로 나타났다. 그 외 심리요인 및 배경요인 간의 관계를 살펴보면, 주관적 경제수준이 높을수록 삶의 만족도가 높아지고 학력수준이 높을수록 주관적 경제수준도 높아지는 것으로 나타났다.

표 7. 각 변인들 간의 상관관계

		이주민에 대한 태도					심리요인		배경요인	
		이주 위협	이주자 송환	이주자 시민권	다문화 긍정성	사회적 수용도	삶의 만족도	생활 스트 레스	학력	주관적 경제 수준
이주민에 태도	이주 위협	1								
	이주자 송환	.70***	1							
	이주자 시민권	-.49***	-54***	1						
	다문화 긍정성	-.54***	-.47***	.59***	1					
	사회적 수용도	-.54***	-.54**	.68***	.61***	1				
심리 요인	삶의 만족도	-.10*	-	-	.21***	.11*	1			
	생활 스트 레스	.11*	.14**	-	-	-	-.11*	1		
배경 요인	학력	-.12*	-	-	.10*	-	-	-	1	
	주관적 경제 수준	-.17***	-.11*	-	.15***	.09*	.48***	-	.21**	1

* $p < .05$, ** $p < .01$, *** $p < .001$

4. 이주민에 대한 태도에 영향을 미치는 요인

이주민에 대한 태도에 영향을 미치는 요인들이 다른 변인들을 통제한 상태에서도 독립적으로 영향을 미치는지를 파악하기 위하여 회귀분석을 실시하였다. 이를 위하여 삶의 만족도와 생활스트레스와 같은 심리요인과 연령, 학력, 주관적 경제수준 등의 배경변인을 독립변인으로 투입하고 이주의 위협, 이주자 송환, 이주자 시민권, 다문화사회의 긍정성 등과 같은 이주민에 대한 태도와 사회적 수용도를 종속변인으로 하여 회귀분석을 실시하였다. 이 때 학력의 경우 앞에서 통계적으로 유의미한 값을 보였으나 그 관계가 선형적이라기보다는 포물선의 관계에 가까웠다. 따라서 회귀분석에 그대로 투입할 경우 효과성이 나타나지 않을 가능성이 높다. 이에 본 분석에서는 학력의 수준을 포물선으로 가정하여 재코딩하고 분석하였다. 즉, 앞의 평균비교에서 나타난 바와 같이 실업학교나 직업학교, 또는 전문대학 집단의 값이 낮고 중학교 졸업이하 집단이나 석사과정 이상 집단의 값이 높거나 또는 그 반대로 실업학교나 직업학교 또는 전문대학 집단의 값이 높고, 중학교 졸업이하 집단의 값이 낮은 특성 등에 따라 재코딩하여 독립변인으로 투입하였다.

그 결과 아래의 표에 나타나는 바와 같다. 우선 이주민에 대한 부정적 태도인 '이주로 인한 위협요인'에 영향을 미치는 요인으로는 독일인이 경험하는 생활스트레스, 연령, 학력 그리고 주관적 경제수준이 영향을 미치는 것으로 나타났다. 삶의 만족도는 통계적으로 유의미한 영향력을 지니지 못하는 것으로 나타났다. 부정적 태도의 두 번째 요인인 '이주자 송환에 대한 찬성'의 경우는 삶의 만족도와 학력은 영향을 미치지 않고 생활스트레스, 연령 및 주관적 경제수준이 영향을 미치는 것으로 나타났다. 즉, 이주민에 대해 지니는 부정적인 태도의 경우는 생활스트레스가 주로 영향을 미치고, 배경변인 중에서는 연령과 주관적 경제수준이 영향을 미치며, 학력의 효과는 이주로 인한 위협의 경우에만 영향을 미치는 것으로 나타났다.

이주민에 대한 긍정적 태도 중 '이주자의 시민권'을 보장하는 데 대한 찬성의 수준에는 삶의 만족도, 생활스트레스, 연령, 학력, 주관적 경제수준 모두 통계적으로 유의미한 영향을 미치지 못하는 것으로 나타났

표 8. 독일주민이 이주민에 대해 지니는 태도에 영향을 미치는 요인

종속변인	독립변인		t	R2
부정적 태도	이주위협	삶의 만족도	0.014	-0.29	
		생활스트레스	0.129	2.74**	
		연령	0.115	2.44*	.07***
		학력	-0.115	-2.49*	
		주관적 경제수준	-0.13	-2.48**	
	이주자송환	삶의 만족도	0.079	1.51	
		생활스트레스	0.168	3.53***	
		연령	0.121	2.56**	.05***
		학력	-0.058	-1.24	
		주관적 경제수준	-0.121	-2.29*	
긍정적 태도	이주자시민권	삶의 만족도	0.072	1.37	
		생활스트레스	-0.002	-0.05	.02
		연령	-0.019	-0.4	
		학력	0.077	1.61	
		주관적 경제수준	0.017	0.31	
	다문화긍정성	삶의 만족도	0.194	3.75***	.06***
		생활스트레스	0.065	1.38	
		연령	0.065	1.27	
		학력	0.105	2.25*	
		주관적 경제수준	0.035	0.78	
	사회적 수용도	삶의 만족도	0.079	1.51	.03**
		생활스트레스	0.022	0.46	
		연령	-0.112	-2.35*	
		학력	0.102	2.18*	
		주관적 경제수준	0.034	0.62	

** $p < .01$,　*** $p < .001$

으며, '다문화사회의 긍정성'의 경우 삶의 만족도와 학력이 영향을 미치는 것으로 나타났다. 마지막으로 '이주민에 대한 사회적 수용도'에 영향을 미치는 요인은 연령과 학력으로, 연령이 높을수록 수용도는 낮아지는 것으로 나타났다.

IV. 결론 및 논의

본 연구는 통일 이후 독일 주민들이 이주민에 대해 지니는 태도에서 구 동서독출신 집단간 차이가 있는지 살펴보고, 독일주민들이 이주민에 대해 지니는 태도에 영향을 미치는 요인 중 삶의 만족도와 생활스트레스와 같은 심리적 요인과 연령, 학력, 주관적 경제수준과 같은 배경요인 등의 효과를 살펴봄으로써 향후 통일 한국사회의 시사점을 도출하고자 수행되었다. 본 연구의 결론을 요약하자면 다음과 같다.

첫째, 독일 주민들이 동서독 출신배경에 따라 이주민에 대한 긍정적, 부정적 태도 및 스스로 지각하는 삶의 만족도와 생활스트레스수준이 다른지 비교한 결과, 이주민에 대한 태도, 삶의 만족도, 생활스트레스 등 모든 변인에서 동서독 출신 집단 간의 유의미한 차이가 나타나지 않았다.[59] 특히 이주민에 대한 태도는 평균을 보았을 때 부정적 태도는 5점 만점에 3점 이하, 긍정적 태도는 5점 만점에 3점 이상으로 나타나, 동서독 출신자 모두 전반적으로 긍정적인 방향이었다는 점에서 두 집단 모두 이주민에 대해 유사한 수준으로 긍정적 방향의 태도를 지니고 있다고 볼 수 있었다. 이에 대해서 여러 가지 해석이 있을 수 있다. 하나는, 통일 후

---

[59] 본 연구에서 제시한 결과와 별도로 거주지역(동서독)에 따른 출신집단간 분석에서도 집단 간 차이는 나타나지 않았다.

30년이 되어가는 이 시점에서 동서독 출신이라는 배경은 이주민에 대한 태도, 삶의 만족도 및 생활스트레스에서 유의미한 차이를 유발하는 요인은 아닐 수 있다는 점이다. 그만큼 사회통합이 이루어진 결과라고 볼 수 있다. 다만, 본 연구에 참여한 독일인들은 대부분이 현재 서독지역에 거주하는 사람들이거나 통일 전 기준 동독에 거주하고 있어도 서독출신이면서 이주를 한 사람들이 대부분이었고, 동독출신이면서 동독에 거주하는 사람의 수는 10명에 불과하였다. 통일 후 서독으로 넘어 온 동독출신자들이 주로 전문직에 종사하는 젊은 층이었고[60, 61] 따라서 높은 학력의 고급경력을 지닌 사람들이었던 것[62]을 생각해보면, 현재 서독에 거주하고 있는 동독출신은 서독사회에서도 경쟁력이 갖추고 있었던 집단이었을 것이고, 따라서 적어도 현재 서독에 거주하고 있는 동독출신의 배경을 지닌 사람들의 경우 이주민에 대한 태도와 삶의 대한 만족도, 생활스트레스 측면에서 서독출신자들과 상호 간 많은 부분 통합되었을 것으로 해석할 수 있다. 다른 하나는 현재 독일의 경제상태가 크게 나쁘지 않다는 점을 생각해 볼 수 있다. 독일연방노동청에 따르면 2016년 11월 현재 고용률이 증가하고 실업률은 하락하고 있는 추세인 것으로 보고되고 있고, 독일의 25세 미만 청년 실업률은 6.8%로 EU 중 가장 낮은 수치인 것으로 보고되고 있다. 물론, 2017년도 독일의 물가상승률이 전년 대비 4배 상승할 것으로 예측되지만 이것이 독일의 실질임금을 전년대비 2% 상승하여 치솟는 물가상승률을 완화할 뿐 아니라 적정한 인플레이션이

60　강경식, 이기주(2007).『통일의 길, 바로 가고 있는가: 독일 통일에서 얻는 교훈』. 서울: 기파랑.

61　2004년의 경우는 동독에서 서독으로 이주한 사람들 중 54%는 18세에서 30세의 젊은 층이었다고 보고되고 있다(손기웅, 2009, p. 285).

62　김창권(2010). "독일 통일 이후 구동독지역 인구이동 및 인구변화와 한반도 통일에 주는 정책적 시사점".『경상논총』, 제 28권 1호, pp. 28-35.

경제순환에 도움이 된다고 해석하고 있다.[63] 즉, 경제적 상황이 크게 나쁘지 않은 상태에서는 동독출신이든 서독출신이든 특별히 외집단에 대해 어떤 태도를 강하게 형성할 이유가 없는 상태이기 때문에 이주민에 대한 태도나 삶의 만족도, 생활스트레스 등에서 동서독 출신이라는 배경에 따라 태도가 다르게 나타나지 않았을 수 있을 것으로 생각된다.

둘째, 성별에 따른 이주민에 대한 태도, 삶의 만족도, 생활스트레스의 차이를 비교한 결과 두 집단 간 유의미한 차이가 나타나지 않았고, 연령에 따른 차이는 사회적 수용도와 생활스트레스에서만 유의미한 차이가 있었는데, 연령이 낮은 집단의 이주민에 대한 사회적 수용도가 높고, 연령이 높은 집단일수록 수용도가 낮은 경향성을 나타내었다. 이는 젊은 세대들의 경우 출생 당시부터 이미 이주민이 다수인 사회에 태어나 이주민의 존재가 자연스러운 상황에서 성장하였기 때문에 이들을 이웃, 친구, 연인, 결혼상대자 등과 같은 관계를 맺을 수 있는 대상으로 인식하는 것에 대해 연령이 높은 세대에 비해 보다 개방적인 태도를 지닐 수 있기 때문이라고 해석될 수 있다. 이에 비해 연령이 낮은 집단은 일상생활에서 경험하는 스트레스 수준이 높은 것으로 나타났다. 이는 청년기와 성인기 초기라는 발달과정의 특성상 진로의 결정과 취업, 결혼 등 스트레스 요인 자체가 많고 이 과정에서 평소 경험하는 스트레스요인에 대해 발달적으로 보다 안정된 중년시기보다 더 많은 스트레스를 느낄 수 있기 때문일 것으로 생각되었다.

셋째, 학력에 따른 이주민에 대한 태도가 모든 하위요인에서 차이가 있는 것으로 나타났는데, 독일의 경우 한국의 학제와 동일하게 보는 것은 무리가 있으나 수학에 걸리는 시간을 기준으로 서열화했을 때 반드시

학력수준이 높을수록 이주민에 대한 태도가 긍정적인 것은 아니었다. 학력수준이 가장 낮거나 가장 높은 집단에 비해 중간의 직업학교 및 기술학교, 전문학교 재학 및 졸업자들의 이주민에 대한 태도가 가장 부정적이었고, 삶에 대한 만족도는 가장 낮았다. 이주민에 대한 태도는 전통적으로 이주민 집단과 제한된 자원을 놓고 경쟁해야 한다고 생각하는 집단으로 경제적 수준이 낮은 계층일 가능성이 높고,[64] 사회적 지위가 낮을수록 상대적 박탈감이 높다는 연구결과[65]에 비추어 볼 때 기존의 연구들과 다소 상이한 결과이다. 이는 아마도 독일 상황의 특수성을 나타내는 결과일 수 있을 것으로 보인다. 직업학교나 기술학교, 전문학교의 경우 전문적 기술을 공부하여 취업을 목표로 하는 학교로 취업이나 사회경제적 상황에 대해 좀 더 민감할 수 있고, 이 과정에서 이주배경을 지닌 사람들과 경쟁할 가능성이 높은 집단일 수 있다는 것이다. 이에 대해서는 추후 연구를 통해 좀 더 면밀히 살펴볼 필요가 있는 것으로 생각된다.

넷째, 주관적 경제수준이 낮을수록 이주민으로 인한 위협을 강하게 느끼고, 다문화사회에 대한 긍정적은 낮게 지각하며, 삶의 만족도는 낮은 것으로 나타났다. 스스로 느끼기에 경제수준이 낮다고 지각하면 삶에 대한 만족도가 떨어지고, 사회적 외부 자극에 대해 더 위협적으로 지각할 수 있다고 볼 때, 이 결과는 일반적으로 예측 가능한 결과로 보인다.

지금까지의 결과를 요약하면, 적어도 서독에 거주하고 있는 동독출

---

64 Coenders, M., Lunners, M., & Scheepers, P. (2003). "Majority populations' attitudes towards migrants and minorities-report for the European Monitoring Venter on Racism and xenophobia", http://eumc.int.; 양계민, 이우영(2016). "북한이탈주민의 다문화수용성에 영향을 미치는 요인: 남한주민과의 비교를 중심으로". 『북한학연구』, 제12권 1호, pp. 71-105. 재인용

65 박군석, 한덕웅(2002). "영호남의 상대적박탈에서 사회구조요인과 사회정체성의 영향". 한국심리학회 연차대회 학술발표논문집, pp. 401-402.

신과 서독 출신자 집단의 경우 이주민에 대한 태도에 있어서는 차이가 나지 않고 있고, 그보다는 연령이나 학력 등이 더 중요한 요인인 것으로 나타났는데, 이러한 현상은 현재 독일의 이주민에 대한 태도는 더 이상 동서독출신의 문제가 아니라 세대와 계층의 문제일 가능성을 보여주고 있다.

다섯째, 이주자에 대한 태도에 삶의 만족도, 생활스트레스 연령, 학력, 주관적 경제수준이 미치는 영향을 분석하였는데, 이주자로 인한 위협을 느끼는 정도에 영향을 미치는 요인으로는 주관적 경제수준과 생활스트레스가 가장 큰 영향을 미쳤고, 연령과 학력이 다음으로 영향을 미치는 것으로 나타났으며, 이주자를 송환해야 한다는 생각에 대해서도 생활스트레스가 가장 큰 영향을 미치는 것으로 나타났고, 연령과 주관적 경제수준이 다음으로 영향을 미치는 것으로 나타났다. 반면 삶의 만족도는 영향을 미치지 못하는 것으로 나타났는데, 이는 이주자에 대한 부정적인 태도에는 삶의 만족도 보다는 생활에서 경험하는 스트레스와 주관적 경제수준이 작용을 하고 있음을 보여주는 결과이다. 이에 비해 다문화사회의 긍정성에 대한 태도에 영향을 미치는 가장 큰 요인으로는 삶의 만족도가 산출되었고,[66] 다음이 학력인 것으로 나타났다. 이러한 결과는 삶의 만족도와 생활스트레스가 각기 다른 차원에서 영향을 미치고 있음을 보여주고 있다. 즉, 이주민에 대한 태도에 있어서 삶의 만족도가 높으면 긍정적 태도가 증가하고 삶의 만족도가 낮으면 부정적 태도가 증

---

66 이주노동자에 대한 한국인의 태도에 영향을 미치는 요인을 분석한 양계민의 연구(2010)에서도 긍정적인 측면의 태도는 자신이 스스로 만족스러운 삶을 살고 있는가의 여부에 영향을 받는 것으로 나타난 바 있다(양계민, 2010, p. 123). 또한 구재선(2016)의 연구에서도 주관적 안녕감이 높은 사람이 낮은 사람에 비해 소수집단에 대한 태도가 더 우호적인 것으로 나타났고, 이러한 경향성은 동일 시점뿐 아니라 2년 후의 소수집단에 대한 태도를 유의미하게 설명하는 것으로 나타난 바 있다.

가한다거나, 반대로 삶의 스트레스가 높으면 이주민에 대한 부정적 태도
가 높고, 삶의 스트레스가 낮으면 이주민에 대한 긍정적 태도가 높아지
는 그러한 관계가 아니라는 것이다. 즉, 삶의 만족도는 이주민에 대한 긍
정적 태도에 영향을 미치고, 생활스트레스는 이주민에 대한 부정적 태도
에 각각 영향을 미치는 관계임을 의미한다. 또한 주관적 경제수준 역시
이주민에 대한 부정적인 태도에만 영향을 미치는 요인인 것으로 나타나,
이주민에 대한 부정적 태도 및 긍정적 태도의 예측요인이 각각 다름을
다시 한 번 확인해 주고 있다.

　마지막으로, 본 연구는 통일 후 독일사회의 이주민에 대한 태도에
영향을 미치는 요인일 분석함으로써 통일 후 한국사회의 시사점을 도출
하기 위해 수행되었다. 연구 결과 통일 후 30년이 되어 가는 이 시점에서
구동독 및 구서독출신들이 적어도 이주민에 대한 태도에 있어서는 서로
유사한 수준인 것으로 나타났다. 기존의 연구에서 보면 동독 출신들이
통일 후 상대적 박탈감으로 인하여 이주민에 대한 부정적 태도가 강하고
이러한 태도가 폭력과 같은 강한 태도로 나타나기도 하는 등의 특성을
보이는 것으로 나타났는데, 본 연구에서는 동서독 출신 집단간의 차이가
나타나지 않았다. 이는 그 간 동서독 주민간의 갈등과 가치의 차이가 여
전히 존재하고 있고, 따라서 사회통합은 여전히 이루어지지 있다는 그간
의 평가와 다른 결과이다. 그러나 이러한 결과를 동서독 주민들의 가치
가 잘 통합되었다고 일반화시키기는 어렵다. 다만 이주민에 대한 태도와
관련된 가치에 있어서 통합된 태도를 보이고 있고, 그 방향이 긍정적인
방향이라고 볼 수 있다. 이러한 결과를 통일 후 남북한 주민이 이주민에
대해 지니는 태도에 대입하여 생각해 볼 때, 경제적으로 어렵고 사회가
혼란인 상황에서 이주민 집단은 북한주민의 차별적 대상이 되기 쉬우나
시간이 지나 남북한 주민 간의 통합이 어느 정도 이루어지고 나면 그러

한 현상은 약화될 수 있을 것으로 보인다는 점에서 낙관적이라고 볼 수 있다.

본 연구결과 독일주민의 이주민에 대한 부정적 태도는 생활스트레스와 주관적 경제수준이 영향을 미치는 것으로 나타났다. 한국의 경우도 마찬가지로 통일 후 사회경제적 혼란이 발생한다면 이는 이주배경을 지닌 사람들에게 부정적 태도를 형성하도록 하는 데 영향을 미칠 것이다. 특히 북한주민들의 경우 통일이 되면 남한의 경제력 또는 기술력으로 북한주민의 생활수준이 좋아지고 행복하게 살 수 있을 것이라는 기대를 하고 있고, 통일 이후 남북 주민들은 매우 잘 어울려 지낼 것이라고 낙관하는 경향성을 생각해보면,[67] 통일 이후 북한 주민들이 무관심, 불평등, 차별 등의 사회 현실에 직면하여 자신들의 민족우선주의와 민족감정이 공유되지 못한다고 느낄 때 이는 심리적 좌절, 새로운 체제에 대한 비판, 상대 주민에 대한 반감, 자신의 과거체제에 대한 비난 등으로 나타날 것이고, 통일 후 독일에서 나타난 이주민에 대한 부정적 태도로 이어질 수 있을 것이다.[68] 따라서 통일 후 다양한 집단의 사회적 통합을 위해서는 일차적으로 사회경제적 여건의 안정화가 우선적 과제가 되는 것이 합당함을 시사하고 있다. 그러나 동시에 생활스트레스가 감소하고 주관적으로 지각하는 경제수준이 증가한다고 직접적으로 이주민에 대한 긍정적 태도가 증가하는 것은 아닌 것으로 나타났다. 즉, 사회경제적 여건의 안정화를 통해 스트레스를 감소시키고 경제적 어려움을 감소시키는 것은 부정적 태도를 감소시킬 수는 있으나 그것이 이주민에 대한 긍정적 태도

---

67 강동완, 박정란(2014). "김정은 시대 북한사회 변화 실태 및 북한주민 의식조사: 제3국에서의 북한주민 면접조사를 중심으로",『북한학보』, 39권 2호, pp. 110-151.

68 전미영(2003), "통일담론에 나타난 남북한 민족주의 비교연구",『국제정치논총』, 43집 1호, pp. 200-202.

나 수용성을 증가시키는 것은 아니기 때문에, 남북한 출신 주민과 이주
배경주민들이 모두 사회적으로 갈등 없이 살아가기 위해서는 보다 더 적
극적으로 삶의 만족도를 증진시킬 수 있는 방향의 노력들이 필요하다는
것을 시사한다. 삶의 만족도는 어느 정도의 수준까지는 사회경제적 환경
의 영향을 받지만 그 이상은 개인의 주관적 판단과 가치에 의해 변화될
수 있는 측면이 있다는 점에서 남북한 주민의 가치와 삶에 대한 태도의
측면에서 사회적 교육적 정책적 개입의 여지가 있을 수 있다고 보인다.

　결론적으로 '한국의 통일에 있어 통일의 핵심주체인 남한사회의 구
성원들이 문화적으로 다원화 되어 있는 상황이며, 통일의 과정은 이러
한 다중적 주체들의 참여에 의해 만들어지는 과정일 수밖에 없다'[69]는 이
수정의 주장에 비추어 볼 때, 통일 후 독일에서 나타나는 동서독 주민 간
갈등, 이주민과의 갈등 등의 문제는 한국사회에서도 충분히 나타날 수
있는 문제이며, 이 과정에서 이주배경의 집단이 통일 후 혼란의 희생양
이 되는 등 독일의 전철을 밟지 않도록 미리 대비할 필요가 있을 것이다.

69　이수정(2011). "다문화주의가 통일에 말걸기". 『북한경제리뷰』, 2011년 10월호. pp. 62-
　　78.

참고문헌

제1부 제1장 '총대'서사의 젠더 이데올로기

1. 북한 자료

• 단행본

강흥수·김명석·김영숙. 『항일의 녀성영웅 김정숙어머님 혁명력사: 중학교 4』. 평양: 교육도서출판사, 2003.

김광수·리정호. 『위대한령도자 김정일원수님 어린시절: 소학교 3』. 평양: 교육도서출판사, 2005.

박경애. 『반석으로 빛내이신 한생』. 평양: 조선로동당출판사, 2012.

림이철·최금룡. 『선군조선의 오늘』. 평양: 평양출판사, 2007.

조선사회주의 로동청년동맹중앙위원회. 『김일성원수님께서는 혁명가정에서 태여나시여 일찍부터 혁명활동을 하시였다』. 동경: 학생소년 출판사, 1968.

조선화보사. 『조선의 어머니 김정숙 동지』. 평양: 조선화보사, 1997.

최철웅. 『총대철학』. 평양: 사회과학출판사, 2003.

• 신문

『로동신문』 1997년 7월 3일.

『로동신문』 1997년 12월 14일.

『로동신문』 1997년 12월 24일.

『로동신문』 1998년 5월 26일.

2. 국내 자료

• 단행본

박영정. 『21세기 북한 공연예술 대집단체조와 예술공연 〈아리랑〉』. 서울: 월인, 2007.

송효섭. 『탈신화 시대의 신화들』. 서울: 기파랑, 2005.

이유경. 『원형과 신화』. 파주: 이끌리오, 2004.

• 논문

박계리. "선군미술의 도상학." 세계북한학학술대회 자료집, 『북한연구학회』, Vol.1, pp. 657-670, 2014.

박영자. "선군시대 북한여성의 섹슈얼리티 연구: 군사주의 국가권력의 성정체성 구성을 중심으로." 『통일정책연구』, 15권 2호, pp. 129-161, 2006.

조영주. "북한여성의 실천과 젠더 레짐의 동학." 이화여자대학교 북한협동과정 박사학위논문. 2012.

2. 국외 자료

• 단행본

레비스트로스, 클로드 저, 임봉길 역. 『신화학』 1권. 파주: 한길사, 2005.

루치우스회네, 가브리엘레·아르놀프 데퍼만 저, 박용익 역. 『이야기 분석: 서사적 정체성의 재구성과 서사 인터뷰의 분석을 위한 이론과 방법론』. 서울: 역락, 2011.

바르트, 롤랑 저, 이화여자대학교 기호학연구소 역. 『현대의 신화』. 서울: 동문선, 1997.

트리포나스, 피터 페리클레스 저, 최정우 역. 『바르트와 기호의 제국』. 서울: 이제이북스, 2003.

해리스, 로리 저, 고석주 역. 『비트겐슈타인과 언어: 어떻게 언어로 놀이를 하는가』. 서울: 보고사, 1999.

Barthes, Roland. *Mythologies*. Richard Howard & Annette Lavers. trans., N.Y: Hill & Wang, 2012.

Morford, Mark P. O., Robert J. Lenardon and Michael Sham. *Classical Mythology*. England: Oxford University press, 2013.

• 논문

Ruidiger Frank. "The Arirang Mass Games of North Korea." *The Asia Pacific Journal*, vol. 11, issue 46, No. 2, 2013.

제1부 제2장 '조선민족' 개념의 형성과 변화

1. 북한 자료

• 단행본

『광명백과사전 제1권』. 평양: 백과사전출판사, 2007.

『김일성저작선집 4권』. 평양: 조선로동당출판사, 1968.

『김일성저작집 25권』. 평양: 조선로동당출판사, 1983.

『김일성저작집 26권』. 평양: 조선로동당출판사, 1984.

『김일성저작선집 38권』. 평양: 조선로동당출판사, 1992.

『김정일선집 제2권(증보판)』. 평양: 조선로동당출판사, 1993.

김정일. 『민족문제에 대한 옳바른 리해를 가질데 대하여(김일성종합대학 학생들과 한 담화, 1960년 10월 4일)』. 평양: 조선로동당출판사, 1999.

_____. 『언어와 민족문제(김일성종합대학 학생들과 한 담화 1964년 2월 20일)』. 평양: 조선로동당출판사, 1999.

『대중정치용어사전』. 평양: 조선로동당출판사, 1957.

『대중정치용어사전』. 평양: 조선로동당출판사, 1964.

『정치사전』. 평양: 사회과학출판사, 1973.

『정치사전』. 평양: 과학백과출판사, 1985.

『조선대백과사전 제10권』. 평양: 백과사전출판사, 1999.

282

『조선대백과사전 제17권』. 평양: 백과사전출판사, 2000.
『조선말대사전』. 평양: 사회과학출판사, 1992.
『조선말대사전(증보판)』. 평양: 사회과학출판사, 2006.
『조선말대사전(증보판)』. 평양: 사회과학출판사, 2007.
『조선말사전』. 평양: 과학원출판사, 1961.
『조선말사전』. 평양: 과학백과사전출판사, 2004.
『조선말사전』. 평양: 과학백과사전출판사, 2010.
『조선민족의 력사적뿌리』. 평양: 사회과학출판사, 2002.
조성박. 『김정일민족관』. 평양: 평양출판사, 1999.
『철학사전』. 평양: 사회과학출판사, 1970.
『철학사전』. 평양: 사회과학출판사, 1985.

• 신문
『로동신문』. 1991년 8월 5일, 1면.
『로동신문』. 1995~1996년 1월 1일(신년 공동사설).
『로동신문』. 2013~2017년 1월 1일(신년 공동사설).
『로동신문』. 2017년 1월 19일, 2면.

2. 국내 자료

• 단행본
송승섭. 『북한자료의 수집과 활용』. 파주: 한국학술정보, 2011.
신기욱 저, 이진준 역. 『한국 민족주의의 계보와 정치』. 서울: 창비, 2009.
신채호. 『조선상고사』. 서울: 비봉출판사, 2006.
임지현. 『민족주의는 반역이다』. 서울: 소나무, 1999.

• 논문
강진웅. "대한민국 민족 서사시: 종족적 민족주의의 전개와 다양한 얼굴." 『한국사회학』, 제47권
        1호, 2013.
김갑식. "1990년대 '고난의 행군'과 선군정치: 북한의 인식과 대응." 『현대북한연구』, 제8권 1호,
        2005.
_____. "북한 민족주의의 전개와 발전." 『통일문제연구』, 제45호, 2006.
김태우. "북한의 스탈린 민족이론 수용과 이탈과정." 『역사와 현실』, 제44권, 2002.
박명규. "네이션과 민족: 개념사로 본 의미의 간격." 『동방학지』, 제147권, 2009.
박찬승. "한국에서의 '민족' 개념의 형성." 『개념과 소통』, 창간호, 2008.
이진일. "개념사의 학문적 구성과 사전적 기획 사이에서: 『코젤렉의 개념사 사전』을 중심으로."
        『개념과 소통』, 제7호, 2011.
전미영. "북한의 지배담론의 형성과 전개에 관한 연구." 『한국정치학회보』, 제35권 1호, 2001.
_____. "통일담론에 나타난 남북한 민족주의 비교연구." 『국제정치논총』, 제43집 1호, 2003.

정성장. "金日成體制의 理念的·文化的 起源과 性格."『고황정치학회보』, 1권, 1997.

3. 국외 자료

• 단행본

Anderson, Benedict 저, 윤형숙 역.『상상의 공동체』.서울: 나남, 2002.

Gellner, Ernest 저. 이재석 역.『민족과 민족주의』. 서울: 예하, 1988.

Hall, Stuart 저, 전효관 외 역.『현대성과 현대문화』.서울: 현실문화연구, 2001.

Hobsbawm, Eric 저, 강명세 역.『1780년 이후의 민족과 민족주의』. 서울: 창작과비평사, 1994.

Marx, Karl 외 저, 편집부 편역.『마르크스-레닌주의의 민족이론: 민족해방이론의 주체적 정립을 위하여』. 서울: 나라사랑, 1989.

Smith, Anthony D. 저, 이재석 역.『세계화 시대의 민족과 민족주의』. 서울: 남지, 1997.

_____. *The Ethnic Origins of Nations*. Oxford: Blackwell, 1986.

_____. *National Identity*. NV: University of Nevada Press, 1991.

Stalin, Joseph. *Marxism and the National Colonial Question*. New York: International Publishers, 1935.

• 논문

Duncan, John. "Proto-Nationalism in Pre-modern Korea." in Sang-Oak Lee and Duk-Soo Park. *Perspectives on Korea*. Sydney: Wild Peony Press, 1998.

Shin, Gi-Wook, James Freda, and Gihong Yi. "The Politics of Ethnic Nationalism in Divided Korea." *Nations and Nationalism*, Vol. 5, No. 4, 1999.

Smith, Anthony D.. "Ethno-symbolism." Introduction, in Atsuko Ichijo and Gordana Uzelac eds. *When is the Nation? Towards an Understanding of Theories of Nationalism*. London·New York: Routledge, 2005.

Tribe, Keith. "Translator's Introduction." in Koselleck, *Futures Past: On the Semantics of Historical Time*. New York: Columbia University Press, 2004.

Verdery, Katherine. "Whither 'Nation' and 'Nationalism'." in Gopal Balakrishnan eds. *Mapping the Nation*. London·New York: Verso, 1996.

제1부 제3장 북한주민과 중국주민의 마음에 대한 비교: 물질주의와 집단-개인주의에 관한 정량적 분석

김갑식 · 오유석. "'고난의 행군'과 북한사회에 나타난 의식의 단층."『북한연구학회보』, 제8권 제2호, 2004.

남희은 외. "대학생의 개인주의-집단주의 가치성향에 따른 탈북자에 대한 태도 및 통일 인식 영향에 관한 연구."『한국민족연구논집』, 60권, 2014.

독고순. "비교문화적 관점에서의 탈북 주민 적응 연구." 연세대학교 대학원 사회학과 박사학위논문, 1999.

양문수·이우영. "남북한주민 마음의 비교: 물질주의와 개인주의에 대한 정량적 분석."
　　『북한연구학회보』, 제20권 제1호, 2016.

이무철. "북한 주민들의 경제관과 개혁·개방 의식: 북한이탈주민 면접 조사를 통한 추
　　론."『북한연구학회보』, 제10권 제2호, 2006.

이우영 외.『분단된 마음 잇기: 남북의 접촉지대』. 서울: 사회평론, 2016.

이정우. "탈북 청소년의 집단주의-개인주의 성향에 관한 비교 연구."『사회과교육연구』, Vol. 13
　　No. 2, 2006.

전귀연. "가족구조환경, 물질주의 및 청소년 비행간의 관계."『대한가정학회지』, 제36권 제3호,
　　1998.

한규석. "사회심리학에서의 문화 비교 연구." 한국심리학회 학술위원회 편.『심리학에서
　　의 비교문화 연구』. 서울: 성원사, 1997.

Richins, Marsha L. & Scott Dawson. "A Consumer Values Orientation for Materialism
　　and Its Measurement: Scale Development and Validation." *Journal of Consumer
　　Research*, 19(3), 1992.

Triandis, Harry C.. *Individualism & Collectivism*. Colorado: Westview Press, 1995.

제2부 제4장 '탈북자 심리'의 문화정치: 분단정치와 신자유주의적 통치의 절합

1. 국내자료

• 단행본

김현미 외.『친밀한 적: 신자유주의는 어떻게 일상이 되었나』. 서울: 이후, 2010.

백낙청.『분단체제 변혁의 공부길』. 서울: 창작과비평사, 1994.

서동진.『자유의 의지 자기계발의 의지: 신자유주의 한국사회에서 자기계발하는 주체의 탄생』.
　　파주: 돌베개, 2008.

송제숙.『복지의 배신』. 서울: 이후, 2016.

윤인진.『북한이주민: 생활과 의식, 그리고 정착지원정책』. 서울: 집문당, 2009.

전우택.『사람의 통일을 위하여』. 서울: 오름, 2000.

＿＿＿.『사람의 통일, 땅의 통일』. 서울: 연세대학교출판부, 2007.

하나원.『새로운 사회생활』. 서울: 양동문화사, 2008.

하나원.『새로운 언어생활』. 서울: 양동문화사, 2008.

• 논문

강진웅. "한국 시민이 된다는 것: 한국의 규율적 가버넌스와 탈북 정착자들의 정체성 분화."
　　『한국사회학』, 제45권 1호, pp. 191-227, 2011.

권수현. "신자유주의 경제 이론과 문화 논리." 김현미 외.『친밀한 적: 신자유주의는 어떻게
　　일상이 되었나』. 서울: 이후, 2010.

금명자. "한국심리학회의 북한 및 북한이탈주민 관련 연구 동향: 한국심리학회지 게재논문

분석(2000~2013)." 『한국심리학회지』, 제34권 2호, pp. 541-563, 2015.

김홍중. "서바이벌, 생존주의, 그리고 청년 세대: 마음의 사회학의 관점에서." 『한국사회학』, 제49집 1호, pp. 179-212, 2015.

로즈, 니콜라스, 김환석. "니콜라스 로즈와의 만남." 김환석 외. 『생명정치의 사회과학: 경계넘기의 사회과학을 위한 탐색과 제언』. 서울: 알렙, 2014.

박소진. "'자기관리'와 '가족경영' 시대의 불안한 삶: 신자유주의와 신자유주의적 주체." 『경제와 사회』, 제48호, pp. 12-39, 2009.

서동진. "자기계발하는 주체의 해부학 혹은 그로부터 무엇을 배울 것인가." 『문화과학』, 제 61권, pp. 37-54, 2010.

이수정. "북한이탈주민 2만명 시대: 우리는 무엇을 준비해야 하는가?" 경남대학교 극동문제연구소 편. 『한반도리포트』. 서울: 경남대학교 극동문제연구소, pp. 155-170, 2010.

_____. "'탈냉전 민족 스펙터클': 2000년 여름 남북 이산가족 상봉." 『민족문화연구』, 제59권, pp. 95-122, 2013.

_____. "인도주의 분단정치: 민주화 이전 한국 사회 남북이산가족 문제." 『현대북한연구』, 제18권 2호, pp. 121-164, 2015.

전효관. "분단의 언어, 탈분단의 언어: 통일담론과 북한학이 재현하는 북한의 이미지." 『통일연구』, 제2권 2호, pp. 43-71, 1998.

정병호. "탈북주민들의 환상과 부적응: 남한사회의 인식혼란과 그 영향을 중심으로." 『비교문화연구』, 제10권 1호, pp. 33-42, 2004.

정승화. "감정 자본주의와 치유 문화." 김현미 외. 『친밀한 적』, 서울: 이후, pp. 163-186, 2010.

정향진. "탈북 청소년들의 감정성과 남북한의 문화심리적 차이." 『비교문화연구』, 제11집 1호, pp. 81-111, 2005.

조영아. "북한이탈주민의 심리 상담에 대한 요구도와 전문적 도움 추구행동." 『한국심리학회지: 상담 및 심리치료』, 제21권 1호, pp. 285-310, 2009.

조영아·전우택. "탈북 여성들의 남한 사회 적응 문제: 결혼 경험자를 중심으로." 『한국심리학회지: 여성』, 제10권 1호, pp. 17-35, 2005.

조영아·전우택·유정자·엄진섭. "북한이탈주민의 우울 예측 요인: 3년 추적 연구." 『한국심리학회지: 상담 및 심리치료』, 제17권 2호, pp. 467-484, 2005.

채정민. "북한이탈주민의 귀인양식: 남한주민과의 비교를 중심으로." 『한국심리학회지: 사회문제』, 제12권 3호, pp. 1-22, 2006.

채정민·한성열. "북한이탈주민의 자기고양 편파가 남한 내 심리적 적응에 미치는 영향." 『한국심리학회지: 사회문제』, 제9권 2호, pp. 101-126, 2003.

한나·이승연. "통일 한국을 준비하는 심리학 연구의 방향성 ─ 북한이탈주민에 대한 연구를 중심으로." 『한국심리학회지』, 제34권 2호, pp. 485-512, 2015.

• 기타 자료

『국민일보』, 2010년 10월 5일. "탈북자 정신치료, 2년만에 117배 급증" http://news.kmib. co.kr/article/view.asp?arcid=0004182922&code=30802000(검색일: 2016년 6월

1일).

『국민일보』, 2014년 4월 7일. "르포-국정원 합동신문센터 첫 공개: 탈북자의 첫
거주공간… 조사실서 운명 결정" http://news.kmib.co.kr/article/view.
asp?arcid=0008208392(검색일: 2016년 6월 1일).

『조선일보』, 2008년 10월 1일. "올해 하나원 입소한 탈북자 74% '정신질환'" http://
news.chosun.com/site/data/html_dir/2008/10/01/2008100100783.html(검색일
2017년 6월 1일).

2. 국외자료

• 단행본

Fanon, Frantz. *Black Skin, White Masks*. Translated by Richard Philcox, New York:
Grove Press, 2008.

Foucault, Michel. *The Archaeology of Knowledge*. New York: Pantheon Books, 1972.

_____. *The History of Sexuality, Volume 1: An Introduction*. New York: Vintage Books,
1990.

Hall, Stuart. *The Hard Road to Renewal: Thatcherism and the Crisis of the Left*. London &
New York: Verso, 1988.

• 논문

Choo, Hae Yeon. "Gendered Modernity and Ethnicized Citizenship North Korean Settlers
in Contemporary South Korea." *Gender & Society*, 20(5), pp. 576-604, 2006.

Chung, Byung-Ho. "Between Defector and Migrant: Identities and strategies of North
Koreans in South Korea." *Korean Studies*, 32(1), pp. 1-27, 2009.

Foucault, Michel. "Governmentality." *The Foucault Effects: Studies in Governmentality*.
eds. Graham Burchell, Colin Gordon, and Peter Miller. pp. 87-104, Chicago: The
University of Chicago, 1991.

Kim, Byung-Kook. "The Politics of Crisis and a Crisis of Politics: The Presidency of Kim
Dae-Jung." *Korea Briefing 1997-1999*, 2000.

Lee, Jung-eun. "Disciplinary citizenship in South Korean NGOs' narratives of
resettlement for North Korean refugees." *Ethnic and Racial Studies*, 38(15), pp.
2688-2704, 2015.

Lee, Soo-Jung. "Education for Young North Korean Migrants: South Koreans' Ambivalent
"Others" and the Challenges of Belonging." *The Review of Korean Studies*, 14(1),
pp. 89-112, 2011.

Lippert, Randy. "Governing Refugees: The Relevance of Governmentality to
Understadning the International Refugee Regime." *Alternatives*, 24, pp. 295-328,
1999.

Mugny, Gabriel and Stamos Papastamou. "When rigidity does not fail: Individualization
and psychologization as resistances to the diffusion of minority innovations."
European Journal of Social Psychology, 10(1), pp. 43-61, 1980.

Rose, Nikolas. "Psychology as a Social Science." *Subjectivity*, 25(1), pp. 446-462, 2008.

Sapountzis, Antonis and Kalliopi Vikka. "Psychologization in talk and the perpetuation of racism in the context of the Greek school." *Social Psychology of Education: An International Journal*, 18(2), pp. 373-391, 2015.

Sugarman, Jeff. "Neoliberalism and Psychological Ethics." *Journal of Theoretical and Philosophical Psychology*, 35(2), pp. 103-116, 2015.

Uehing, Greta, "The Responsibilization of Refugees in the United States: on the Political Use of Psychology." *Anthropological Quarterly*, 88(4), pp. 997-1028, 2015.

• 학위논문

Park, Seo Yeon. "The Cultural Politics of Affective Bureaucracy in Service Delivery to North Korean Refugees in South Korea." Ph.D. Dissertation. University of South Carolina, 2016.

Sung, Minkyu. "The biopolitical otherization of North Korea: a critique of anti-North Koreanism in the twilight of neo-liberalism and new conservatism." Ph.D. Dissertation, University of Iowa, 2010.

제2부 제5장 북한 출신자와 '사회 만들기'

고들리에, 모리스 저, 오창현 역. 『증여의 수수께끼』. 서울: 문학동네, 2011.

김성경. "분단체제에서 '사회' 만들기." 『창작과 비평』, 제46권 제1호, pp. 37-54, 2018.

_____. "이곳에서 탈북자 사유하기." 『말과 활』, 제11호, 2016.

_____. "분단의 마음과 환대의 윤리: '태극기' 집회 참가자들과 탈북자를 중심으로." 『민족문화연구』, 제75호, pp. 195-227, 2017.

김종엽. "분단체제와 87년체제의 교차로에서." 『창작과 비평』, 제46권 제3호, pp. 466-498, 2013.

김현경. 『사람, 장소, 환대』. 서울: 문학과지성사, 2015.

김현정·박선화. "다문화정책 관점에서 본 북한이탈주민 문제." 『통일인문학』, 제66집, pp. 161-196, 2016.

나카자와 신이치 저, 김옥희 역. 『사랑과 경제의 로고스: 물신 숭배의 허구와 대안』. 서울: 동아시아, 2004.

류승아. "소수집단에 대한 접촉경험, 위협감, 편견의 관계." 『한국심리학회지』, 제31권 제4호, pp. 225-245, 2017.

모스, 마르셀 저, 이상률 역. 『증여론』. 서울: 한길사, 2001.

문성훈. 『인정의 시대』. 서울: 사월의책, 2014.

박세진. "선물과 이름: '근본적인 인정 행위'로서의 증여." 『비교문화연구』, 제22집 1호, pp. 265-309, 2016.

박정호. "마르셀 모스의 『증여론』: 증여의 사회학적 본질과 기능 그리고 호혜성의 원리에 대하여."『문화와 사회』, 제7호, pp. 7-49, 2009.

아감벤, 조르조 저, 박진우 역.『호모 사케르: 주권 권력과 벌거벗은 생명』. 서울: 새물결, 2008.

오원환. "탈북자 정체성의 정치학: 종편에서의 '탈북미녀'의 등장과 '탈북자' 정체성의 변화를 중심으로."『한국방송학보』, 제30집 3호, pp. 5-41, 2016.

윤인진.『북한이주민』. 서울: 집문당, 2009.

_____. "북한이주민의 문화변용과 사회적응."『한국학연구』, 제41호, pp. 37-61, 2012.

이수정. "북한출신주민 2만명 시대." 경남대학교 극동문제연구소 편.『한반도 정세: 2010년 평가와 2011년 전망』. 서울: 경남대학교 극동문제연구소, pp. 155-170, 2011.

_____. "'탈북자 심리'의 문화정치: 분단정치와 신자유주의적 통치의 결합."『현대북한연구』, 제20권 제2호, pp. 310-356, 2017.

이희영. "새로운 시민의 참여와 인정투쟁: 북한이탈주민의 정체성 구성에 대한 구술 사례연구." 『한국사회학』, 제44집 1호, pp. 207-241, 2010.

짐멜, 게오르그 저, 김덕영·윤미애 역.『짐멜의 모더니티 읽기』. 서울: 새물결, 2005.

통일부.『2016 정착도우미 매뉴얼』. 서울: 통일부, 2016.

통일부.『2017년 지역적응센터 운영 매뉴얼』. 서울: 통일부, 2017.

프레이저, 낸시·악셀 호네트 저, 김원식·문성훈 역.『분배냐, 인정이냐?』. 서울: 사월의책, 2014.

프레이저, 낸시 저, 임옥희 역.『전진하는 페미니즘』. 서울: 돌베개, 2017.

호네트, 악셀 저, 문성훈·이현재 역.『인정투쟁』. 서울: 사월의책, 2011.

Godbout, Jacques T. *The World of the Gift*. Donald Winkler trans. McGill-Queen's University Press, 1998.

Ryang, Sonia. *North Korea: Toward a better Understanding*. Lexington Books, 2009.

Kim, Sung Kyung. "'Defector' 'Refugee' or 'Migrant'?: North Korean Settlers in South Korea's Changing Social Discourse."*North Korean Review*, 8(2), pp. 94-110, 2012.

제3부 제6장 남아프리카공화국과 북아일랜드의 사례가 남북한 통합에 주는 시사점

강순원. "1998년 벨파스트 평화협정과 북아일랜드 평화교육의 상관성 — 상호이해교육(EMU)에서 민주시민교육((CE)으로."『비교교육연구』, 제13권 제2호, 한국비교교육학회, 2003.

_____. "분단극복을 위한 북아일랜드 통합교육운동의 역사적 성격."『비교교육연구』, 제25권 제6호, 한국비교교육학회, 2015.

곽은경. "제3세계의 시민항쟁과 그 이후 남아프리카공화국-반인종주의투쟁과 만델라의 화해정책."『역사비평』, 41호, 역사비평사, 1997.

구갑우. "탈식민적 분단국가의 재생산-남북한과 아일랜드."『한국과 국제정치』, 제28권 제3호, 경남대학교 극동문제연구소, 2012.

김광수. "남아프리카공화국의 국가건설: 진실과 화해 위원회(TRC)가 역사청산, 국민화합, 그리고 민주화 과정에 기여한 역할을 중심으로."『아프리카연구』, 제15호, 한국외국어대학교 아프리카연구소, 2002.

_____. "남아프리카 공화국의 문화적 정체성." 『한국아프리카학회지』, 제12집, 한국아프리카학회, 2000.

김윤진. 『남아프리카 역사』. 명진, 2006.

모종린. "보스니아, 북아일랜드 평화협정 사례연구—북아일랜드의 '성금요일(Good Friday)' 평화협정." 『전략연구』, 제18호, 한국전략문제연구소, 2000.

박종철·김동수·박영자·김성진·송영훈·유정원·장준호. 『통일 이후 통합을 위한 갈등해소 방안: 사례연구 및 분야별 갈등해소의 기본방향』. 통일연구원, 2013.

신혜수. "북아일랜드, 길고도 멀었던 대립과 갈등." 『역사비평』, 43호, 역사비평사, 1998.

오주연. "북한이탈청소년 대안학교의 분리교육 고찰: 통합교육의 필요성을 중심으로." 『국제이해교육연구』, 제10권 제1호, 한국국제이해교육학회, 2015.

윤철기. "북아일랜드 평화구축의 정치경제학과 한반도를 위한 시사점." 『세계 북한학 학술대회 자료집』 2권, 북한연구학회, 2015.

이우영. "북한관과 남남갈등: 여론조사와 신문기사를 중심으로." 경남대학교 극동문제연구소 편. 『남남 갈등 진단 및 해소방안』. 경남대학교출판부, 2004.

이한규. "남아프리카 공화국의 화해과정과 의미." 『4.3과 역사』, 제2호, 제주4·3연구소, 2002.

Cleary, Joe. *Literature, Partition and the Nation State.* Cambridge: Cambridge University Press, 2002.

Keim, Marion. *National Building at Play: Sport as a Tool for Social Integration in Post-apartheid South Africa.* Oxford: Meyer & Meyer sport, 2003.

McGarry, John & Brendan O'Leary. *The Northern Ireland Conflict: Consociational Engagements.* New York: Oxford University Press, 2004.

McKittrick, David & David McVea. *Making Sence of the Troubles: The Stroy of the Conflict in Northern Ireland.* Chicago: New Amsterdam Books, 2000.

O'Leary, Brendan. "The Nature of the Agreement." MoGarry & B O'Leary. *The Northern Ireland Conflict: Consociational Engagements.* Oxford: Oxford University Press, 2004.

SEP. Shared Education in Norhtern Ireland: A Review of Literature. http://www.schoolworkingtogether,co.uk/reports.html.

"Sharpeville Massacre, 21 March 1960." http://www.sahistory.org.za/topic/shar peville-massacre-21-march-1960.

Smith, Alan. "Citizenship Education in Northern Ireland: Beyond national identity?" *Cambridge Journal of Education*, 33: 1, 2003.

Waterman, Stanley. "Partion and Modern Nationalism." C. H. Williams and E. Kofman eds. *Community Conflict, Partition and Nationalism.* London: Routledge, 1989.

Wilson, Richard A.. *The Politics of Truth and Reconciliation in South Africa.* New York: Cambridge University Press, 2001.

제3부 제7장 중국 국유기업 구조조정과 노동자 마음: 몫을 잃은 자들의 마음

김홍중. 『마음의 사회학』. 문학동네, 2009.

데이비드 와일 저, 송연수 역. 『균열일터: 당신을 위한 회사는 없다』. 황소자리, 2015.

백승욱. 『중국의 노동자와 노동정책: '단위 체제'의 해체』. 문학과지성사, 2001.

백승욱 편. 『중국 노동자의 기억의 정치: 문화대혁명 시기의 기억을 중심으로』. 폴리테이아, 2007.

Andrew G. Walder. *Communist Neo-traditionalism: Work and Authority in Chinese Industry*. University of California Press, 1988.

Gordon White. *Riding the Tiger: The Politics of Economic Reform in Post-Mao China*. California: Stanford University Press, 1993.

Lee Ching Kwan. "The Labor Politics of Market Socialism: Collective Inaction and Class Experiences among State Workers in Guangzhou." *Modern China*, 24(1), 1998.

_____. "From Organized Dependence to Disorganized Despotism: Changing Labour Regimes in Chinese Factories." *The China Quarterly*, 157, 1999.

_____. *Livelihood Struggles and Market Reform: (Un)making of Chinese Labour after State Socialism*. Geneva: UNRISD, 2005.

Thomas Heberer and Christian Göbel. *The Politics of Community Building in Urban China*. Routledge, 2011.

Tom Cliff. "Post-Socialist Aspirations in a Neo-Danwei." *The China Journal*, Vol. 73, January 2015.

賈樟柯. 『中國工人訪談錄: 二十四城記』. 山東畵報出版社, 2009.

勞動和社會保障部編. 『新時期勞動和社會保障重要文獻選編』. 中國勞動社會保障出版社, 2002.

沈原. "社會轉型與工人階級的再形成." 『社會學研究』, 2006年第2期.

佟新. "社會變遷與工人社會身份的重構: '失業危機'對工人的意義." 『社會學研究』, 2002年第6期.

路風. "國有企業轉變的三個命題." 『中國社會科學』, 2000年第5期.

李培林張翼. "走出生活逆境的陰影: 失業下崗職工再就業中的'人力資本失靈'研究." 『中國社會科學』, 2003年第5期.

郭偉和. "身份政治: 回歸社區後的北京市下崗失業職工的生計策略: 沃爾瑪中國玩具供應廠的經驗研究." 『開放時代』, 2008年第5期.

孟韜·于立. "态原型國有企業的改制重組: 來自東北三省的調研." 『社會科學戰線』, 2006年第5期.

于立·孟韜. "國有企業'買斷工齡'的問題與規範: 以東北老工業基地資源枯竭型國有企業爲例" 『社會科學戰線』, 2004年06期.

李寶瑾. 『繼承與超越: 工人日報探析』. 新華出版社, 1997.

張子林黃藝紅. "保障東北下崗失業職工基本生活問題的再思考." 『社會科學戰線』, 2007年第1期.

嚴元章. "東北地區下崗工人基本狀況訪談錄." 『中國與世界』, 2001年第51期. http://www.zazhi2.org/2003/2001/zs0101a.html

佟新. "延續的社會主義文化傳統: 一起國有企業工人集體行動的個案分析." 『社會學研究』,

2006年01期.

中國工人研究網編. 『通鋼事件與國有情結』. 中國文化傳播出版社, 2009.

季洁. "通崗群體性事件引發的思考." 『黑河學刊』, 2011年第1期.

繩子. "我所親歷的一家國企改制." 『天涯』, 2016年第4期.

趙文英. "徘徊在'人民'和'人口'兩个不同的概念中: 最低生活保障的实地调查研究." 『開放時代』, 2011年第1期.

降蘊彰. "靠什么拯救東北經濟？" 〈財經〉, 2016/10/3.

楊琳. "通鋼事件是我國勞資關係發展的標志性事件." 〈瞭望新聞周刊〉, 2009年32期.

吳曉波. "從〈鋼的琴〉看中國工人階級的憂傷." 〈金融時報〉, 2011/7/21.

王忠新. "王珉落馬主要源於吉林'通鋼事件'." 〈新民学社〉, 2016/3/15.

"個在職養2個退休, 東北最大煤企10萬人分流自救." 〈21世紀經濟報道〉, 2015/10/10.

王健君. "通鋼悲劇的邏輯." 〈瞭望新聞周刊〉, 2009年32期.

"吉林通鋼事件始末: 磚頭鋼快齊飛警察衝不進去." 〈人民網〉, 2009/8/4.

"如何與工人對話." 〈財經〉, 2009年第16期.

"林鋼改制'違法博弈'的背後." 〈時代周報〉, 2009/8/27.

"建龍通鋼事件眞相調查." 〈環球企業家〉, 2009/8/25.

"通鋼改制之殤." 〈財經〉, 2009年第17期.

陳國軍之死: 建龍退出通鋼事件調查." 〈21世紀經濟報道〉, 2009年7月28日.

左大培. "通化鋼鐵公司私有化: '陽光下的改制'同樣黑幕重重." 〈中國新聞周刊〉, 2009/8/4.

"習近平同中華全國總工會新一屆領尊班子集體談話." 〈人民日報〉, 2013/10/24.

老嚴. "遼陽鐵合金廠的改制過程和工人的反腐維權鬪爭." http://www.workerdemo.org.hk/0004/0100-0116T.htm

"黑龍江省礦工示威此起彼伏. 鶴崗上萬礦工連日游行討薪." http://www.rfa.org/mandarin/yataibaodao/renquanfazhi/xl2-04102015105352.html

趙劍斌. 『鋼城改制變局』. http://blog.sina.com.cn/0451zhaojianbin

"國有企業下崗職工基本生活保障和再就業工作宣傳提綱." 〈中宣發〉, 1999年2号. http://www.51wf.com/law/1128957.html

红旗文稿. "'國進民退'主要分岐綜述." http://news.xinhuanet.com/theory/2013-01/11/c_124217958.htm

水火難容. "工人眼中的國企改革." 伍四青年網. http://blog.sina.com.cn/s/blog_413fc3d60102e7jc.html

"從'國有情結'是什么情結'談起." http://www.8848hr.com/px/club/open.asp?classid=7&bbspid=5089

"哈爾濱工人作家趙劍斌等35人就國企改制職工安置問題發出倡議書." http://bbs.tianya.cn/post-no01-75287-1.shtml

"中共中央國務院關於全面振興東北地區等老工業基地的若干意見." 2016/4/26. http://www.gov.cn/zhengce/2016-04/26/content_5068242.htm

"習近平在慶祝"伍一"國際勞動節大會上的講話." 2015/4/28. http://cpc.people.com.cn/n/2015/0428/c64094-26919561.html

제3부 제8장 통일 이후 독일주민의 이주민에 대한 태도: 삶의 만족도와 스트레스의 영향을 중심으로

1. 국문단행본

강경식·이기주.『통일의 길, 바로 가고 있는가: 독일 통일에서 얻는 교훈』. 서울: 기파랑, 2007.

박영정.『북한이탈주민의 문화적응방안 연구』. 한국문화관광연구원 기본연구 11-62. 서울: 한국문화관광연구원, 2011.

손기웅.『독일통일 쟁점과 과제』. 서울: 늘품플러스, 2009.

이기식.『독일통일 15년의 작은 백서』. 고려대학교 교양총서 5. 서울: 고려대학교출판부, 2008.

황병덕·여인곤·김면회·김학성·랄프 하베르츠·송태수·안숙영·윤덕룡·이무철·장준호·정상돈·정흥모.『독일의 평화통일과 통일독일 20년 발전상』. KINU 통일대계연구 2010-03. 서울: 늘품플러스, 2011.

2. 국문논문

강동원·박정란. "김정은 시대 북한사회 변화 실태 및 북한주민 의식조사: 제3국에서의 북한주민 면접조사를 중심으로."『북한학보』, 39권 2호, pp. 110-151, 2014.

강정숙. "독일이민자 동화정책의 현황과 문제점".『민족연구』, 7권, pp. 153-160, 2001.

고상두. "통일 이후 사회통합 수준에 대한 동서독 지역주민의 인식."『유럽연구』, 제28권 2호, pp. 269-288, 2010.

고상두·기주옥. "프랑스 이민자 폭동의 배경요인: 독일과의 비교."『세계지역연구논총』, 제32집 1호, pp. 279-300, 2014.

고상두·하명신. "독일 거주 이주민의 사회통합 유형: 터키, 이탈리아, 그리스 출신 이주민 집단의 비교분석."『국제정치논총』, 52권 5호, pp. 233-256, 2012.

구연정. "통합유럽의 정체성과 이주민."『독일어문화권 연구』, 25권, pp. 7-33, 2016.

구재선. "행복은 심리적 자원을 형성하는가."『한국심리학회지: 사회 및 성격』, 23권 1호, pp. 165-179, 2009.

김관호. "독일 통일과정에서의 갈등사례가 한반도에 주는 시사점."『북한학연구 6권 1호』, pp. 71-94, 2010.

김국현. "통일 이후 남북한 주민의 실미적 통합을 위한 반편견 교육방안."『통일정책연구』, 제12권 2호, 통일연구원, p. 142, 2003.

김상무. "통일독일 학교교육의 내적통일문제 인식에 관한 연구─중등학교 역사교과서 내용분석을 중심으로."『한국교육학연구』, 15권 3호, pp. 35-57, 2009.

김창권. "독일 통일 이후 구동독지역 인구이동 및 인구변화와 한반도 통일에 주는 정책적 시사점."『경상논총』, 제28권 1호, pp. 28-35, 2010.

박군석·한덕웅. "영호남의 상대적박탈에서 사회구조요인과 사회정체성의 영향." 한국심리학회

연차대회 학술발표논문집, pp. 401-402, 2002.

박명선. "독일 이민법과 통합정책의 외국인 차별에 관한 연구." 『한국사회학』, 14권 2호, pp. 271-303, 2007.

서정일. "구동독 주민의 동독 이탈 및 서독 사회 적응과정에 관한 사회문화적 고찰." 『독일언어문학』, 제42집, pp. 189-211, 2008.

송광성. "독일 통일과정에서 나타난 청소년 문제." 『청소년학연구』, 2권 1호, pp. 173-189, 1994.

양계민. "현실갈등인식과 지각된 경제수준이 이주노동자에 대한 태도에 미치는 영향: 주관적 안녕감의 상호작용효과를 중심으로." 『한국심리학회지: 사회 및 성격』, 24권 1호, pp. 111-128, 2010.

_____. "북한이탈주민이 국내 다문화집단에 대하여 지니는 태도에 영향을 미치는 요인." 『한국심리학회지: 사회 및 성격』, 29권 3호, pp. 165-193, 2015.

양계민·이우영. "북한이탈주민의 다문화수용성에 영향을 미치는 요인: 남한주민과의 비교를 중심으로." 『북한학연구』, 제12권 1호, pp. 71-105, 2016.

윤용선. "독일의 이주민 정책: 모델인가, 반면교사인가?" 『독일연구』, 30, pp. 149-152, 2015.

이동기. "독일통일 후 동독정체성: 오스탈기는 통합의 걸림돌인가?" 『역사와 세계』, 50, pp/ 29-61, 2016.

이수정. "다문화주의가 통일에 말걸기." 『북한경제리뷰』, 2011년 10월호, pp. 62-78, 2011.

이용일. "독일의 뉴라이트와 복지국가위기론: 틸로 자라친, 「독일이 사라지고 있다」." 『서양사론』, 129호, pp. 77-103, 2016.

이종원. "희생양 메커니즘과 폭력의 윤리적 문제." 『철학탐구』, 40권, pp. 273-301, 2015.

전미영. "통일담론에 나타난 남북한 민족주의 비교연구." 『국제정치논총』, 43집 1호, pp. 200-202, 2003.

정용숙. "병존에서 공존으로?: 독일의 이주민 문제와 '다문화'전쟁." 『학림』, 34권, pp. 59-75, 2013.

진행남. "동서독의 사회적 통합문제: 눈에 보이지 않는 장벽들 서서히 극복." 『통일한국』, 165권, pp. 97-99, 1997.

최윤영. "독일 한인2세들의 정체성과 인종적 제노포비아 문제—마르틴 현의 두 텍스트 예 분석." 『인문논총』, 14권 1호, pp. 369-401, 2017.

허준영. "서독의 동독이탈주민 통합정책에 관한 연구." 『한국행정학보』, 제46권 1호, pp. 265-287, 2012.

3. 신문자료

『영남매일신문』, 2015년 8월 4일, "독일 작년 이민자수 사상최대… 주민 5명 중 1명 외국출신."

4. 영문단행본

Sherif, M. *Group conflict and co-operation: Their social psychology*. London: Routlege & Kegan Paul, 1966.

5. 영문논문

Coenders, M., Lunners, M., & Scheepers, P. *Majority populations' attitudes towards migrants and minorities-report for the European Monitoring Venter on Racism and xenophobia*, 2003, http://eumc.int.

Diener, E. "Subjective well-being." *Psychological Bulletin,* 95, pp. 542-575, 1984.

Diener, E., Suh, E. M., Lucas, R. E., & Smith, H. L. "Subjective well-being: Three decades of progress." *Psychological Bulletin,* 125, pp. 276-302, 1999.

Tajfel, H. "Social categorization, social identity and social comparison." In H. Tajfel, *Differentiation between social groups: Studies in the social psychology of intergroup relations.* London: Academic Press, 1978.

Waugh, C. E., & Fredrickson, B. L. "Nice to know you: positive emotions, self-other overlap, and complex understanding in the formation of a new relationship." *The Journal of Positive Psychology,* 1, pp. 93-106, 2006.

6. 외국논문

Drucksache. "Zum Stand der deutschen Einheit und der perspektivischen Entwicklung bis zum Har 2020." 2007 (Drucksache 16/5418 vom 23.05.07).

7. 외국자료

Frankfurt Allemeine Sonntagszeitung, 2010. 4. 4, p. 47.

Friedrich-Ebert-Stiftung, B. *Ausländerfeindlichkeit und rechtsextreme Orientierungen bei der ostdeutschen Jugend.* Friedrich-Ebert-Stiftung, Büro Leipzig, 1993.

Heitmeyer, W. "Disparate Entwicklungen in Krisenzeiten, Entsolidarisierun und Gruppenbezogene Menschenfeindlichkeit." in W. Heitmeyer ed. *Deutsche Zustände. Fologe 9.* Frankfurt am Main/Berlin: suhrkamsp, pp. 13-38, 2010.

Willems, Helmut, Stefanie Würtz, Roland Eckert. "Fremdenfeindliche Gewalt: Eine Analyse von Täterstruren und Eskalationsprozessen." in *Rechtsradikale Gewalt im vereinigten Deutschland* (ed. Hans-Uwe Orro, Roland Merten), Leske +Budrich, pp. 432-449, 1993.

8. 인터넷 자료

도이치뱅크. "2016년 독일 경제 전망: 부정적 대외 요인과 긍정적인 내수경기." 2016년 독일 고용시장 동향과 전망. KOTRA 해외시장 뉴스, KOTRA (2016. 12. 02).

저자 약력

이우영은 연세대학교에서 지식사회학으로 박사학위를 받았다. 통일연구원 선임연구위원을 거쳐 북한대학원대학교 교수로 재직 중이다. 『남북한 문화정책비교』, 『북한문화 둘이면서 하나인 문화』(공저), 『북한도시주민의 사적영역연구』(공저) 등의 저서가있고, 북한의 사회문화 변화, 남북한 사회문화 통합 등을 주로 연구하고 있다.

권금상은 서울시 건강가정지원센터장으로 서울의 다양한 가족을 지원하는 일을 하고 있다. 아울러 문화연대 분단문화연구회장이며 북한대학원대학교 남북한 마음통합 연구센터의 공동연구원으로서 분단체제 너머 구성된 북한여성들의 삶을 문화적관점으로 조명하고 해석한다.

최선경은 북한대학원대학교에서 북한학 박사학위를 받았다. 캘리포니아대학교 버클리캠퍼스 한국학연구소 방문학자를 거쳐 현재 북한대학원대학교 심연북한연구소 연구교수로 재직 중이다. 북한의 사회/문화, 미디어, 이주/이동, 민족(주의) 등을 주요 연구주제로 삼고 있다.

양문수는 일본 도쿄대(東京大)에서 경제학 박사학위를 받았다. 매일경제신문 기자,문화일보 기자, LG경제연구원 부연구위원을 거쳐 현재 북한대학원대학교 교수로재직 중이다. 주요 저서로는 『북한경제의 시장화』 등이 있고, 북한경제, 남북경협,남북경제통합 등을 연구주제로 삼고 있다.

이수정은 덕성여자대학교 문화인류학과 교수이며, 북한사회/문화, 분단, 평화, 이주, 젠더 등을 연구주제로 삼고 있다. 주요 저서로는 『인류학 민족지 연구 어떻게할 것인가』(2012, 공저), 『전통의 변주와 연대: 분단 코리언의 생활세계』(2016, 공저), 『분단된 마음 잇기』(2016, 공저), 『분단된 마음의 지도』(2017, 공저) 등이 있다.

김성경은 영국 에섹스(Essex)대학에서 사회학 박사학위를 받았고, 영국, 한국, 싱가폴 등에서 강의와 연구를 계속해오다가 2014년부터 북한대학원대학교에서 조교수로 재직하고 있다. 문화사회학의 시각에서 북한주민의 이동, 냉전문화, 남북한 영화 등에 대해서 연구하고 있다. 최근에는 북한사회에 접근하기 위한 시도로서 정동적 접근에 관심을 두고 있으며, 다양한 질적 연구방법을 활용하는 것 또한 모색하고 있다.

장윤미는 연세대학교 중어중문학과를 졸업하고 중국 베이징대학교 정부관리학원에서 『시장화 개혁시기 중국의 노동정치』라는 논문으로 정치학박사 학위를 받았다. 서강대 동아연구소, 인천대 인문학연구소, 성균관대 동아시아학술원 등에서 연구했으며 현재 동서대학교 중국연구센터에서 학술연구교수로 있다. 주요 논저로는 『열린 중국학 강의』(공저, 2017), 『중국의 민주주의는 어떻게 가능한가』(공편, 2013), 「중국 노동운동과 사회주의 경험 및 기억의 전승」(2019), 「중국과 한반도에서의 '민족'개념의 인식과 갈등구조」(2018) 등이 있다.

양계민은 중앙대학교에서 심리학으로 박사학위를 받았고, 현재 청소년정책연구원 선임 연구위원으로 재직 중이다. 주요 연구 주제는 탈북이탈주민과 다문화 가족의 아동 및 청소년 정책방안이다.